VOYAGE AU LEVANT.

BASSE ÉGYPTE.

Alexandrie. — *Samedi, 4 décembre 1847.* — Oui, par la grâce de Dieu, Alexandrie!

Je vois passer de longues files de chameaux chargés d'herbes, des fellahs à la robe bleue, des Arabes au grand burnous, au teint bronzé, au rouge tarbousch entouré du turban blanc; là-bas, une bande d'ouvriers, le panier sur la tête, escortés par des gardiens armés de la courbache, vont travailler à quelque transport de terre ordonné par le pacha; la coupole et les minarets d'une mosquée, les hauts mâts des consulats d'Europe coupent le ciel au près et au loin... *Et nous sommes en Egypte!*

Il a fallu souffrir pour y arriver.

Mardi nous gagnons l'*Elleno*, navire confortable, mais détestable marcheur, qui doit nous transporter de Syra en Égypte. Un petit vaisseau se balance à l'entrée du port grec; il est chargé de pèlerins qui arrivent de Constantinople et se rendent à la Mecque;

ces figures caractéristiques se pressent sur le pont, se groupent sur les vergues et sur les mâts; les turbans se touchent tous.

La nuit, la moitié du mercredi s'écoulent sans roulis et sans tangage; pourtant nous autres dames, nous n'osons pas nous lever. J'ai de charmantes dames anglaises pour compagnes de voyage : l'une surtout, mariée depuis un mois à un officier de l'armée des Indes. J'ai ma fidèle Jeannette, et puis nous avons nos maris... quand le temps est beau. Le mien arrange ses livres sur les tablettes de ma cabine; nous lisons, nous prions ensemble; je me crois bien forte; tout en demandant à Dieu de nous épargner, je pense que rien ne pourrait me faire oublier ses grâces.

Le soir vient, déjà la mer a grossi, le vent augmente; il soufflait de l'est et nous prenait en travers, il souffle du sud et nous prend de bout. La nuit est horrible, les poutres craquent, le vaisseau se roule, les chaises tombent, la vaisselle se brise. Enfin le jour point; c'est jeudi. Il s'écoule dans le martyre.

— Mangia lei ! — disent nos bons camerieri de l'*Elleno*. — Se lei mangia, lei subito vedrà Alessandria.

Le cœur nous fond rien qu'à l'idée de manger; et quant à l'idée d'Alexandrie, d'une Alexandrie quelconque dans laquelle nous aborderons une fois, elle est trop lointaine pour charmer nos souffrances.

Si nous ne mangeons pas, nous buvons.

M***, l'officier au service dans les Indes, est seul à l'épreuve de la mer; il soigne admirablement sa femme, et les autres dames aussi un peu, par contre-coup. Il nous apporte du vin de Marsalla. Exclamations d'horreur.

— Je ne bois jamais que de l'eau ! Le vin me fait mal !

Il insiste, nous résistons ; il persiste, nous faiblissons; il nous ordonne d'avaler, nous avalons; et nous nous en trouvons si bien, qu'au lieu du cri lamentable : « Cameriere! per le mie circostanze! » on n'entend plus que le cri passablement bachique : « Cameriere! porta Marsalla, porta Marsalla! »

Après le jour, la nuit. Les heures se traînent sur des béquilles; elles sont boiteuses, paralytiques, tout ce qu'on voudra. Il en passe quarante-huit sans que je revoie mon mari. Le cœur rebelle se fait sentir; je prie. Pourquoi Dieu n'exauce-t-il pas à l'instant ma prière? — Il n'aurait qu'à dire un mot et les flots s'abattraient; pourquoi ne le dit-il pas?... Et tant d'autres *pourquoi* diaboliques. Chose horrible que cette révolte foncière! *Posséder son âme par la patience*, c'est bien là l'œuvre royale du christianisme.

Arrive le vendredi. A six heures du matin, le capitaine entr'ouvre la porte de la cabine.

— Buona nuova, signore! Fra tre ore, al più, saremo in porto !

— Certo, capitano?

— *Infallibilmente!*

Bon! nous voilà sûrs de notre affaire; nous en avons encore pour un jour, peut-être pour deux. Toutes les fois que les hommes mettent en avant une infaillibilité, Dieu la brise.

On n'entrera dans le port, que deux heures après avoir signalé le phare. Pour y entrer, d'ailleurs, il faut un pilote d'Alexandrie; la mer est grosse, le navire embarque les vagues : comment abordera notre homme?

Une heure, deux heures, trois heures s'écoulent; point de phare. Le capitaine a pourtant calculé. Quatre heures, cinq heures, six heures; point de phare. Aurions-nous perdu la direction?

Il faut être couché depuis trois jours dans une étroite cabine, il faut rouler d'un bord à l'autre, il faut entendre ces gémissements de toute la carcasse d'un navire, pour comprendre quel désespoir causent ces mots: avoir perdu la direction!

Tout à coup: voilà le phare! — On l'aperçoit avec la lunette, on l'aperçoit à l'œil nu. On ouvre les yeux, — il y a quarante-huit heures que nous les tenons fermés; — on parle, on n'a plus mal. — Et le pilote? Pas une voile à l'horizon. S'il allait nous laisser là!

— Cela n'arrive jamais, n'est-ce pas, capitaine?

— Je vous demande pardon, cela arrive!

Les yeux se referment, le mal revient, les bons maris montent sur le pont, ne voient rien que le soleil qui poudroie, que la mer qui verdoie, et redescendent dans la cabine pour consoler leurs pauvres femmes, ou pour se désoler avec elles... la meilleure des consolations.

Une voile! Elle s'approche. Au travers de nos lucarnes, nous voyons passer une barque fortement ballottée; quatre Arabes la montent; ils se tiennent cramponnés au mât, on leur jette le câble, ils l'ont saisi, ils accostent, ils montent : nous avons le pilote. Ah! tout est oublié.

Voici les gros vaisseaux du pacha, voici une étrange musique arabe, voici le palais blanc; voici le toit rouge du harem du vice-roi, voici les barques chargées de noires figures. Les vagues sont fortes et les bateaux petits; on nous y entasse avec nos bagages : à chaque instant le flot menace de nous engloutir. Dieu est là... Il règne sur les petites eaux comme sur les grandes. Un quart d'heure d'anxiété, et nous abordons.

Des nègres, des Arabes chargent nos malles. Antonio, notre drogman, que nous trouvons à terre, distribue à chacun des coups de poing en raison directe de sa peine. Les coups de poing d'Antonio sont caresses, en comparaison des coups de canne et des coups de pied qui pleuvent de toutes parts. On se sent déjà sous un despotisme de fer. Je ne crois pas que les mots de *dignité humaine*, figurent dans ce dictionnaire.

Dimanche, 5 décembre 1847. — Vent et pluie! Quand verrons-nous un ciel définitivement bleu?

Nous voyageons des yeux, assis vers la fenêtre. Les chameaux font halte sur la place; l'Arabe qui les conduit s'accroupit à terre, les cordes de son chameau passées autour du bras; celui-ci s'agenouille ou reste debout près de son maître; il promène sa longue tête au bout de son long cou et rumine lentement. Il y a toujours cinq ou six de ces groupes, immobiles au milieu de la place. Les fellahs la traversent chargés de cannes à sucre. Quelques femmes portent l'eau dans un vase de terre posé sur la tête. Elles sont vêtues d'une robe bleue à longs plis; les manches larges, ouvertes, laissent voir leurs jolis bras ornés de bracelets d'argent ou de cuivre; une pièce de toile bleue jetée sur les cheveux flotte par derrière; elles ont le visage couvert d'une bande d'étoffe noire qui descend jusqu'au bas de la robe, et qui se rattache au front par une agrafe.

Le bruit des conversations arabes monte vers nous; cette langue gutturale et saccadée ressemble au gloussement précipité des dindons; impossible de distinguer un mot ou l'intention d'une phrase: j'en conclus que ce que nous prenons chez les animaux pour un chant monotone ou pour un cri, pourrait bien être un idiome riche et varié.

Le roulement du tambour, roulement caractéristique, sauvage, accompagne un air bizarre sifflé par quelques fifres : ce sont les troupes du pacha. Elles défilent; le corps des musiciens, composé de nègres, marche le premier; les soldats viennent après, tous bronzés, un sac de toile derrière le dos, de larges pantalons blancs serrés au-dessous du genou, un burnous très court jeté sur les épaules, et sur leur tête expressive le capuchon ou le tarbousch. Ils portent leur fusil soigneusement enveloppé dans un étui de toile. L'officier qui les commande galope à côté d'eux, le sabre nu, sur un beau cheval arabe.

Nous avons fait entre deux averses une course aux aiguilles de Cléopâtre, l'une debout, l'autre couchée, en granit rose toutes deux, mais beaucoup moins frappantes que l'obélisque de la place de la Concorde. Les flots battent les murs de la jetée, la blanche Alexandrie s'étend le long de la mer; de magnifiques colonnes de granit gissent partout sur le sol. De la citadelle, où nous montons, nous avons la ville à nos pieds, ses édifices à demi perdus dans les grands bosquets de palmiers; à notre gauche, la colonne de Pompée seule au milieu d'une plaine déserte; derrière, le lac Maréotis. Les lignes sont basses, droites, presqu'à ras le sol, plat lui-même. Nous ne nous lassons pas de voir les palmiers passer leurs belles têtes panachées par-dessus les murailles des jardins; des légumes d'un vert vif croissent à leurs racines, la végétation est vigoureuse, la terre non plus rocailleuse comme en Grèce, mais douce aux pieds..... aussi les pieds sont-ils nus.

En revenant, nous passons au milieu des habitations des fellahs : véritables écuries à porcs, sans fenêtres, ouvrant par une porte ou plutôt par un trou sur des rues régulières. Elles ne contiennent qu'une pièce. Lorsqu'on se baisse, on voit accroupie avec ses enfants en haillons, la maîtresse, ou mieux l'esclave de ce triste logis. Quelques vases de terre, un pot de fer où cuisent les fèves et les lentilles, forment le mobilier complet de la case. Là on mange, là on dort pêle-mêle sur les nattes communes.

Nous étions en train de nous apitoyer sur le sort que fait une administration arbitraire à ces pauvres gens, quand on nous a dit que sans le despotisme de cette administration, les huttes des fellahs seraient et plus basses et plus infectes. Livrés à leur instinct, les fellahs se tapiraient dans des tanières. Il a fallu la volonté de fer du pacha, pour les contraindre à bâtir des maisons où l'on pût se tenir debout. Quant à des portes par où l'on entre sans se courber, on n'y est pas parvenu. Il faut encore cette volonté, pour forcer les femmes à nettoyer leurs masures. Des officiers de santé font régulièrement leur tournée dans les habitations, et, la canne en main, exigent un balayage général.

Nous ne savons quand nous sortirons d'Alexandrie. Le service des bateaux à vapeur du Caire est irrégulier. Un paquebot est parti la veille de notre arrivée ; il en partira un demain, mais celui-ci est en entier retenu par les Anglais qui vont aux Indes.

Notre table d'hôte, servie par des nègres et par des Arabes, est entourée de voyageurs qui commencent pleins de confiance leurs expéditions orientales. Aujourd'hui vient s'asseoir une longue, pâle figure, les joues creuses, les yeux enfoncés, la parole faible. Elle appartient à un pauvre Anglais qui arrive de Syrie par le petit désert [1]. Le contraste que forment les visages ronds, roses et joyeux des allants, avec le hâve visage du revenant, a quelque chose de sinistre : on dirait la momie que les Egyptiens plaçaient parmi les convives de leurs banquets.

Lundi, 6 décembre 1847. — Pluie, Pluie, Pluie!

Le paquebot anglais n'est pas arrivé. Point de barques. Point de *vapeur* allant au Caire. Il en irait un d'ailleurs, qu'il ne nous prendrait pas. Nous

---

[1] Le désert d'el Arisch, par opposition au grand désert, le désert du Sinaï.

voilà donc avec la perspective de rester sept jours
ici. Sept jours qui seraient si bien employés au
Caire ou sur le Nil. Pas même la possibilité de
faire nos préparatifs de navigation, car pour meu-
bler un *dahbieh* — barque — il faut en avoir un,
et de tous ceux qui sont restés dans le canal, aucun ne nous convient. Celui-ci est trop grand et
celui-là trop petit... Nous prendrions bien le trop
grand, mais il est trop cher. Notre pauvre bourse,
aplatie malgré nos efforts, a besoin de s'engraisser
pendant trois mois.

Mardi matin, 7 *décembre* 1847. — Une lueur ! Le
paquebot anglais est signalé. Antonio vient de travailler pour nous au bureau des *vapeurs;* peut-être
nous donnera-t-on une place dans celui qui part à
sept heures. Nous serons très mal, mais nous avan-
cerons.

Le soir. — Le navire en vue ce matin était un
malheureux paquebot français, parti samedi pour
Beyrouth. Après deux jours et trois nuits de tempête,
il revient sans avoir pu arriver à sa destination.
Pauvres passagers ! ils se décident à traverser le
petit désert et la Syrie, plutôt que de remettre le
pied sur un vaisseau. Moi qui en suis encore aux
quatre éléments, je déclare l'*eau* le plus terrible des
quatre.

Nous faisons une grande promenade. Nous passons au milieu des marchés! Les Arabes sont assis devant leurs tas de cannes à sucre, les femmes fellahs devant leurs paniers de dattes; d'autres devant des claies de roseaux couvertes de galettes plates et mal cuites; le pain du pays. Presque toutes les femmes portent le voile, retenu par une lame de cuivre, par un fil de pièces d'or ou de perles de corail, qui suit la ligne du nez. Quelquefois les pièces d'or, le fil emperlé descendent jusqu'aux bas de la figure et se balancent à chaque pas. Celles qui ont le visage découvert, le cachent à notre approche, sous un pan de la pièce de toile bleue qu'elles portent sur la tête; elles ne le font ni si vite, ni si bien, que nous n'ayons le temps de voir leurs traits, et le tatouage bleu qui orne de bizarres dessins leur lèvre inférieure. Ces femmes, si soigneuses de dérober leur visage aux regards, laissent leur robe ouverte sur la poitrine. Tout est convention.

La population est grande, svelte. Et puis je crois vraiment que la couleur bronze, cette chaude couleur du bronze florentin, est la couleur normale. Les yeux noirs ont quelque chose de plus velouté, encadrés qu'ils sont par ces tons sérieux et riches; les dents brillent d'un éclat plus vif, les membres, sur lesquels ruisselle la lumière, semblent plus déliés; il y a dans ces belles figures basanées, un cachet de race que nos teints blanc et rose n'ont pas.

— Tout comme au retour du Péloponèse, je ne

voyais nos tailles européennes qu'avec une stupéfaction mêlée d'horreur, de même ici, je me surprends à regarder nos visages pâles avec une sorte d'étonnement mêlé de répulsion.

Nous achetons des cannes à sucre, nous les coupons, nous les suçons, et nous les trouvons passablement nauséabondes. Nous achetons des bananes; leur parfum est suave; nous les pelons, nous les mangeons... il nous semble avoir un pot de pommade dans la bouche. Heureux temps, où nous les dévorions dans le Robinson suisse, avec les figues d'Inde, les cocos, les choux palmistes, les mangous, et autres déceptions plus ou moins tropicales! Heureux temps que celui où, couchés dans le foin odorant, nous lisions pour la vingtième fois ces pages enivrantes; où nous souhaitions de si bon cœur la ruine de nos parents, leur émigration dans le nouveau monde, leur naufrage; oh oui! un beau naufrage dans une île déserte, pleine de singes, de panthères et de perroquets; avec un sac de provisions, un seul, sauvé du naufrage, et puis la carcasse du vaisseau prise entre deux écueils; bienfaisante carcasse bourrée d'outils, de vêtements, de tonnes de beurre salé, de balles de café et de caisses de chocolat!

Nous entrons dans un jardin; il est tout entier planté de palmiers. Leurs panaches qui se rejoignent, forment un dôme soutenu par cent colonnes. D'immenses régimes de dattes pendent à la naissance du bouquet de feuilles; elles sont attachées à de longues tiges d'un jaune doré qui se relient elles-mêmes à un rameau plus fort. Sous cette ombre délicate croissent les bananiers aux larges feuilles; ils portent, eux aussi, de gros paquets de fruits verts. Ces fruits, nous dit Antonio, ne mûrissent ici que cueillis, et placés quelque temps sur la paille.

Il nous semble rêver : un bois de palmiers, des bananiers en pleine terre, à ciel ouvert! — Sous ce berceau de vigne, deux vieux Arabes écrasent à coups de maillet les tiges du régime, de même qu'on écrase chez nous les tiges de chanvre. Ils les réduisent en filaments épais dont on tressera plus tard des cordes. Ce jardin, comme tous ceux que nous voyons, est disposé pour l'arrosage. Le terrain, divisé en carrés qu'entourent de petits canaux, est planté de mauves dont on apprête la feuille, de radis, et d'une espèce de trèfle que les fellahs mangent cru.

Devant nous s'étend un cimetière, vaste espace ouvert de tous côtés, parsemé çà et là de longues pierres, un turban en tête, une colonne tronquée aux pieds. Quelques tas de cailloux ou de terre marquent seuls la place du pauvre. Une plante grasse s'élève sur chaque tombe. La grande colonne de Pompée domine ce champ des morts. Deux femmes enveloppées de leurs voiles bleus gémissent accroupics sur un sépulcre; elles se baissent, elles appellent ce cher trépassé qui ne répondra plus. Oh! quand est-ce que viendra le règne du vainqueur de la mort?

Et voilà tout ce qui reste d'Alexandrie, de l'Alexandrie de Cléopâtre, de l'Alexandrie des Pères!

Il y a cinquante ans, sous le règne des mameluks, on ne pouvait pousser jusqu'à la colonne de Pompée, sans courir la chance d'être égorgé par les brigands.

Nous arrivons au canal qui longe le lac Maréotis et qui va rejoindre le Nil. La route est bordée de murs que dépassent les palmiers, dont les longues feuilles se mêlent au feuillage découpé des tamarisques. Ceux-ci ont jusqu'à vingt pieds d'élévation. Nous visitons les barques; d'abord la belle... qui n'est pas pour nous; et puis les autres, qui sont bien petites, bien vieilles, bien sales.

Le *Dahbieh* est tout simplement un grand bateau ponté, à la poupe duquel s'élève une cabine divisée en deux ou trois compartiments. Des divans, larges bancs de bois, entourent les chambres microscopiques; devant, on tend une toile qui donne une pièce de plus. L'équipage, composé d'Arabes chocolat ou noirs, habite la proue, et le pilote, debout sur le toit plat de la cabine, tient en main le grand bras du gouvernail.

Pour vivre deux mois là dedans, il faut des conditions d'espace, de clarté, de propreté, sans lesquelles ce séjour équivaudrait à un emprisonnement au cachot.

Les barques d'aujourd'hui, j'en excepte la grande, sentaient mauvais; on se cognait la tête au plafond, les divans ne laissaient entre eux que tout juste la place de passer; le pont était si étroit et si court qu'il ne restait plus de refuge pour la vie intime. — Cette première entrevue m'a quelque peu *désillusionnée* à l'endroit de la navigation; mais j'en reviendrai.

Pour nous achever, nous voyons des Arabes perchés sur des chameaux. Je n'avais rencontré ceux-ci que chargés d'outres ou de paille; je ne me rendais compte ni du mouvement, ni de la prodigieuse élévation de la monture. Là haut, les hommes ont l'air d'enfants. Et ces salutations! — Comment se tenir en équilibre? Comment résister à sept heures, à huit heures, à dix heures de dislocation pareille? Ah! folle, folle du logis, ne pouviez-vous donc vous contenter de lire l'*Univers pittoresque?*

Tout cela est bien beau; mais tout cela est bien étrange : le langage, barbare à nos oreilles; les figures, les mœurs, la foi.

Quelques musulmans agenouillés sur un tapis, se prosternent du côté de l'Orient. Plus loin c'est une école, ouverte par devant comme une échoppe; le maître, *ordinairement aveugle*, fume d'un côté sa pipe, accroupi sur son divan, pendant que de l'autre côté, sur l'autre divan, une demi-douzaine de marmots assis sur leurs talons lui tournent le dos, et braillent de concert devant un tableau de lecture.

Nous traversons encore quelques places remplies de cette population, si diverse par les vêtements, par la couleur, par la coupe des traits; si une par l'harmonie générale; et nous rentrons chez nous, un peu étonnés de la sauvagerie de notre vie future.

Mercredi, 8 *décembre* 1847. — Le paquebot anglais est arrivé, le bateau du Caire part à une heure, on nous accorde des places... c'est-à-dire tout juste la place de nous asseoir. Le voyage dure trente-six heures. Nous en partageons les plaisirs avec cent quatre-vingts enfants d'Albion, débarqués ce matin et rembarqués cet après-midi. On nous assure qu'après une traversée pareille, ils sont affligés d'un redoublement de fierté nationale et de *selfishness*. Nous en avons un échantillon à déjeûner.

Une famille, comme disent pompeusement les aubergistes; *une famille* se place à table. La grand'mère, debout, domine le service. Elle s'empare des plats qu'elle range en rond autour d'elle, avant que personne ait osé y toucher. Elle donne portion double à ses enfants : deux côtelettes, deux bifsteaks, deux poissons,... trois quand il en reste. Les voyageurs regardent bouche béante et yeux effarés; tout y passe. On se sent menacé dans les sources mêmes de la vie, on se réveille de cette torpeur, on sauve ce qu'on peut de la voracité insulaire, qui un os, qui une arrête, qui un morceau de pain; les Arabes courent autour de la table en criant : « Ou A'llah ! » et l'on sort affamé.

Le soir, à bord du bateau à vapeur. — Nous gagnons le canal sur des ânes; sur des ânes fringants, coquets, couverts d'éblouissantes selles rouges. C'est bien la monture de mon choix : un honnête petit trot, un bon petit galop pacifique, une sage petite bête enfin, qui souvent, dit-on, se laisse choir des quatre jambes et vous envoie toiser le sol à vingt pas... mais elle n'y met pas de mauvaise volonté. Nos âniers, noirs gamins à peine couverts d'un morceau de toile, nous parlent en dix langues et courent à nos côtés de toute la vitesse de leurs maigres fuseaux.

Sur la berge du canal, les voyageurs, les chameaux chargés de valises, les ânes, les conducteurs crient et s'entassent. On nous empile dans les deux bateaux qui doivent nous conduire à *Atfeh*. Là, nous passerons les écluses et nous prendrons les paquebots du grand Nil.

Nous partons, après trois heures d'un indescriptible tapage. Les rives du canal enchantent nos yeux. Il est, près d'Alexandrie, bordé de maisons de campagne souvent bâties dans le style arabe ou indien. L'une d'elles est entourée d'un vérandah que soutiennent des colonnes enveloppées de pampres; la tête élégante des palmiers se balance à vingt pieds au-dessus du dôme épais des caroubiers, des sycomores et des tamarisques. Les convolvulus jettent sur les haies l'abondante draperie de leur verdure toute brodée de fleurs roses et bleues. Les eaux calmes reflètent ces images; de temps en temps un village fellah, avec ses huttes basses, ses femmes qui penchent leurs urnes vers le fleuve, vient s'y mirer à son tour.

Le soleil se couche avec une pompe vraiment orientale. Il s'enfonce dans la plaine sans bornes, comme il s'enfonce dans l'Océan; le ciel à l'occident reste pourpre. Sur l'horizon se découpent deux monticules couverts de cases. L'heure du crépuscule, heure si courte dans ces contrées, leur prête des proportions bizarres. Sur l'un d'eux, une blanche mosquée s'élève au-dessus des huttes, de toute sa coupole qui se dessine largement dans le ciel. Les fellahs drapés dans leurs longues robes s'avancent lentement vers leurs cases qu'ils dépassent des épaules en haut; ils se détachent sur la crête du monticule en silhouettes immenses; on dirait de gigantesques bas-reliefs égyptiens. Cet effet, qui tient du mirage, a quelque chose de solennel.

Comme la nuit tombait et que nous prenions

place, ma Jeannette et moi, dans la cabine réservée aux dames, deux détonations terribles se font entendre. La chaudière saute ! — cette pensée traverse mon esprit, nous franchissons d'un bond l'escalier, mon mari est là, il accourait. La chaudière n'a pas sauté, et nous avons, nous seules, couru danger de mort. Une barque vient d'enfoncer avec sa proue le côté où nous étions assises. A la première détonation nous avons quitté le banc; à la seconde, presque instantanée, la paroi était emportée.

Quelle paternelle miséricorde que celle qui veille sur des créatures si aveugles, et quelle joie que de se retrouver après cette angoisse inexprimable! Elle n'a duré qu'une seconde, une seconde pendant laquelle on a sondé tous les abîmes de la douleur.

Un long arrêt succède à l'accident. On charge une barque d'une partie des bagages, afin d'alléger le bâtiment et de mettre sa large blessure au-dessus de l'eau.

Notre aventure est en entier due à la négligence de l'équipage. Le Reiss, beau vieillard à barbe grise, à robe flottante, portant d'une main la canne à pomme d'argent, de l'autre la longue pipe à bout d'ambre, dînait en paix au lieu de commander la manœuvre; le mécanicien dînait de son côté; la machine s'en allait du sien; le pilote, seul à son poste, voit arriver la barque, il quitte le gouvernail pour courir aux chauffeurs et leur crier : *stop ! stop !* Le paquebot suit son impulsion, la barque toutes voiles enflées suit la sienne, et nous sommes effondrés.

Voici un autre échantillon de l'insouciance arabe.

— J'ai souvent des Anglais à l'eau, nous dit le capitaine.

— Comment cela ?

— Eh oui ! Les *vapeurs* sont petits dans le canal, les Anglais sont un peu... un peu... gris, là. Il m'en tombe un par voyage. La dernière fois, j'entends : *piouf !* et je vois un de ces messieurs qui enfonce; ses compagnons le regardaient, rangés le long du bord, avec leurs lorgnons dans l'œil. A coups de poing, à coups de pieds, je jette à l'eau une demi-douzaine de mes Arabes. Que croyez-vous qu'ils font ?

— Ils plongent, ils le trouvent.

— Tout juste. Ils plongent, ils le trouvent, mettent la tête à l'air, et me disent tranquillement : il est là ! Là, gredins ! là, marauds ! est-ce que je vous demande où il est ? Pêchez-le-moi, tas d'imbéciles ! pêchez-le ! — Et je n'ai rattrappé mon Anglais qu'à moitié mort. *Allah kérim !* Dieu est puissant : — cela répond à tout.

Notre transbordement doit s'effectuer à minuit.

A bord du bateau à vapeur, jeudi, 9 *décembre* 1847.

Le transbordement s'opère par une nuit noire; on descend comme on peut sur la berge de terre grasse; on passe comme on peut, non sans risque de plonger, sur la planche étroite qui relie les trois paquebots du Caire à la rive. Deux Arabes tiennent à chaque bout une barrière et des lanternes, on place la main sur ce vacillant appui, on glisse un peu sur la planche, et l'on arrive tant bien que mal.

Nous mettons le pied sur l'un des steamers, heureux de nous abriter après ce difficile passage.

Le salon des dames est archi-plein, pas moyen de s'y loger. Sur le paquebot du canal, on avait, par suite de l'accident et faute de place, mis tout le monde partout. Antonio nous fait, en conséquence, entrer dans le salon des messieurs, pendant que mon mari surveille avec Louis le transport des bagages. Nous sentons que notre position est fausse, nous en souffrons, nous aurions grand besoin d'être rassurées par quelque bienveillance. Or, voici quel accueil nous recevons.

L'un des fils d'Albion se lève et prononce avec raideur ces paroles sacramentelles : « That is the cabin of the gentlemen. »

— Hélas ! Monsieur, nous le savons, mais il n'y a plus une seule place dans le salon des dames, on ne peut même s'y tenir debout... Nous sommes contraintes, bien malgré nous, de nous réfugier ici.

On croit peut-être que nos Anglais, par charité, sinon par politesse, vont faire ce qu'auraient fait les premiers hommes venus : écarter leurs nécessaires et leurs manteaux, nous témoigner par un mot, au moins par l'expression de leur physionomie, qu'ils comprenaient notre embarras.

— Vous ne pouvez rester !

— Nous voudrions remonter sur le pont, nous serions heureuses d'y passer la nuit; mais la rosée tombe en abondance...

Le cameriere arrive, nous prend à part, et nous dit qu'il nous conseille de quitter ce *vapeur*, de monter sur le troisième où nous trouverons peut-être à nous caser; que notre *delicatesse* aura certainement à souffrir au milieu de *ces gentlemen*. Et ces gentlmen le laissent dire; ils nous laissent affronter l'ennui, si ce n'est le péril de deux nouveaux passages sur la planche, d'une nouvelle tentative sur un nouveau paquebot. Je proteste que, dans les quatre-vingts départements de la France, on ne trouverait pas, à partir du roulier qui mène sa charrette sur les grands chemins jusqu'au châtelain qui chasse dans ses forêts, trente hommes aussi.... comment dirai-je ? que ces trente *gentlemen*.

La nuit s'écoule comme elle peut s'écouler quand on est cent, là où cinquante tiendraient à peine.

Les premières clartés du jour nous trouvent sur le pont.

Que c'est beau ! que c'est grand ! Des horizons où le regard s'enfonce comme il s'enfonce dans l'immensité des mers ! Les pélicans au long cou, se promènent sur le rivage, des troupes de canards sauvages et d'oiseaux pêcheurs s'abattent vers les eaux où prennent leur vol en traçant de gracieux méandres. Les buffles s'avancent pesamment, un bel oiseau blanc perché sur le dos. Des files de chameaux passent à la lisière du désert en jetant leurs grandes silhouettes sur le ciel clair.

Chaque tour de roue nous amène vers quelque bouquet de palmiers tout inondé de lumière. Le gai village fellah s'abrite sous les palmes. Ses huttes sont de terre, pauvres, basses; mais cette population vit en plein soleil. Les abords en ont un charme inexprimable. Rien de prosaïque; plus de porcs. Les colombes roucoulent rangées comme un fil de perles le long des toits plats, ou s'envolent en chatoyant tourbillon vers les pigeonniers coniques. Les oies blanches glissent sur l'eau. Un chameau rumine attaché au tronc de quelque palmier. Les poules picotent devant la case, et les petits enfants se roulent sur le sol uni, pendant que le père fait ses ablutions et que la mère, noblement drapée dans ses voiles, remonte la berge, son urne sur la tête.

Nous dépassons des barques chargées d'Arabes et de nègres, rapides quand le vent gonfle leurs grandes voiles triangulaires, traînées, quand le vent tombe, par les matelots qui tirent la corde en chantant une chanson dont nous saisissons quelques sauvages accords.

Derrière les caroubiers se cachent les tentes noires des campements de Bédouins. — Oh comme ces aspects parlent à l'imagination ! comme dans ces vastes horizons tout revêt un caractère solennel ! Ces larges lignes, ces silhouettes gigantesques, ce silence, cette nature riante mais riante avec profondeur, cette poétique végétation, ces proportions si différentes de celles que nous connaissons, me font bien comprendre que la terre où nous sommes a été la terre des cultes bizarres, des religions pleines de mystères.

L'infini est partout ; partout les régions de l'idéal, du surnaturel. Elles sont là-bas, là où la terre et le ciel se fondent en une indéfinissable teinte ; là-bas, là où passe cette caravane avec ses conducteurs ; là-bas où grandit cette mosquée à demi noyée dans les brumes ; et ici encore, ici tout près, sous cette touffe de palmiers, ici vers cet Arabe étendu qui regarde voler bien haut les tournoyantes phalanges des tourterelles et les phalanges serrées des oies sauvages.

Toujours à bord, le soir. — L'enchantement continue. Des deux côtés de l'eau, une plaine verte, des bosquets de caroubiers aux formes arrondies, des tamarisques légers, de nobles palmiers qui traversent cette voûte surbaissée et balancent leurs cimes dans les airs. — Quelquefois le bouquet de palmiers s'élève seul dans la plaine : alors le ciel lointain paraît derrière cette colonnade déliée, comme le jour dans les églises palermitaines à l'architecture mauresque. Les oiseaux aquatiques s'envolent ou se posent à chaque instant en tourbillons. Ils affectionnent les plages de sable humide à fleur d'eau. Ils s'y rangent en longues lignes, espèces par espèces; les canards sauvages de ce côté, les pélicans de celui-là, les hérons solitaires sur cette pointe.

Quand notre paquebot passe à toute vapeur, chargé de sa population européenne, avec ses matelots africains et son pilote arabe debout à la poupe, enveloppé de sa large robe brune, pesant de son bras musculeux sur le banc du gouvernail, les oies, les canards, les pélicans, les hérons s'enlèvent en escadrons aériens, et suivant qu'ils tournent, tachent le ciel de noir ou le nacrent du blanc de leurs ailes.

Les vergues démesurées des barques coupent les horizons. Le fellah monté sur son étroit radeau que soutiennent des calebasses vides, traverse le fleuve dont il frappe le flot avec deux morceaux de bois.

Les habitations conservent le caractère des temples de l'antique Égypte : une masse carrée, large par la base, rétrécie par le haut. Il y a, entre ces murs gris, ces formes massives, ces palmiers, cette uniformité sublime des lignes, il y a une harmonie au-dessus de l'expression. Le doigt de Dieu s'est largement empreint sur cette terre.

Nous avons, ce soir, un tableau à la Claude Lorrain. Le soleil descend derrière un bois de palmiers, il en baigne les tiges de ses lumineux rayons, il disparaît. Le tableau devient bien simple : trois lignes. L'eau ; nappe plombée, huileuse, sur laquelle se joue un vol de bécassines. La terre ; bande terne, inflexible, qui n'arrête pas le regard et derrière laquelle on pressent le désert. Le ciel ; cercle d'or immense. Au-dessus, une vapeur violette reste suspendue, et dans la vapeur, l'arc argenté de la lune. — De moment en moment la zone dorée s'amincit, elle passe à l'orange foncé, elle se rétrécit et devient pourpre ; le reste du ciel est noir. Encore un instant de cette magie, et tout s'éteint.

Comme nous avions les regards perdus dans cet océan de feu, l'hymne magnifique du Désert m'est monté au cœur.

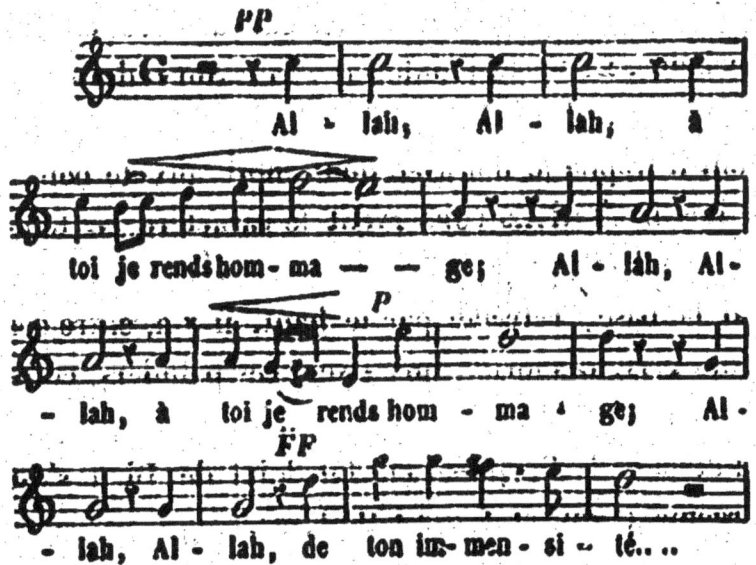

Et le reste. — Je ne la cherchais pas, je n'y pensais pas ; une voix puissante me la chantait ; les notes en tombaient amples, sonores, et la mélodie s'étendait vers les horizons infinis.

Oh non ! ce n'est pas une matérielle imitation, que cette œuvre : c'est le transport des beautés de la nature dans la sphère de l'harmonie.

Félicien David n'*imite* pas le silence des solitudes ; il le *crée* dans l'ordre musical. Il évoque un monde nouveau, et ce monde obéit. Vous ne dites pas en l'entendant : ceci ressemble aux sables du désert, ceci ressemble au pas des chameaux, ceci à la nuit étoilée ; non. Votre âme, portée sur les ailes du génie de l'Orient, traverse les plaines éthérées ; et la voilà qui rêve devant l'espace, la voilà qui rêve sous les dattiers, la voilà qui rêve aux chansons mélancoliques de la jeune fille arabe, la voilà qui rêve aux pas mesurés de la caravane.

Si cela n'est pas de la création, où est-elle?..... Qu'est-elle?

Nous abordons au port du Caire : Boulak. Il ne faut qu'une demi-heure de marche pour gagner le Caire. C'est onze heure du soir ; la Grande-Bretagne envahit les hôtels d'*El Müssr*, nous restons à bord jusqu'à demain matin qu'elle aura pris en *omnibus* la route de Suez. Elle passera tout au travers du désert comme elle a passé tout au travers des rives enchantées du Nil ; en mangeant des côtelettes faute de beefsteaks, en s'enveloppant de son voile vert, en se carrant avec le plus grand développement de coudes possible. Les palmiers, les chameaux, les oiseaux sauvages, les Arabes, les fellahs, les minarets ne lui ont pas même arraché le *beautiful* national. Elle ne s'en est pas doutée. Elle verra les éléphants, les brahmes, les pagodes, la végétation indienne, comme elle a vu la population, le fleuve, les magiques aspects de l'Egypte... c'est-à-dire qu'elle ne les verra pas.

LE CAIRE.

Vendredi, 10 décembre 1847. — Nous passons la nuit jetés sur des matelas, faisant de nos corps un rempart à nos sacs de nuit, pendant que le pauvre Antonio, à la belle étoile, en fait un du sien à nos bagages retrouvés à grand'peine parmi les bagages monstres qui vont aux Indes.

Un Cophte, vêtu de la longue robe noire, sa belle tête au traits droits et fins, à demi cachée sous le capuchon, fait peser les deux ou trois mille ballots des Anglais, à la clarté des torches que tiennent quelques Arabes; un autre, le cornet d'encre passé dans la ceinture, les inscrit à mesure, en écrivant sur ses genoux. Six heures s'écoulent ainsi. Aux premières clartés de l'aube nous retrouvons le Cophte à la même place, toujours pâle, toujours immobile, toujours laissant tomber le chiffre d'une voix négligente, toujours éclairé par les rouges reflets des torches, toujours flanqué de ces figures bronzées à turban blanc. On dirait Joseph, qui pèse pour le compte du roi Pharaon.

Nous passons au milieu de cent chameaux agenouillés. Ceux-ci, plus petits que les chameaux d'Alexandrie, ont les membres plus déliés et l'encolure moins redoutable. L'Arabe qui les monte, n'arrive guère qu'à la hauteur d'un premier étage au-dessus de l'entresol. C'est le chameau du désert; l'autre était le chameau d'Égypte.

En quittant Boulak, nous suivons une chaussée bordée d'acacias; la brume matinale qui monte des bas-fonds nous dérobe le Caire, les minarets la percent seuls de leurs flèches et le Mokattam se dresse abrupte derrière.

Ce grand jardin entouré d'un canal, c'est l'*Esbekieh!*..... Moi, qui me figurais l'Esbekieh, une *place bâtie en style mauresque.*

Nous trouvons, non sans peine, à nous caser dans l'hôtel d'Orient; le propriétaire de l'hôtel, est comme s'il n'était pas. Le grand lama ne se dérobe pas mieux à l'adoration de ses peuples, que le propriétaire de l'Orient aux réclamations de ses voyageurs.

De ma fenêtre, je vois les chevaux arabes, un peu courts, le cou ramassé, la tête petite, les membres fins, galoper avec leurs cavaliers à la veste brodée, aux pantalons flottants, à la ceinture brillante, au rouge tarbousch. Je vois le coureur arabe — Saïs — vêtu de blanc, l'écharpe écarlate jetée sur l'épaule, précéder les voitures des consuls, ou des beys, en agitant sa courbache. Je vois les jolis ânes bien enharnachés, la tête haute, trotter menu sous l'Arabe, galoper sous l'Européen. Je vois passer, au son du tambourin et de la musette plaintive, une troupe de jeunes garçons en robes rouges, des fleurs aux mains ; celui qui marche le premier a dix ans, on le va marier! marier; fiancer peut-être..... je ne sais ; mais cela est bien triste et en dit long sur la plaie que fait à cette société la dégradation du mariage. Je vois les femmes du peuple renfermées dans leurs blancs linceuils, on dirait des figures qui se lèvent du tombeau. Je vois les femmes des marchands emballées dans d'énormes mantes noires qui se gonflent autour d'elles. Elles portent aussi, appliqué sur le visage, cet affreux drap qui leur donne l'air de cadavres cousus dans les linges mortuaires.

Ce costume est, au reste, le costume des premières religieuses de Saint-Basile, tel que nous le représente le père Helyot dans son grand ouvrage sur les ordres monastiques.

Les voyageurs en Orient aiment à parler de voiles écartés, de beautés entrevues : ceci rentre dans les visions touristes ; je défie les dames du Caire de se débarrasser à un degré quelconque de la pièce d'étoffe collée sur leurs traits.

Antonio a recommencé sa chasse aux *Dahbiehs*.

Nous tenons à remonter le Nil pendant que règne le vent du nord.

Ce soir, table d'hôte. Quand en aurons-nous fini avec ces repas phalanstériens? Nos Européens arrivent dans la salle à manger, la tête rasée en noyau de cerise, coiffés du tarbousch, avec le petit bonnet blanc qui passe d'un doigt par-dessous. Ces purs mamamouchis sont hideux.

Samedi, 11 décembre 1847. — M. Barrot, notre consul général, a présenté ce matin mon mari au vice-roi. Il est parti pour les beaux jardins de Schubra. Son Altesse l'a retenu à déjeuner; après le déjeuner, la conversation. Mon mari revient enchanté de sa course; le pacha lui semble un type remarquable de vie intellectuelle et de pénétration.

Nous partons à midi pour Boulak sur de beaux petits ânes, suivis de conducteurs nubiens, égyptiens, arabes, qui les tiennent par la queue.

Cette route de Boulak est une des plus animées que je connaisse. Les chameaux chargés marchent au pas, les dromadaires trottent légers en portant leurs maîtres basanés; les femmes fellahs courent, le vase vide penché sur la tête, ou le vase plein placé droit. Les cavaliers, les voitures précédées du *Saïs* soulèvent des nuages de poussière. Nos ânes font aussi la leur.

Nous arrivons au port. Nous voilà passant de

dahbiehs en dahbiehs. — Ceux qui nous donnent dans l'œil sont déjà loués : c'est naturel. Les pavillons russes, anglais, français flottent à leurs mâts; on y dresse les tentes, on y arrange les cuisines, on y tapisse les divans : tout a fort bon air.

Nous hésitons entre deux barques. L'une est petite, il faudra beaucoup d'industrie pour y respirer cinq; quant à s'y mouvoir, la chose me semble problématique; mais elle est peinte à neuf. L'équipage possède une recommandation de Mme la marquise de la Roche-Dragon; cela dit tout pour Antonio, qui a été le drogman de Mme de la Roche-Dragon en Syrie... Nous voyons bien à son air que nous appartenons dès à présent à la barque en question. Et puis elle franchit la première cataracte, et nous avons l'espoir de pousser jusqu'à la seconde... il en sera probablement de la seconde comme des Thermopyles et de l'Eubée.

L'autre dahbieh est beaucoup plus grand, vraiment beau; il y a de l'espace dedans et dehors; mais il ne franchit pas le saut. Nous hésitons, nous allons, nous venons, nous bataillons. Le Reiss de la première barque court après Antonio, Antonio fait le fier, Antonio s'adoucit, et nous finissons par conclure. Nous prenons la barque et son équipage à la course : — 7,000 piastres — 1,750 francs — pour la première cataracte, allée et retour; 8,000 piastres — 2,000 francs — si nous poussons jusqu'à la seconde.

Notre cabine, notre cage pour mieux dire, est étroite; mais elle est claire, et puis nous y serons deux, et puis la porte en est ouverte, et puis nous la garnirons de mouron vert, de bons petits morceaux de sucre, et avec la grâce de Dieu nous serons les plus heureux linots du monde.

Deux tables, quatre chaises, deux kafass — caisses en tiges de palmiers, — quelques matelas et quelques coussins pour nos divans, quelques provisions, une cuisine, c'est tout ce qu'il nous faut.

Notre équipage est Nubien, et s'en vante. Nos hommes viennent d'Assouan : ils n'ont qu'une parole... ils ne sont pas comme ces *fellahs*... et le Nubien tourne dédaigneusement le blanc de ses yeux vers les autres dahbiehs.

Il y a dans ce pays des différences de races saisissantes. — Voici comment je les vois... quitte à voir le contraire quand je connaîtrai mieux. Le fellah me semble un type des colosses de porphyre que contiennent les belles galeries égyptiennes de Rome : le front bas, les yeux très grands, très longs, légèrement relevés à l'extrémité; les sourcils épais et couronnant largement l'œil; les pommettes fortement accusées; une barbe rare plantée au bout du menton; la taille élevée; la physionomie douce et méditative sans beaucoup de pensée.

M. Lane, dans son remarquable ouvrage : « *Manners and customs of the modern Egyptians,* » — affirme que les Arabes forment les quatre cinquièmes de la population; que le sang arabe domine partout. Cela peut être, mais comment se fait-il alors, que le caractère égyptien se présente aux yeux de l'étranger, si différent du caractère arabe? Comment se fait-il qu'il lui rappelle du premier coup, tout ce qu'il connaît de l'ancienne Égypte. Quiconque a vu dans sa vie une statue, un bas-relief égyptiens, ne confondra jamais ce type étrange avec le type arabe. — On le rencontre moins au Caire que dans la campagne, que dans les environs d'Alexandrie par exemple. A mon avis, le fellah le reproduit fidèlement. Les Turcs, improprement suivant Lane, appellent les fellahs *Ah'l-Far'oon* — le peuple de Pharaon. — Je trouve que les Turcs n'ont pas tort.

On dit encore que le sol d'Égypte crée sa race, que les plantes, que les animaux introduits dans ce pays prennent très vite le caractère égyptien : alors, pourquoi les Arabes qui habitent le Caire, conservent-ils si pur le type de leur nation? Sont-ils tous arrivés d'hier? Non. La domination arabe date de plus de mille ans, et l'Égypte n'a pas encore allongé leurs yeux, abaissé leur front, relevé leurs joues, grossi leurs lèvres.

La distinction que je fais ici entre l'Arabe du Caire, et le fellah, — arabe des campagnes, — peut sembler absurde. Elle l'est sans doute; je la fais néanmoins, car la différence me saute aux yeux; et je l'explique par cette circonstance, que les Arabes du Caire, groupés dans une grande ville, ne se sont pas au même degré que les Arabes des campagnes, alliés à la population indigène de l'antique Égypte.— Peut-être aussi la vie citadine les a-t-elle abrités contre l'influence de ce soleil, de ces horizons, de cette terre qui font les bêtes et les hommes!

Quoi qu'il en soit, l'Arabe du Caire n'a d'autre rapport avec le fellah que son teint bronzé. Son front est élevé, étroit, ses yeux rusés et vifs, son nez mince, sa bouche serrée, ses joues creuses, sa figure longue, son corps maigre, ses membres musculeux et grêles.

Le Nubien a la peau noire : ce noir n'est pas celui du nègre ; le blanc de ses yeux a l'éclat de la nacre de perle, ses membres sont souples et fins, ses lèvres fortement cordonnées, son nez est droit, sa physionomie a de la gravité ; mais cette gravité nonchalente, sous laquelle perce une sorte de naïveté enfantine, ne ressemble pas à la dignité froide et fière de l'Arabe.

Ces figures, ces costumes si divers font des rues, des chemins, des places, un tableau dont je ne rendrai jamais la poésie.

Nous parcourons l'intérieur de Boulak. Les maisons garnies de *leur moncharabiehs*, — balcons grillés qui surplombent, — sont hermétiquement fermées. Les mosquées avec leurs riches broderies de pierre, laissent voir leurs fontaines et leurs parvis à ciel ouvert. Le marchand accroupi sur ses coussins à hauteur d'appui, fume sa longue pipe, hume son café dans la petite tasse que supporte le *zarff*, et regarde passer, immobile au fond de sa niche. Les vendeurs de comestibles étalent leurs marchandises à terre. Les porteurs d'eau courent à pas ballonnés, leurs outres ruisselantes sur le dos. Les turbans verts, blancs, rouges; les robes noires, jaunes, bleues; les nobles figures bronzées; ceux-ci à cheval, ceux-là sur des ânes, ces troisièmes assis devant les cafés et fumant; tout cela éblouit le regard. Voici des pagodes portées sur des ânes; ce sont les femmes d'un harem bourgeois; — les harems, ou *karems* des seigneurs ne sortent jamais — elles se promènent sous la garde d'un eunuque vêtu à la *nizzam*, avec la veste et les amples pantalons, qui marche devant en tenant le premier âne par la bride. Il est impossible d'imaginer quelque chose de plus monstrueux que ce ballot partagé par une étroite bande blanche.

Que de misères dans ces prisons ambulantes! que de témérité dans cette affectation de retenue! Une conversation avec les Européens fixés depuis longtemps au Caire en apprend beaucoup là-dessus. Rien n'égale l'audace des dames égyptiennes. Je ne m'en étonne pas. Le voile explique tout; il est dans son essence de tuer la pudeur. Chez nous, le vice prend le masque et revêt le domino; il a raison. L'âme ose tout penser, le cœur ose tout vouloir; mais le front rougit, mais la pudeur chassée de son asile se répand sur le visage, elle devient *la confusion*, c'est un dernier rempart. Cachez le visage, et ce rempart n'existe plus. Quand Juda vit Tamar assise voilée au coin du carrefour, il la prit pour une femme de mauvaise vie, car elle avait couvert son visage.

Dimanche, 12 décembre 1847. — En lisant ma Bible ce matin, je suis tombée sur quelques-unes des promesses que Dieu a faites à l'Égypte.

« En ces jours-là, il y aura un autel à l'Éternel au pays d'Égypte, et une enseigne sera dressée à l'Éternel sur sa frontière. L'Éternel donc frappera les Égyptiens, les frappant et les guérissant, et ils retourneront jusqu'à l'Éternel qui sera fléchi par leurs prières et les guérira. » — Ces paroles du Dieu qui est la fidélité même, dilatent mon cœur.

Hélas! ce cœur est égoïste et léger. Je me laisse tellement dominer par le charme de cette nature, tellement fasciner par cette poésie orientale, que j'oublie qu'il y a des âmes sous ces beaux turbans, et que ces beaux turbans eux-mêmes sont le signe extérieur d'une des plus funestes conceptions de l'ennemi.

Un de nos voisins de table d'hôte, plus avancé que

nous, a visité le marché aux esclaves et l'hôpital militaire. Son enchantement a reçu deux coups de massue. Dans le marché, il a trouvé au fond d'une espèce de bouge, quatre jeunes négresses. On les poussait, on les retournait comme des choses; comme des choses viles s'entend, car on eût mis plus de soin à toucher une caisse de modes ou de porcelaines. Elles étaient accroupies sur la terre, l'air perdu de honte et de douleur; déjà dégradées, parce que le désespoir avait amené chez elles l'abandon de soi-même, parce qu'il avait tué l'espérance, la volonté, jusqu'à l'individualité, tout ce qui fait de nous un être digne et noble. Ces malheureuses venaient du Darfour; on les avait enlevées dans un des massacres qui accompagnent chacun de ces rapts. — Venez nous dire que l'esclavage est doux en Orient, qu'on y regarde l'esclave comme un enfant de la famille, que la liberté lui fait peur: je crois tout cela; mais le droit, mais l'honneur, mais les séparations, mais les assassinats qui tachent de sang l'origine de tout esclavage!

Je voudrais bien qu'on menât vendre, la corde au cou, quiconque en ose essayer l'apologie...

Si les Européens établis en Égypte le voulaient, ils pourraient amener des progrès immenses dans la situation morale et matérielle de ce pays. Le pacha sent la barbarie latente de son peuple, il cherche à la combattre; il s'y prend en pacha, c'est vrai, mais les intentions sont bonnes. Pourquoi les Européens, au lieu de s'abaisser au niveau des mœurs égyptiennes, ne les relèveraient-ils pas? Pourquoi faut-il voir partout ce niveau s'établir par le bas?

— Cela est ainsi, cela a toujours été ainsi, cela ne saurait être autrement, il faut cela avec ces gens-là,… il faut les coups de bâton aux fellahs, il faut l'esclavage aux nègres, il faut quinze, seize, dix-huit heures de travail aux ouvriers… — Dieu nous a-t-il donc mis au monde pour subir les faits, ou pour les dominer?

Ce qui m'indigne, c'est que ceux même qui acceptent le règne du pire, le déplorent; ils s'agenouillent en gémissant : dégoûtantes simagrées. Quand on déteste, on écrase; à défaut, on se débat, et qui se débat?

La seconde déception de notre voisin lui est venue de l'hôpital militaire. On lui montre de belles salles, bien aérées, puis on le fait descendre dans un souterrain.

— Où me conduisez-vous?

On descend toujours.

— Au cachot?

On descend toujours; on ouvre la porte d'un réduit infect, et M*** trouve là deux malheureux tremblant la fièvre, couchés *les fers aux pieds*.

— Mais quel crime ont-ils commis?… Les forçats du bagne, quand ils sont malades, ont de bons lits, une bonne nourriture, du soleil, de l'air, des soins!...

On répond, avec cette inflexion des lèvres si expressive en Orient: « Déplu au supérieur. »

Nous sommes allés à Schubrah — les jardins du vice-roi — toujours sur les bons petits ânes, qui ont manqué cette fois nous jeter par terre. Cela ne les empêche pas d'être les plus aimables bêtes du monde, quoique indignement méconnues en Europe. Cette race, comme celle des chats et tant d'autres, fait partie de la longue liste des races *incomprises*. Je me trompe, un homme a compris les ânes, un homme leur a rendu justice; M. Tœpffer, dans son beau livre intitulé: *Réflexions et menus propos d'un peintre genevois*.

Cependant Tœpffer, qui disait de l'âne: « il lui manque, c'est vrai, de la noblesse; mais aussi point d'orgueil, point de vanité, point de faux, nulle envie d'être regardé, » Tœpffer ne connaissait que nos ânes humiliés d'Europe; il n'avait pas vu les fiers petits ânes musulmans, avec leur selle de maroquin rouge bien rembourrée, leurs floches de soie sur le nez, leur tête haute, leur regard hardi. Il ne les avait pas vus, épris de gloire, se lançant à fond de train, dépasser un rival au galop et s'enivrer, hélas! des fumées du triomphe. Peut-être auraient-ils baissé dans son estime. Gagner du côté de l'héroïsme, c'est presque toujours perdre du côté de la philosophie.

Bref, les ânes du Caire ont ce que M. Tœpffer appelle la *bosse*, le *la* ; ce sixième sens, ce je ne sais quoi qui fait les grands peintres, les grands poëtes, les grands musiciens... et les grands ânes. Ce *la*, cette *bosse*, nos ânes d'Europe ne l'ont pas. Ils seront bons pères de famille, bons tireurs de charrette, bons croqueurs de chardons, tout ce qu'on voudra. Mais ils ne seront jamais autre cho'

La route qui mène à Schubrah s'étend durant une lieue sous un berceau d'acacias et de sycomores. Cet aspect est unique. Les arbres gigantesques, qui ont vingt ans à peine, sortent de terre en jets vigoureux, mêlent à trente pieds du sol leur sombre feuillage, et font une voûte que le soleil de midi ne pénètre pas. Des deux côtés s'étendent de grasses cultures, arrosées au moyen des sakkiehs placés le long du Nil. Ce sont des trèfles verts et drus; des blés d'une semaine, qui couvrent déjà la terre d'un tapis velouté. Le même sol a porté, depuis que s'est retiré le Nil, une récolte de maïs semée et moissonnée en soixante jours. Pas un coin aride ; la fécondité déborde.

Ah! je conçois bien les lamentations des Israélites, quand, au désert, ils tournaient leurs regards vers la molle Égypte. Ils y étaient esclaves, oui. Mais ce Nil qui coule à pleins bords, mais ces prairies herbeuses, mais ces champs dorés, mais ces bosquets ombreux, mais cette végétation luxuriante, cet air tiède, humide...... Ah! qu'il fallait bien *la foi* pour quitter cette zone bénie et s'enfoncer dans les sables!— Eux aussi préféraient l'esclavage à la liberté. Au point de vue humain, ils avaient pour cela de meilleures raisons que les nègres de traite. Qui n'a senti que cette préférence dépravée constitue un des plus tristes résultats de l'esclavage: l'abaissement moral?

Il y a plus de promeneurs et moins de mouvement commercial sur cette route que sur le chemin de Boulak.

La dignité des figures orientales est frappante. Elles la doivent, après la régularité des lignes, au repos absolu de la physionomie. C'est tout autre chose que le repos des traits de la statuaire grecque. La sérénité de ceux-ci, est une sérénité philosophique très lumineuse: la sérénité orientale, un peu voilée, indique le mystère. L'une est un beau jour, l'autre une belle nuit;... la nuit aura toujours plus de poésie que le jour.

Voici des cophtes marchant silencieux, drapés dans leur robe noire; voici venir un détachement de dromadaires de course; ils effleurent à peine le sol, le cavalier semble immobile sur son coursier, et déjà nous ne les voyons plus; ils portent les officiers de bouche du pacha; voici son avant-garde, chevaux arabes à la tête cambrée, à la selle ruisselante d'or, montés par des cavaliers intrépides qui les lancent, pirouettent avec eux, les arrêtent court, et repartent comme l'ouragan. Voici le pacha lui-même dans une riche voiture, cadeau du roi des Français; sa tête expressive, sa longue barbe blanche qu'argente le soleil, paraissent une seconde.

Le Nil s'étend en nappe d'or à notre gauche, une porte s'ouvre devant nous sous les lianes: c'est la porte de Schubrah.

Nous nous trouvons au centre d'un réseau d'allées droites qu'encadrent des haies de myrte. Elles vont à perte de vue; les unes sous un transparent berceau de citronniers, de jasmins, de rosiers, de seryngas; les autres, à l'air libre, et laissant passer par-dessus leurs murailles de myrte les rosiers couverts de roses de tous les mois, les grappes blanches de la rose multiflore, les orangers chargés de fruits mûrs. — Celles-ci sont pavées de mosaïques, celles-là tournent autour d'un bassin de marbre, à demi-voilé par les guirlandes que laissent tomber sur ses fontaines, les plantes grimpantes qui revêtent quelques citronniers en fleurs.

C'est un labyrinthe de verdure, avec tout ce que les parfums, tout ce que les eaux courantes peuvent y répandre de fraîcheur. — J'aime les sentiers sinueux, j'aime l'imprévu, les bosquets jetés ici et là, les buissons de fleurs au milieu des prés; mais j'aime aussi les longues allées, quand elles s'étendent sous les cieux d'Égypte, que les clartés du soleil y tombent tamisées par les rameaux entrelacés des jasmins, que la haie est de myrte, que les roses, que les tubéreuses, que les narcisses pénètrent de leurs senteurs les tièdes haleines de décembre.

Il fait bon alors, aller devant soi, respirant à longs traits, laissant flotter son regard, et marchant, marchant toujours après sa fantaisie, sans que rien vienne réveiller l'âme qui se retire aux plus secrets de ses sanctuaires.

Nous sommes devant le grand kiosque. Quatre colonnes d'albâtre oriental en soutiennent le portique. Nous nous promenons dans ce vaste péristyle qui entoure une immense vasque de marbre. Les eaux y coulaient il y a quelques années. Les bouches de cent canaux, les gueules des lions assis dans les angles de la vasque, les y envoyaient jaillissantes et vives.

Des portes, sur lesquelles retombent de lourds rideaux, s'ouvrent à tous les angles du péristyle. On nous montre quelques-uns de ces salons. Le premier, meublé à l'européenne, est d'une grande magnificence : parquet en bois précieux, meubles dorés, étoffes de soie ; c'est le salon de réception. Les autres sont garnis de divans, sans meubles, et peints de fresques grossières.

Mardi, 14 décembre 1847. — Courses dans la ville, stations dans les boutiques ; tous les plaisirs du *choping*.

Il nous fallait des pipes, des tasses arabes, des tapis, quelques niaiseries à donner aux *Nubiennes*; j'avais en outre à résoudre la grande question des étrennes du 1ᵉʳ janvier 1848; de ce 1ᵉʳ janvier que nous célébrerons, s'il plaît à Dieu, sur le Nil. Antonio nous a conduits dans les bazars. Tantôt nous trottons au milieu de larges rues couvertes d'une tente ou d'un plancher, tantôt nous nous enfilons dans de véritables *fentes*, dont les moucharabiehs se croisent sur nos têtes. Fentes ou rues, la même population bigarrée, les mêmes chameaux, les mêmes chariots traînés par des bœufs, les mêmes marchands chargés d'étoffes ou de comestibles, les mêmes ânes, les mêmes chevaux, avec le Saïs, indispensable cette fois; courent, marchent, galopent, s'arrêtent, sans jamais se heurter. Cela tient du miracle.

De ce côté, des bouts d'ambre, des poignards damasquinés, des vestes en velours brodé d'or; de celui-là, des écharpes de Beyrouth aux mille raies, aux franges déliées. Les floches de papier doré suspendues ici, indiquent la boutique d'essences : voici le fabricant de pipes, qui tourne le fil d'or ou d'argent autour du tuyau de bois rare. Voici, hélas! des marchandises européennes: porcelaines, étoffes, meubles. Le Caire ne produit presque rien; l'ambre lui vient de la Baltique, et les étoffes, de Brousse, d'Alep ou de Damas. On fait ici cependant, un satin épais qu'on nomme *Ibrahim*, et de jolis *zarff* — porte-tasses — en filigrane.

On achète du haut de son âne, on passe avec son âne sous la charge de ce chameau, on se hasarde avec son âne dans cette ruelle dont les maisons vous froissent de chaque côté; on y rencontre d'autres ânes, des dromadaires, des chevaux, et l'on s'en tire.

Les chrétiennes indigènes portent le *habara* — manteau, — le voile; tout ce qui constitue le costume arabe. Ce sont elles qu'on voit seules sur des ânes, ou à pied dans les rues. Les musulmanes de la classe moyenne ne sortent qu'accompagnées, celles qui occupent un rang élevé ne sortent pas du tout.

L'influence de la femme dans le ménage est en raison de son rang : d'un rang supérieur à celui du mari, elle gouverne. La crainte de déplaire à des parents redoutables tient l'époux dans la soumission. L'étiquette met une distance énorme entre sa femme et lui : il ne peut se présenter chez elle qu'avec sa permission ; il ne peut s'asseoir qu'encouragé par son indulgence; en un mot, il est esclave. Cet esclavage de l'homme à l'égard de la femme, me révolte bien plus que l'asservissement de cette dernière. N'est-il pas étrange de trouver côte à côte ces deux extrêmes, choquants tous deux, tous deux profondément hostiles à la famille?

Dans le cas dont il s'agit, la femme ne souffre aucune rivale à titre de seconde épouse, et ses esclaves même restent sacrées.

La position sociale de l'épouse est-elle inférieure à celle du mari, le mari redevient tyran. A la femme de se prosterner devant son maître, de lui présenter la pipe à genoux; elle partage avec vingt autres, je ne dirai pas le cœur, mais les caprices de l'homme.

La première femme épousée garde toujours une supériorité sur les autres. Il est de bon ton au Caire, il est plus économique aussi, de n'en avoir qu'une. Quant aux esclaves, la fortune seule en limite le nombre. Les hommes puissants, marient comme il leur plaît, celles qui composent leur harem. Le pacha, en dissolvant le sien, a richement établi la plupart de ses esclaves. Il en a fait épouser plusieurs aux officiers de son armée; on leur dit une grande influence.

Les enfants qui naissent dans le harem sont tous légitimes, la légitimité étant attachée, non au mariage lui-même, mais au lieu de la naissance. Toutes les femmes, épouses ou esclaves, vivent sous la domination des eunuques : domination ouverte quand il s'agit de celles-ci, occulte quand il s'agit de celles-là, toujours positive. Les eunuques les surveillent incessamment, rendent au mari un compte plus ou moins exact de leur conduite, et d'un mot peuvent les perdre.

Les femmes, on le sait, ne se laissent voir qu'à leur mari, qu'à leur fils ou à leur frère, jamais à un beau-frère, à un oncle ou à un cousin. Un fils n'aperçoit les esclaves de son père que voilées.

Antonio possède au Caire un intime ami qui l'héberge depuis huit ans; Antonio n'a jamais vu la femme de cet ami. Lorsque celui-ci, drogman comme Antonio, voyage, et qu'Antonio va s'informer de ses nouvelles, sa femme le laisse dans la rue, répond cachée derrière son moucharabieh, et ne se montre pas, même voilée.

On ne parle plus maintenant de sacs cousus et jetés dans les eaux. Cependant, il y a quatre ans à peine qu'on précipitait une malheureuse dans le Nil. Le pacha n'a rien à voir à ces arrêts, qui émanent d'un cœur irrité, se formulent dans le secret du harem, et s'exécutent par des esclaves. — Quand je me représente ces intérieurs; tout ce que l'emprisonnement, tout ce que l'ignorance peuvent y apporter d'ennui; tout ce que la jalousie peut y apporter de douleurs; tout ce que cet asservissement, mêlé de tyrannie, peut y produire de dégradation, de violence; tout ce que l'absence d'un noble amour, de liens étroits, doit laisser de vide dans le cœur; quand je songe qu'il n'y a point là de foi vive, d'espérance éternelle, de dévoûment pour un Dieu père et sauveur, qui puisse relever l'âme; je me sens portée à pleurer; plus encore, à prier pour la délivrance de ces races si déshéritées de bonheur.

En parcourant les rues ce matin, nous avons été frappés de la proportion des borgnes, des aveugles, des yeux malades ou faibles. On compte un aveugle sur cinq hommes. Ce chiffre me semble trop élevé. Les aveugles appartiennent en général aux mosquées, qui les secourent. On les emploie dans les funérailles. Ils précèdent le cercueil, en troupes de dix-huit à vingt, conduits par un borgne, se tenant tous à la file, la main de l'un placée sur l'épaule de l'autre et chantant des airs lugubres.

Les mosquées possédaient autrefois des biens considérables qu'administraient les Scheiks. Méhémet-Ali a confisqué leurs terres, et leur donne en échange un revenu qu'il leur compte en piastres. Mais les piastres qui valaient un franc au moment de la confiscation, valent à cette heure cinq sous; et le chiffre des piastres n'a pas varié.

Nous venons de recevoir la visite de plusieurs de nos Beys français, de M. et de Mme Barrot, tous deux parfaitement aimables et obligeants, puis celle de M. Benedetti notre consul, homme vraiment distingué.

On est heureux de trouver la France si bien représentée en Orient; pour nous, nous en sommes fiers, après nous être sentis reconnaissants.

Jeudi, 16 décembre 1847. — Les ânes du Caire ont décidément leurs défauts; ils ont blessé ce matin un de nos amis, après avoir fracassé le nez d'un malheureux fellah, en lui passant au galop par-dessus la tête. Cet accident nous a donné lieu d'admirer la patience du pauvre; c'est que, les privations, c'est que la souffrance sont ses hôtes familiers; il ne s'étonne pas de les voir entrer et s'asseoir au logis. Le riche au contraire, qui trouve l'audace grande, s'en scandalise souvent.

Nous partons cet après-midi. Je ne sais où se logeront les livres, les ustensiles, les provisions que nous prenons avec nous.

Pendant deux mois, nous allons donc voguer dans notre maison flottante, séparés du reste des humains, privés de secours en cas de maladie, exposés aux accidents de la navigation à voile qui n'est pas tout à fait sans danger sur le Nil. Cette fois comme tant d'autres, nous nous sentons directement sous la main de Dieu; il n'y a plus d'intermédiaires : lui seul est notre rocher. Eh bien, cette position qui a sa solennité, a une grande douceur; l'âme plonge avec bonheur dans l'océan de la tendresse divine.

MOYENNE-ÉGYPTE.

Sur le Nil vis-à-vis du Caire ; vendredi, 17 décembre 1847. — Oui, vis-à-vis du Caire. Le vent souffle du sud, nos hommes tirent à la corde, et c'est beaucoup si nous parvenons à faire deux lieues dans la journée.

Un cortége nuptial, précédé du cortége de la circoncision qui l'accompagne habituellement, passait comme nous quittions l'hôtel. On conduisait la mariée chez l'époux. Deux hommes précédaient la pompe portant, l'un une espèce de chapeau chinois garni de houppes de soie, l'autre une bannière couverte de miroirs. Ils étaient accompagnés de quatre lutteurs. Porteurs et lutteurs s'arrêtaient sous chaque balcon, pour solliciter quelques parahs en échange de leurs contorsions burlesques. Le cortége s'avançait avec une prodigieuse lenteur; des joueurs de tambourins et de zamr — musette — marchaient devant; après eux venait un beau cheval monté par l'enfant, puis des jeunes filles voilées, qui avaient laissé le disgracieux habara pour des robes de couleurs vives et des châles de cachemire jetés sur les cheveux. Deux d'entre elles portaient chacune par un bout, un mouchoir de mousseline blanche. La mariée les suivait, ensevelie dans un châle de cachemire rouge, et soutenue par deux de ses compagnes. On étendait derrière elle une vaste draperie qui formait le fond du tableau. Les zamrs et les tambourins fermaient la marche.

Au moment de monter sur nos ânes, arrive le quart d'heure, toujours épineux, du règlement des comptes.

Nous avions fait avec Antonio une liste des objets nécessaires à l'ameublement de notre barque, à l'approvisionnement du voyage.

Le mémoire se présente, sur un beau papier cousu de fil rouge, couvert de chiffres admirablement alignés; mais quel total?... Soit qu'Antonio ait acheté ce qu'il devait louer, complété ce qui lui semblait incomplet, doublé les doses; soit que nous nous soyons fait de fausses idées, le résultat n'en reste pas moins effrayant... Il aurait fallu exiger cette maudite note plus tôt: attendre au dernier moment, est fatal en toutes choses; mais Antonio aurait crié à *l'impossibilité*. Et nous dire que ces quatre mille piastres — car il y en a quatre mille — nous les avons dépensées pour asseoir, pour nourrir nos tristes individus... et quelques autres aussi, je pense.

Sans nous passer une fantaisie proprement dite, nous marchons de déficit en déficit... Ah! chien d'argent... et chiennes de confitures, et chienne de vaisselle en terre de pipe, de couverts d'étain, de toutes les niaiseries qui de notre chef ou plutôt du chef de messire Antonio, ont grossi ce mémoire et tourmenté notre conscience !

Découragement profond ; il saisit avec puissance mon mari, mais le lâche vite ; il me vient plus tard et ne me lâche plus. Pour me servir d'une comparaison tirée de l'art natatoire : l'un *pique une tête* dans le pot à l'encre et remonte instantanément ; l'autre, quand il voit disparaître son seigneur et maître, en fait autant, mais comme il ne sait pas nager, une fois sous l'eau... ou sous l'encre, il y reste.

Nous faisons donc en silence le voyage du Caire à Boulak. Nous descendons la berge ; nous mettons le pied sur la cange. Ah! ici, on peut bien garder ses remords, mais il n'y pas moyen de garder sa rancune : une jolie petite cuisine, des kafass, des cantines proprement arrangées de chaque côté du pont ; des tables, des chaises, des divans : tout cela simple, commode, offrant le caractère d'un intérieur modeste et heureux. Comment ne pas sentir un vif mouvement de joie ! Pour moi, je suis émerveillée.

La lune se lève, notre équipage noir s'accroupit en rond à la proue ; l'un des Nubiens saisit la *durbakka*, long pot de terre en forme de pomme d'arrosoir, tendu de parchemin à son bout le plus évasé; il frappe dessus avec les doigts, et pendant deux heures nos hommes chantent leurs poétiques chansons arabes. Ce sont quelques notes toujours les mêmes, dites par une seule voix, puis répétées à l'unisson par le chœur, tandis que les mains frappent l'une contre l'autre à chaque temps de la mesure, et que la durbakka fait entendre en syncope son roulement cadencé. J'ai essayé d'écrire deux de ces mélodies, mais le ton arabe se divise en trois parties, le nôtre n'en a que deux; notre écriture musicale ne rendra donc jamais les nuances de ces modulations, tout comme nos mesures à deux, à trois, à quatre et à six temps, mutileront toujours cette flottante mesure empreinte d'un charme sauvage.

Les paroles sont enfantines : Bon voyage — au masculin — Bon voyage — au féminin; cela dure demi-heure, la voici :

En voici une autre :

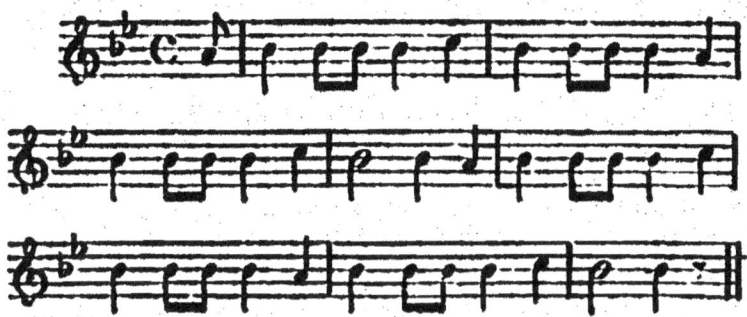

Ainsi de suite, avec des battements de mains à chaque temps, et le roulement de la durbakka qui contrarie ou, pour mieux dire, qui balance le rhythme.

Je crois les paroles de la dernière moins innocentes. Antonio, après de vains efforts pour me la traduire, s'interrompt tout à coup, en s'écriant : « Enfin, Madame, c'est une chanson féminine! »

Pendant que nos Nubiens chantaient et dansaient, deux Arabes, dans la barque voisine, étaient silencieusement accroupis vers leur brasier. De temps à autre la flamme qui s'en élevait jetait sa clarté sur leurs traits impassibles ; ils ne parlaient pas : seulement, lorsque leurs regards lents tombaient comme par hasard sur les Nubiens, un sourire inexprimablement dédaigneux passait sur leurs lèvres.

Tant que nous sommes en ligne perpendiculaire,

nous tenons dans notre cage; y tenir en ligne horizontale, voilà le problème. Il y a un moment de confusion générale, d'impossibilité, de rire fou sous lequel on sent le désespoir. Enfin, enfin, nous nous casons. — Ce matin, Jeannette se livre à des travaux d'Hercule. Le contenu dépasse en volume le contenant; il s'agit de tout réduire. Décidément, nous péchons par la grandeur des vues.

Au delà des pyramides de Saccarah, samedi 18 décembre 1847. — Le vent du nord se lève, nos voiles se gonflent, les trois pavillons de nos trois mâts se déroulent, nous glissons au milieu d'une flotille de barques, sur le fleuve large comme un lac. Nous passons les pyramides de Giseh, assises à l'horizon dans leur majesté séculaire; nous passons les fausses pyramides, les pyramides de Saccarah. Le soleil frappe de ses clartés une de leurs faces, l'autre reste dans l'ombre; la dernière se baigne tout entière dans un océan d'or; elle reste noire, les rayons qui jaillissent derrière elle lui forment une gloire. Plus tard le vent tombe et nous mettons pied à terre pour marcher, pendant que les Nubiens tirent la barque.

La chaîne Lybique suit le Nil à droite, la chaîne Arabique à gauche. Ce sont plutôt de hauts bancs de sable que des montagnes; quelques plateaux s'en détachent et restent isolés dans la plaine.

L'air est vif, le soleil pompe les vapeurs de la nuit ; les champs de dourah balancent leurs panaches, les fellahs coupent les tiges à la base, et puis l'étendent une à une sur le sol. Les chameaux avec leurs chamelets, les buffles et les ânes paissent après eux. Les palmiers dentellent la rive opposée ; le hochequeue, au plumage gris bleu, sautille presque sous nos pas en jetant dans l'air ses notes cristallines ; les oies et les canards sauvages volent par centaines, long fil noir que la brise roule et déroule dans l'espace ; les Bédouins ont dressé leurs tentes derrière ce repli du terrain, les blancs oiseaux pêcheurs se pressent sur ce toit d'un jour. Le désert se pressent partout, il rend plus aimable la belle végétation de la zone féconde.

Quel pays que cette Égypte ! poétique, et pourtant populeuse ; sauvage, et pourtant cultivée. La nature y est d'une prodigieuse grandeur, et elle y est gracieuse. Rien n'y fait regretter la civilisation, parce que rien ne l'y rappelle.

En Grèce, vous trouvez des intentions de maisons, des intentions de fenêtres, de portes, de rues ; et vous souffrez, parce que votre imagination est ramenée à des idées de confort que la réalité détruit invariablement.

En Égypte, il n'y a ni maisons, ni velléités de maisons. Il y a des tas de terre parsemés sous les bois de palmiers, sur les rives du fleuve ; on en voit sortir, on y voit entrer de longues figures drapées à la manière de l'antique Égypte : l'urne étrusque sur la tête, les avant-bras élevés, les mains un peu écartées, à la hauteur du visage, comme les statues d'Isis; et l'on reste charmé, parce qu'on reste en harmonie avec la nature.

Et puis, entre les animaux des deux pays, quelle différence! J'aime les brebis dorées des bruyères du Péloponèse... mais les cochons! ces abominables cochons qu'on trouve partout, depuis Sparte jusqu'à Olympie, depuis Athènes jusqu'au *han de masi!* toujours grognant, reniflant, souillés de boue, se nourrissant d'ordures, maintenant autour des habitations un perpétuel marais de fange!... Comparez-les aux tourterelles grises qui se nichent sous les palmes des dattiers, à ces oiseaux blancs qui se posent sur le toit plat des cases égyptiennes, à ces grues qui pêchent le long de la plage, à ces cigognes qui fendent le vent en lignes serrées; comparez-les à ces chameaux patients, attachés au tronc du palmier, à ces buffles noirs, aux cornes recourbées, et dites, après, de quel côté est le beau.

Le passé! — Ah! certes, celui de la Grèce est plus héroïque, plus philosophique, peut-être... et encore.... Mais celui de l'Égypte n'a-t-il pas, et plus de grandeur et plus de mystère? son antiquité n'est-elle pas bien plus antique? et tandis que l'un ne touche que par son berceau à l'infini, l'autre ne semble-t-il pas y plonger par tous les bouts?...

Laissons là l'infini, le mystère, les comparaisons, voire les cochons, et revenons à notre barque.

Notre barque, comme toutes celles du Nil, a des vergues démesurément longues, hors de proportion avec le corps du bâtiment. Il les faut ainsi pour prendre le vent lorsque le fleuve est bas, et que les berges s'élèvent d'autant.

A la proue se rassemblent le soir, pour y chanter, y danser et y souper, nos douze matelots nubiens; tous noirs comme ils en ont le droit, tous avec d'honnêtes, et quelques-uns avec de nobles figures. Ils sont souples comme des serpents, agiles comme des panthères.

La cuisine sépare le domaine des Nubiens du nôtre, pas si bien toutefois, qu'ils ne viennent s'y accroupir dès que la manœuvre leur en fournit le prétexte.

Hassanin, notre *chef*, les pieds à fond de cale, se promène gravement au niveau de ses casseroles. Hassanin, véritable Sancho Pansa en pantalons larges et en turban, va et vient devant ses fourneaux en agitant une queue de dindon, quand il ne fume pas étendu dans l'entre-pont. Les fonctions d'Hassanin se bornent à éventer sa braise, à mâcher le *hachich*, ou à pousser en l'air de languissants nuages de fumée. Hassanin s'est approprié un matelot, auquel il fait faire la moitié de son ouvrage :

laver, balayer, essuyer;... Antonio expédie l'autre; Hassanin est paresseux comme une vache, *bête comme trente-six mille bécasses*, dirait François; et pourtant Hassanin a du charme, il a de la couleur :... celle des noix de coco d'abord, et puis la couleur locale, un je ne sais quoi d'original, de fantastique : des yeux ronds et fixes, une parole sentencieuse, une admiration de soi qui me rappellent les barbiers et les calenders des *Mille et une Nuits*.

Notre cuisine est un bijou. Qu'il y ait un repas à préparer ou qu'il n'y en ait pas, Hassanin allume invariablement les quatre réchauds. La maîtresse de la maison a beau gémir, Antonio tonner, Louis s'indigner, Jeannette s'interposer, — « Bisogna *fuoco* FORTE ! » Cette sentence d'Hassanin prononcée d'une voix de contre-basse, avec des prunelles dilatées et comme pétrifiées, a fermé toutes les bouches. « Bisogna *fuoco* FORTE ! » Les quatre réchauds flambent, les paniers de charbon se vident, nous n'en mangeons ni mieux, ni plus; c'est égal : « Bisogna *fuoco* FORTE ! »

A gauche de la cuisine, le plus joli petit four du monde! il y a plaisir à entendre pétiller le bois là-dedans, à voir la flamme s'arrondir toute rouge et sortir en tournoyant de la bouche embrasée.

Derrière la cuisine, la caisse à filtrer l'eau du Nil, surmontée de son grand vase de terre de Keneh. C'est elle qui porte nos jardins suspendus : quatre planchettes, de la terre dedans, et dans la terre, de beaux ognons de jacinthes apportés d'Europe.

Une tente abrite notre pont, on se promène dessous; dans les jours de bombance on y dresse une table et l'on s'y livre à des travaux culinaires.

Le péristyle de la cabine, soutenu par des colonettes, garni de coussins recouverts d'indienne, s'ouvre sur le pont. Nos deux fusils, nos quatre pistolets y forment une panoplie. Là nous prenons le café, nous fumons chacun une pipe après le dîner... oui, *une pipe*, voilà comment se perdent les bons sujets. La nuit, les toiles s'abaissent devant le péristyle, on y étend des matelas, et Louis y couche avec Antonio.

Après le péristyle; le salon, bibliothèque, salle à manger, chambre à coucher, tout ce qu'on voudra. C'est une espèce d'omnibus dont les bancs servent de divans.

Le réduit de Jeannette occupe le fond de la cabine; on n'y peut vivre qu'assis, ce qui ne l'empêche pas d'être très confortable. Les matelas s'y entassent, les malles s'y empilent... et il y a encore beaucoup de place.

Voici comment nous avons arrangé notre vie: déjeûner à huit heures, dîner à une, thé à six. Notre culte particulier se place avant le déjeuner; si la barque est tirée à la corde, nous marchons une heure; promenade matinale, solitaire et délicieuse.

Chacun de nous travaille de son côté jusqu'au dîner. Vient un petit moment de causerie, de fumerie, de paresse; puis travail encore jusqu'à quatre heures; à quatre heures on se retrouve, on lit en tête à tête jusqu'à dix heures, que tous ensemble nous ouvrons notre Bible pour en méditer quelques versets et prier.

Ces journées sont bien douces. Hier, elles me semblaient l'être trop. Je me reprochais notre repos, notre inutilité. J'avais passé deux heures à pétrir pour étrenner mon four, et puis le four mal chauffé s'était obstinément refusé à cuire nos gâteaux; nous les avions vu ressortir tout pâles. Je ne sais comment il s'est fait, mais les gâteaux manqués m'ont jetée dans de tristes réflexions sur la vanité de la vie; la nôtre m'a semblé paresseuse, égoïste; j'ai ardemment prié le Seigneur de nous ramener s'il en est ainsi, en Europe, d'agir avec nous comme avec des personnes très éprises de leur volonté, très aveugles quand il s'agit de choisir contrairement à leurs goûts, très faibles en tout temps. J'ai la confiance qu'il le fera.

Sur le Nil, dimanche 19 décembre 1847. — Le vent a cessé, notre barque est amarrée. Cette sourde envie de désobéir qui murmure au fond de tous les cœurs, n'a pas manqué de nous suggérer mille raisons pour laisser travailler nos matelots aujourd'hui.

Mais la défense est positive. A côté de la défense, que de passages explicites; celui-ci entre autres, qui semble écrit tout exprès pour les voyageurs : « *Si tu retires ton pied du sabbat, toi qui fais ta vo-* « *lonté au jour de ma sainteté;* et si tu appelles le « sabbat tes délices, et honorable ce qui est saint « à l'Éternel, et que tu l'honores en ne suivant « point tes voies, ne trouvant point ta volonté..... « Alors tu jouiras de délices en l'Éternel, et je te « ferai passer comme à cheval par-dessus les lieux « élevés de la terre [1].....

A cela on répond : « Vous, chrétiens, célébrez le dimanche; votre foi vous l'ordonne; mais n'en imposez pas l'observation à des musulmans, ce serait absurde. »

Il y a là quelque chose de captieux qui étonne la conscience; cependant l'analyse du commandement ne laisse aucun doute : « Tu ne feras aucune œuvre en ce jour-là, ni toi, ni ta femme... *ni l'étranger qui est dans tes portes.* » Or, les Nubiens qui montent notre barque sont *dans nos portes*, tout comme l'étaient en Grèce les agoyates qui escortaient nos bagages, tout comme le seront dans le désert les Arabes qui conduiront nos chameaux.

Si nous n'avons pas d'autres moyens de confesser Dieu, au moins que notre obéissance parle pour nous.

[1] Esaïe LVIII, 13, 14.

Nous venons de faire notre culte de famille; nous y joignons le chant des Cantiques chrétiens. Hier soir, nous les avons redits sous notre tente. Ah! qu'il était doux d'entendre ces harmonieux accords monter vers la splendeur des cieux avec des paroles d'espoir et d'amour!

Ces mélodies si différentes des leurs, avaient rendu nos Nubiens muets. Ils se sont tous couchés sur le pont, roulés dans leurs couvertures. A dix heures seulement, les notes voilées et monotones de la Durbakka ont retenti. Quelque temps elles résonnent seules, et puis la mélancolique chanson arabe s'élève dans le silence : c'étaient les deux matelots chargés de veiller cette nuit.

Ils étaient accroupis l'un vis-à-vis de l'autre, le brasier entre eux, s'entre-répondant avec un insensible balancement de la tête et du corps. La lune montait brillante; les étoiles scintillaient; pas un souffle dans l'air; les eaux s'étendaient en nappe unie, et les innombrables couplets de la chanson, allaient se défilant comme un long collier de perles sonores.

La pensée de l'âme de ces pauvres gens m'a fortement saisie. Quand je les vois si simples, si naïfs... alors je sens que ces âmes, je les aime de toute ma force. — Une âme d'homme! une âme éternelle! Et pourtant elles ne te connaissent pas, toi, Sauveur unique. Elles adorent un prophète menteur, ou plutôt elles n'adorent rien. — Nous n'avons pas vu s'agenouiller, un seul des hommes de l'équipage. — Pourquoi, Seigneur, moi, qui te connais, ne leur parlerais-je pas? Pourquoi faut-il que je me heurte toujours contre mon incrédulité? — Ces âmes devront-elles nous dire au dernier jour : « Vous aviez la vérité et vous ne nous l'avez pas donnée! »— Mon Dieu! comment faire... et si je ne puis rien faire... toi, évangélise-les, toi, sauve-les! Cela est impossible aux hommes; mais à toi, mon Dieu! N'as-tu pas touché nos cœurs, t'est-il plus difficile de convertir ceux-là? Ne sommes-nous pas tous la même boue? Nous n'osons pas parler; toi, parle! nous avons peur d'échouer, parce que nous regardons à nous; toi qui peux ne regarder qu'à toi, agis. — Passe le charbon brûlant sur nos lèvres, passe-le, Seigneur, elles s'ouvriront.

Ces remords m'ont travaillée durant la nuit. Je disais: comment leur parler de Dieu père mais juge, sans leur parler de Jésus sauveur; et ce nom, et la moindre parcelle de christianisme, ne les irriteront-ils-pas?

Enfin, j'ai songé à nos traités religieux. Il en est qui contiennent des histoires attachantes. Si Antonio leur en traduisait une!

Ce matin je transmets mon idée à Antonio; Antonio se récrie. Il me déclare que les Nubiens n'écouteront pas, que s'ils écoutent, ils riront; qu'ils blasphémeront. Nous raisonnons ensemble. Je lui prête deux ou trois de mes historiettes ; je le prie de les lire, de juger lui-même, de voir s'il ne peut pas en tirer quelque chose. Un moment après, il vient me dire qu'il essayera.

Seigneur, quel abîme d'incrédulité que notre âme ! Comment se fait-il que nous, qui savons qu'on ne peut aller au Père que par toi, nous nous laissions éternellement arrêter par des considérations secondaires? — Oui, la foi transporte des montagnes, mais l'incrédulité ne soulève pas même un fétu.

Je le sens plus vivement chaque jour, le Saint-Esprit peut seul transformer notre désolante nature. A bien des égards nous sommes encore *avant la Pentecôte*. Mon Dieu, donne-nous le cœur embrasé de saint Pierre, le tendre cœur de saint Jean, le cœur conséquent de saint Paul.

Nous ne nous lassons pas de ces fraîches matinées, de ces couchers du soleil où l'or ruisselle des cieux, de ces lignes si majestueuses dans leur éternelle uniformité.

Hier soir, la chaîne Arabique s'étendait violette avec ses sablonneux escarpements; la vallée enfermée entre les montagnes et le Nil, formait une longue zone verdoyante; les eaux s'arrondissaient en un golfe tranquille; des armées d'oiseaux sauvages remplissaient l'air de leurs cris; tout près, sur la rive, un village se mirait dans les eaux avec ses palmiers; des tourterelles murmuraient dans leurs branches. Tout était bonheur. Un coup de fusil! Les tourterelles restent immobiles, l'une d'elles tombe, saute sur elle-même, se roule, et meurt sous la main du chasseur. La mort au milieu de tant de paix! la mort par nous, et pour nous! ah! voilà bien encore qui crie *péché*.

Peu de choses pénètrent mon cœur de plus de tristesse que la pensée du grand carnage, des douleurs inouïes que notre péché a introduites sur cette terre de bénédiction.

Le meurtre, le meurtre, toujours le meurtre. Tuer pour se nourrir, tuer pour se vêtir, tuer pour se divertir. Oui, ce qui devrait être notre éternel regret est devenu notre plaisir.

Quand je me représente l'agonie de tout ce qu'il faut égorger pour fournir à notre appétit, je sens mon cœur se révolter, mon visage rougir.

Toutes les créatures, Seigneur, toutes soupirent et sont en travail ensemble jusqu'à maintenant. Elles attendent le grand jour « dans l'espérance qu'elles seront aussi délivrées de la servitude de la corruption, pour être dans la liberté de la gloire des enfants de Dieu.[1] »

---

[1] Epître aux Romains, VIII.

Près de Bénisoueff, lundi 20 décembre 1847. — Antonio a essayé hier de traduire aux matelots le traité intitulé : *Le maître et l'esclave.* Dès les premiers mots, le Reiss s'écrie que les esclaves méritent leur sort, parce qu'ils ont *ri* à la mort du prophète, tandis que les autres hommes et même les bêtes, ont pleuré.

Antonio entame une justification qui n'est pas tout à fait de notre goût : « Ils ont ri, c'est vrai, mais ils ont ri parce qu'ils ne connaissaient pas la sainteté du prophète; s'ils avaient su quel grand prophète est Mahomet, ils auraient pleuré. » Nous réclamons.

« Dites-leur, » s'écrie mon mari, « dites-leur que les esclaves ne sont pas une race à part, qu'on les prend parmi les hommes libres comme moi, comme vous, pour les vendre. » Le Reiss lève languissamment la tête, avec un claquement de langue dénégatif, impossible à rendre. — « Dites-leur que les esclaves sont enfants de notre père Adam, nos frères. » — Ceci paraît avoir leur assentiment, mais sans modifier leurs opinions. Antonio reprend le petit livre; il cherche à leur faire comprendre comment il se fait que l'esclave, accablé de travail et de coups, peut cependant goûter la paix. — Cela n'intéresse que médiocrement l'équipage, qui parle d'autre chose.

— Eh bien ! reprend mon mari, dites-leur pourquoi je n'ai pas voulu qu'on travaillât aujourd'hui;

il ne faut pas qu'ils interprètent ma défense par un caprice. Expliquez-leur que c'est pour obéir à Dieu. Dieu a dit : « Tu travailleras six jours et tu feras « tout ton ouvrage; mais le septième jour est le re- « pos de l'Eternel ton Dieu.... » et le reste. »

Ils entendent fort bien, et répondent que le *Caavaja* a raison, mais qu'ils ont conduit beaucoup de chrétiens, et qu'ils n'en ont pas encore vu agir de la sorte.

Ces quatre phrases échangées m'ont fait entrevoir quelles difficultés rencontrent les missionnaires.

Nos Nubiens, comme tous les musulmans, parlent énormément de Dieu. *Par Allah, au nom d'Allah, avec la bénédiction d'Allah*, sont des tournures qui reviennent constamment. A ne considérer que la superficie, on prendrait ce peuple pour le plus religieux de la terre. On voit vite pourtant qu'il ne s'agit que d'une forme.

Le mot *Allah* se prononce ici comme se prononce en France le mot de *Dieu*, avec une irrévérencieuse légèreté. — Un musulman qui écouterait nos conversations du monde et qui entendrait ces *mon Dieu* répétés : Mon Dieu qu'il fait chaud, mon Dieu qu'il fait froid, mon Dieu qu'il est beau, mon Dieu qu'il est laid, — pourrait tout aussi bien en conclure que le peuple de France, est un peuple pénétré de respect pour ce Dieu dont il parle tant.

La prière musulmane a souvent excité l'admiration des étrangers. Je l'avoue, elle nous paraît encore un signe de formalisme. On trouve au premier abord quelque chose de courageux et de noble dans cette publique manifestation de la foi. Mais, à le prendre de ce côté même, dans un pays où les témoignages extérieurs de la foi sont la coutume, sont la règle générale, le courage est nul. Il n'en faut point pour s'agenouiller au milieu de la rue, sur le bord du fleuve : il en faudrait presque pour ne le jamais faire.

Et puis, la prière des musulmans est tout extérieure, elle ne se compose que de répétions et de gestes. — *Allah est grand, Mahomet est son prophète, loué soit Allah!* Ces mots redits vingt, trente fois de suite, avec des salutations réglées comme un papier de musique, telle est la prière du musulman. Dès lors, rien ne s'oppose à ce qu'il la fasse en public. Les sentiments vrais et vifs ont seuls leur pudeur. On répéterait sans répugnance une formule religieuse devant un peuple entier : qui voudrait, devant un indifférent, s'agenouiller et répandre son cœur aux pieds du Seigneur?

Nos hommes n'exécutent pas une manœuvre sans chanter. Ce sont ou des invocations à Allah, ou de simples interjections. L'un d'eux récite une espèce de verset, les autres répondent en chœur. Suivant la situation, celles-ci sont pleines de verve, celles-là ressemblent aux plaintes lugubres d'un agonisant. S'agit-il de traverser vivement le fleuve, les rames battent le flot à coups pressés, au son du : *è Oùallah, è Ouallàh!*

S'agit-il de dégager la malheureuse barque engravée, les piques plongent, la barque reste immobile, et l'équipage gémit de concert : *e héé! e héé! e héé! e héé!* cri plein d'angoisse, dont il m'est impossible de rendre les lamentables dissonnances.

Pas un mouvement qui ne soit accompagné d'harmonie. J'ai vu hier, sur le rivage, un enfant de quatre ans qui, pour arracher une tige de douhra, s'aidait gravement du *Ouallah! e Ouallah!*

Nos gens sont gais, ils travaillent de grand cœur. En un clin d'œil les voilà à la rame, à la corde, à la nage. Toujours riant, faisant briller leurs deux rangées de dents blanches au milieu de leurs noirs visages, et s'amusant d'un rien.

A l'occasion du dimanche, nous avons fait hier une distribution de tabac et de café qui les a ravis.

Je ne sais en vertu de quelle tradition l'on a longtemps prétendu que les dahbiehs n'avançaient qu'à coups de bâton, cette triste imagination commence à passer. Ce que je puis dire, c'est que ni nous, ni Antonio, n'avons l'idée de pousser la nôtre, même à coups de paroles. Je crois bien que le contrat *à la course* y est pour quelque chose. Si nous n'avançons guère, ce n'est pas la faute de nos hommes; pour ma part, j'aurais plutôt envie de les engager à se reposer qu'à travailler.

Leur nourriture, ultra-simple, se compose de lentilles, cuites avec de la viande quand on leur en donne, et faute de viande, avec du beurre et de l'eau. L'heure des repas venue — ils en font trois par jour — nos Nubiens s'accroupissent autour du plat, y plongent la main droite, se lèchent scrupuleusement les doigts, les remettent au milieu du ragoût, les relèchent avec le même soin, jusqu'à l'entière consommation des vivres; après quoi, ils lavent leurs fourchettes dans le Nil. Malheureuses fourchettes! elles servent à tout, et surtout à se moucher... Glissons là-dessus, il ne faut pas regarder de trop près à la couleur locale.

Le vêtement de nos hommes consiste en une chemise de laine ou de coton à manches fort larges. Ils tordent ou replient sur leur tête, autour de leur cou, de vastes draperies blanches qui les encadrent à la manière antique. Par-dessous, le petit bonnet rond et juste; lorsqu'ils l'ôtent, leur tête rasée, noire, ornée d'une mèche de cheveux crépus comme du crin à matelas, apparaît dans toute sa gloire.

On pourrait croire les regards d'une femme souvent offensés par la légèreté de ce costume, dont l'équipage au reste, se débarrasse pour se jeter à la nage, dès qu'il s'agit de dégager la barque.

Pour moi qui ai le bonheur d'avoir la vue basse, je suis peut-être mauvais juge en cette affaire. Cependant je trouve que la pudeur souffre bien moins de voir un Nubien tout noir à l'eau, que de contempler cent coquines de statues éblouissantes de blancheur, rangées en plein soleil le long des galeries de Rome ou de Naples. Et pourtant, que de femmes qui se pâmeraient pour un Nubien à la nage, j'ai vues se promener les yeux très ouverts au milieu de ces *académies !*

Ce matin, nous marchions dans les champs de Douhra que coupaient les fellahs. Nous rencontrions à chaque pas leurs troupes joyeuses; ils nous adressaient la parole et s'émerveillaient de ce que nous ne pouvions les comprendre.

On rendrait ce peuple heureux à peu de frais. Le voilà content, rieur, sous l'oppression, dans la misère. Quelques bonnes lois, et son moral se relèverait.

Le pacha donne les terres en fief, il les donne

pour un temps dont la durée ne dépend que de sa volonté; de là, exaction. Le possesseur, ou mieux le tenancier tire ce qu'il peut des villages qu'on lui a temporairement soumis, et le fellah croupit éternellement dans la pauvreté.

On se plaint de sa paresse, on dit qu'il n'a ni intelligence ni honneur; qu'il faut les durs traitements pour le faire travailler, les dures exigences pour le faire payer... mais quelle énergie résisterait à un tel système?

L'espoir excite seul les efforts de l'homme. S'il ne comptait pas sur la fécondité du sol, le déchirerait-il à la sueur de son visage? Et vous ne comprenez pas qu'en lui enlevant le fruit de ses peines, qu'en mettant l'incertitude de l'arbitraire à la place de la certitude du droit, vous tuez en lui jusqu'au germe de la force morale? Autant vaudrait le contraindre à patauger dans un marais où il ne pourrait jamais prendre pied.

Nous dépassons un Arabe monté sur son âne. Il s'arrête vers chaque groupe, rit avec ceux-ci, cause avec ceux-là, et comme de raison, nous adresse vingt questions sans se décourager de notre silence. Mon mari qui lui voit un gros registre sous le bras, lui offre un bon livre écrit en arabe. Il l'ouvre, commence par la dernière page, par la dernière ligne, de droite à gauche, et lit ou plutôt chante chaque phrase, à la manière des ulémas.

Impossible de lui faire comprendre que nous lui donnons le livre. Sans m'en douter, j'use enfin de la coutume romaine : je reprends le volume, et je le lui mets solennellement dans les mains. Cette fois il a saisi. Alors, reconnaissance, assaut de politesse; il descend de son âne, il veut absolument m'y faire monter : nous avons toutes les peines du monde à lui expliquer que nous marchons *pour notre plaisir*, c'est une idée étrange qui entre difficilement dans les esprits indolents de ce pays.

L'entretien continue, très animé de son côté, un peu moins du nôtre. Sur sa question cependant, nous lui apprenons que nous sommes mariés; lui, nous apprend qu'il est chrétien.

« Musslim, — musulman, — lah! lah! — non, non, » dit-il en montrant son cœur, — « christian, christian! »

Nous répétons : christian, christian! et nous voilà cent fois meilleurs amis qu'avant; nous cheminons avec lui sous un bosquet de mimosas au feuillage dentelé, aux longues épines, aux jolies houppes jaunes; dessous croît un trèfle épais que broutent en vrais gourmands un âne et un chamelet.

Quelle végétation, et quel soleil! Hier nous cueillions des épis verts! — Nous arrivons à un village; voici les cases de terre sous les palmiers, la plupart n'ont pas de toit; voici la blanche mosquée, voici les volées de pigeons. Les femmes reviennent du fleuve leurs belles urnes sur la tête, pendant que les dahbiehs le montent, et que les radeaux formés de vases de Keneh le redescendent doucement.

Nouveaux compliments. Notre ami veut absolument nous conduire chez lui. Mon mari qui se rappelle les coutumes orientales, et qui n'a rien à lui offrir en échange de son hospitalité, résiste. Nous nous séparons; évidemment notre ami est froissé. Nous prenons le bord de l'eau pour retourner sur nos pas et regagner notre barque. Nous la rejoignons, mais la rive escarpée ne nous permet pas d'y descendre; nous la suivons jusqu'à la hauteur du village; arrivés-là, qui trouvons-nous? notre ami Cophte — car c'est un Cophte — tenant un boisseau de dattes dans les plis de sa robe. Il nous force de les prendre. Nous lui donnons un Nouveau Testament qu'il reçoit avec sérieux, une provision de tabac qu'il accepte avec joie, et nous nous quittons en échangeant des adieux pleins d'affection.

Près de Benisoueff, mardi 21 décembre 1847. — Qui sommes-nous, pour que Dieu nous comble de tant de bénédictions, depuis celles qui ont leurs racines au plus profond de l'âme, jusqu'à celles que nous transmettent les objets les plus extérieurs?

Ah! je me sens pénétrée de confusion quand je

pense à tant de chrétiens, à tant d'amis sous l'épreuve... à ces femmes de nos pasteurs de Paris, par exemple, qui traversent un inextricable fourré de devoirs, soupirant après un petit coin de ciel, après une bouffée d'air, après quelques-unes de ces pures émotions que donne un plaisir goûté à deux... et qui voient leurs jours s'écouler gros de travail, souvent d'inquiétudes, n'apercevant un époux qu'à la dérobée, ne le retrouvant que fatigué, que préoccupé; condamnées au sein de l'union, à porter seules le fardeau des soucis domestiques.

Il faut avoir passé par la vie parisienne, j'entends la vie sérieuse, pour comprendre de quel poids elle pèse.

On m'a souvent demandé ce qui la rend difficile : ce sont les contrastes; et puis c'est le faux, qui empiète toujours malgré les digues. C'est la grandeur des besoins et l'insuffisance des moyens, c'est la lutte, ce sont les tentations... et c'est la prison.

Oui, pour celui qui dès son jeune âge a respiré librement dans les campagnes; qui dès son enfance a vu le grand ciel s'étendre d'un horizon à l'autre; qui a connu la fraîcheur des bois, goûté l'air éthéré des montagnes; qui a passé des heures étendu dans l'herbe sous quelque pommier en fleurs; pour celui qui longtemps a trouvé ses plus vives joies à marcher au travers des champs, à s'asseoir sur le bord du ruisseau pour voir l'onde agiter éternellement quelque rameau de tremble, à s'asseoir dans la clairière pour voir la lumière tomber en poussière d'émeraude sous la feuillée, à s'asseoir devant la fontaine du village pour voir les vaches s'avancer lentement, aspirer l'eau à longs traits et s'en retourner, leur frais museau tout ruisselant de gouttelettes : pour celui-là, que la voix du vent dans la cime des arbres, que le vert des prés, que le bleu de l'étendue, que le chant des oiseaux, que toutes ces niaiseries ont toujours jeté dans l'extase, Paris est une prison ; il y étouffe. Lui, à qui il suffirait d'un quart-d'heure de rêverie dans le verger, de quelques regards jetés sur le flanc noir de la montagne pour rafraîchir son âme, pour en calmer les inquiétudes ou en dissiper les tristesses, il ne rencontre plus que des entassements de maisons, que des voitures, que de belles dames, et, à côté, des misères à fendre le cœur.

Et ces misères des villes, qu'elles sont différentes des misères du village !

Au village, vous connaissez, vous êtes connu ; on vous a vu naître, et vous avez vu naître aussi. — Ne voilà-t-il pas assis sur le banc, au soleil, son bâton entre les jambes, vêtu à la mode du temps jadis, en culottes courtes, en habit à larges basques, une petite queue bien tordue battant l'épaule, ce bon vieux que depuis vingt ans vous voyez à la même place ! qui vous contait des histoires quand vous aviez cinq ans, qui vous donnait en cachette la pomme défendue quand vous en aviez huit, que plus tard vous avez un peu délaissé;... car la jeunesse est ingrate; auquel vous êtes revenue dès que les peines de la vie vous ont enseigné le prix du beau passé, et que vous avez toujours appelé *père*: Père Jean, père Nicolas! douce appellation, beau titre et bien mérité, car il y a toujours du père dans ces cœurs-là. Et quelle joie mélancolique vous trouvez maintenant à lui faire redire votre enfance, son âge mûr, à parler de ceux qui ne sont plus, que vous aimiez et qu'il a vus jeunes!

Devant cette porte, cette femme un peu hâlée mais robuste, un marmot sur les bras, un autre assis par terre à ses pieds; n'est-ce pas la compagne de vos jeux, de vos expéditions téméraires?

Du plus loin qu'ils vous avisent, les petits enfants vous crient leurs salutations familières et joyeuses. Vous frappez à toutes les portes, vous entrez partout librement. Vous vous asseyez vers la *mère-grand* qui, les lunettes sur le nez, tricotte son bas à mains tremblotantes. Vous portez quelques primeurs à la pauvre malade qui compte les heures en attendant votre visite. Vous connaissez les besoins, vous êtes en mesure d'y satisfaire, parce qu'il y a rarement au village de ces gouffres qu'une fortune entière ne comblerait pas. Vous voyez vos aumônes ressortir en jouissances positives. Vous donnez du pain, des vêtements, et la faim disparaît et l'on a chaud.

Mais à Paris! à Paris les cœurs sont les mêmes sans doute, et j'y ai souvent rencontré la plus touchante reconnaissance, la résignation la plus exemplaire. Cependant on y agit aux trois quarts dans les ténèbres, on a la triste conscience de faire habituellement le contraire de ce qu'il faudrait; on vide sa bourse, on la revide, et le pauvre continue à grelotter, à souffrir de la faim. Comment suffire aux sollicitations? Comment, je ne dirai pas suffire, mais suppléer aux premiers besoins des cent familles qui s'adressent à vous? Comment arriver au vrai?...

Oh! que souvent, au milieu d'une de ces journées travaillées et chargées où chaque coup de sonnette m'annonçait une prière; que souvent ces paroles du prophète : *Chacun lui demande, et il en est affligé*, me sont revenues au cœur!

Et ce combat perpétuel, et ces inconséquences d'un cœur partagé! D'un côté, tous les appels du luxe, du bien-vivre, de l'élégance; de l'autre ces mains amaigries et constamment tendues! — Au reste, qui s'afflige le plus de les rencontrer à chaque pas? est-ce le cœur, ou bien est-ce l'égoïsme?

J'ai dit *le factice*. Oui, ces fausses obligations, ces visites, cette perte de temps, ce renversement des heures naturelles, ces devoirs retournés : devoir pour les époux de se passer l'un de l'autre, devoir pour les parents de se débarrasser de leurs enfants, bon ton pour les enfants de s'éloigner de la maison paternelle, nécessité de défendre pied à pied son propre territoire!

Vive! vive l'existence compagnarde... et après elle la vie sur le Nil : après, bien après, car il lui manque la famille, et puis un élément hors duquel le chrétien se sent mal à l'aise : le travail au service de son maître.

Ce qui fait le charme de nos journées, c'est d'abord ce beau ciel clair dont la sérénité se réfléchit dans nos cœurs; c'est ensuite la grande nature, et c'est surtout la possession de nous, de notre temps, la régularité de nos occupations, leur uniformité même. Certes nous ne faisons pas grand'chose. Mais il y a pourtant un petit résultat chaque soir.

Je ne connais rien d'affadissant comme des journées qui se soldent par un zéro. On s'était levé plein de zèle : « Je donnerai des leçons à mes enfants, je lirai, j'écrirai, je visiterai cette famille, je terminerai cet ouvrage, je mettrai mon ménage en ordre. Il faudra, et j'y trouverai ma joie, consacrer bien des moments au doux laisser-aller, à l'imprévu; mais tout compté, il me restera quelques heures. »—Eh bien, non! ces heures, on ne les a pas; ce qu'on voulait, ce qu'on devait faire, on ne le fait pas. On a reçu quatre visites insignifiantes, cinq, six... et il faudra les rendre! On a causé avec celui-ci, on s'est promené avec celui-là, on a dîné avec ce troisième, pris le thé avec cet autre; si on a dépensé son temps avec des gens sérieux, pieux, on a pu dire de très bonnes choses, on en a sûrement dit de très insignifiantes, probablement de très regrettables; mais que reste-t-il?..... Sommes-nous faits pour cela? — Mettez une semaine ainsi faite à côté d'une autre semaine; mettez des mois, des années, et dites s'il n'y a pas de quoi s'arracher les cheveux?

Je suis loin de vouloir revenir à la vie sauvage, quoiqu'elle ait bien ses avantages. Je ne veux à aucun prix de la vie de couvent. Je sens la douceur de la communion fraternelle, j'en éprouve tous les jours la puissance bénie; je sais qu'il y a une charité qui ne donne que du temps, que des paroles, que du silence même, et qui vaut mieux que celle qui donne de l'argent; mais je crois qu'il faut à chaque chose sa place, et qu'il la faut proportionnée à son importance.

Pour un jour, un jour de seize ou dix-sept heures tout au plus, que d'ayant-droits! L'âme, qui veut être nourrie; un époux, un père, une mère, des frères, des sœurs qui veulent être aimés *en effet*, et qui ont raison de le vouloir; des devoirs de chrétienne, qui veulent être accomplis; l'intelligence, qui veut recevoir quelques aliments : quel surplein! Et si une masse de devoirs mal entendus vient à tomber là-dedans, ne chasseront-ils pas les devoirs réels? Je le pense, et je suis sûre que les trois quarts du genre humain le pensent avec moi.

Voilà pourquoi l'hiver à la campagne, avec ses longues journées, ses longues soirées tranquilles ; voilà pourquoi l'hiver passé sur le Nil, dans le joli nid flottant, inaccessible aux fâcheux, resteront écrits en lettres d'or sur le livre de notre vie.

Après tout, il est bon que la volonté soit brisée menu ; les grandes épreuves la rompent, les contrariétés la pulvérisent. C'est peut-être à cause de cela qu'une journée où l'on n'a *rien fait* vaut mieux à certains égards, qu'une journée où l'on a fait beaucoup... et beaucoup sa volonté.

Près de Benisoueff, avec le lointain espoir d'y arriver dans le cours de l'année. Mercredi, 22 décembre 1847.
— Aussi mon mari a-t-il nommé notre Cange : *le Véloce.*

Trois lieues toutes les vingt-quatre heures : c'est joli.

Impossible de marcher sans le secours du vent. L'équipage du *Véloce* se comporte à merveille, seulement il fait calme, ce n'est pas sa faute.

La brise qui soulève à peine les plis de nos languissantes voiles ne suffit pas à pousser le navire. Il faut que nos Nubiens le tirent à la corde, l'aident à la pique; les bancs de sable semés dans le courant nous obligent à passer dix fois d'une rive à l'autre. Encore nous échouons-nous souvent. Alors les braves matelots du *Véloce* sautent à l'eau, crient, chantent, font ferme, et le *Véloce* dégagé glisse sur les eaux.

La moindre sinuosité, une langue de terre, une anse, sont des obstacles qu'on met parfois une heure à franchir. C'est ici comme dans la vie chrétienne: qui n'avance pas, recule. — Lorsque la manœuvre se fait à bord, le Reiss, debout à la proue, sa longue pipe entre les dents, donne la phrase, chante le solo, et les Nubiens de répondre en chœur. Lorsqu'il s'agit de tirer à la corde, un des matelots dit le récitatif. Le Reiss ne quitte jamais le dahbieh.

Nos pauvres gens sont sur les dents quand vient le soir. Plus de durbakka, plus de zamarra — instrument composé de deux flûtes jointes l'une à l'autre. — A peine si les deux hommes qui veillent, l'un accroupi sur la proue, l'autre accroupi sur la cabine, se répondent durant le silence des nuits par quelques couplets murmurés à voix éteinte.

Ces natures doivent être de fer pour résister à une telle vie. Dans l'eau, dans la boue, à la rosée, au soleil; fatigant, mangeant peu, buvant le limon du Nil, criant tout le jour, et dormant la nuit, le corps ramassé sous une méchante natte, les jambes au clair de la lune. Je ne leur ai vu prendre qu'une précaution : ils ne sautent jamais dans le fleuve avant le lever du soleil. Avec cela, pas un borgne, pas un aveugle, pas un souffreteux, tous gais à plaisir!

Le caractère de la nature a changé depuis hier. Les rives deviennent sablonneuses. Elles sont couvertes d'une petite bruyère à grappes roses. Ici et là, des chardons, quelques huttes grises groupées sur la grise plage, et l'horizon borné très près par des montagnes de sable dont le dos plat semble tiré au cordeau.

Nous avons fait, le soir, une descente pittoresque dans le plus pittoresque des villages. Il était dix heures, notre barque venait d'accoster, la lune brillait splendide, diamant d'une eau pure attaché au front du ciel. Un promontoire couvert de palmiers s'avançait dans l'eau tranquille; dessous, quelques feux brillaient près des cases; autour des feux, les femmes fellahs, les enfants, le mari, l'âne, ami domestique, se chauffaient en causant de leurs affaires. Nous avons mis là pied à terre, suivis de dix de nos Nubiens portant chacun une pique de bois dur, arme défensive dont on les fournit au départ. Nos hommes joûtaient avec une grâce sauvage, grimpaient au faîte de quelque palmier: ce cortége avait un caractère primitif qui s'harmoniait bien avec le site. Ce sont de ces scènes qui font tableau et restent, en cette qualité, suspendues dans la galerie des doux souvenirs.

On est studieux à bord du *Véloce.* Louis, Antonio

et Jeannette se plongent à l'envi dans les définitions du dieu Tot, de la Croix ansée et du Vautour emblématique. Nous nous enfonçons, de notre côté, dans les lectures les plus Égyptiennes possible. — Il est bien vrai que si quelque vol de pélican vient à moirer le ciel sur nos têtes, que si quelque héron à la fière aigrette se promène en sautelant le long du rivage, que si quelque barque de pacha glisse près de nous avec ses brunes figures groupées vers les mâts ou cachées sous la tente que soulèvent des mains curieuses; il est bien vrai que le livre reste longtemps ouvert à la même place. Les villages coptes qui bordent le Nil depuis hier nous montrent-ils leurs murailles grises; un champ de fèves en fleur nous enveloppe-t-il de ses parfums; le vent fait-il mine de gonfler pour tout de bon notre voile... nous voilà partis; mais nous revenons vite.

D'ailleurs ne sommes-nous pas dans le pays des longues rêveries?

C'est M. de Marcellus, je crois, qui a spirituellement expliqué le dépérissement de l'empire turc par l'usage immodéré de la pipe. Je me permets de modifier sa pensée, et voici mon amendement. M. de Marcellus dit : la pipe. Je dis : la pipe à *long tuyau*.

Le long tuyau de la pipe paralyse bien plus les facultés que la pipe elle-même. Je n'en veux pour preuve qu'un peuple, un peuple qui, en matière de *fumerie,* laisse l'Orient loin derrière lui : le peuple allemand.

L'Allemagne tout entière fume; elle ne fume pas à de certaines heures, comme l'Asie, comme l'Afrique : elle fume du soleil levant au soleil couchant; elle fume debout, elle fume assise; elle fume en mangeant, elle fume en buvant; elle fume en lisant, elle fume en écrivant; elle fume à pied et à cheval. Pourtant l'Allemagne est studieuse, l'Allemagne est active, l'Allemagne est puissante. Elle marche de front avec les autres nations de l'Europe... si elle ne marche pas devant. Hegel fume, Goethe fumait, Bethoven a fumé, Overbeck, Bendeman fument, — j'en mettrais ma main au feu; — mais ils fument la pipe à tuyau court; une pipe commode, obéissante; une pipe à bon petit ventre dodu, qui, une fois bourrée, fournit d'incommensurables carrières; une pipe qui se fixe invariablement dans la mâchoire, au coin de la bouche, qui n'en bouge non plus qu'une dent, qui en bouge moins; une pipe, en un mot, qui fait aussi bien partie de nous-mêmes *que ce bras* ou *que cette jambe que vous avez là*, comme disait Molière.

Voilà pourquoi la pipe allemande n'attente ni à la liberté, ni aux développements de l'individu.

Mais la pipe turque! deux mètres de tuyau, terminés par un godet microscopique, qui menace à chaque mouvement de renverser son contenu : comment voulez-vous agir, comment voulez-vous penser, emmanché de la sorte? Immobilité absolue, fixation de l'esprit sur deux idées uniques : le maintien en ligne droite du tuyau, le maintien en ligne perpendiculaire du godet; c'est à cela que vous condamne votre pipe turque.

On parle de rêveries orientales, de fantaisies, de visions, d'extase... moi comme un autre... ce sont contes à dormir debout. L'âme s'enfume, on regarde sans voir, on écoute sans entendre, on se candit, on s'abêtit, et voilà tout.

Le soir nous lisons Tœpffer, les *Réfléxions et menus propos*, qui nous semblent un chef-d'œuvre de pensée et de style. — C'est que Tœpffer se trouvait dans les deux conditions indispensables à qui veut écrire : il était épris de son sujet, et il savait ce qu'il voulait dire.

Hors de là, n'espérez jamais rien faire de bon. Défiez-vous des agaceries de votre plume, des sourires de votre page blanche; ni l'une ni l'autre ne vous donneront une idée si vous n'en avez pas. Mais qu'une vérité vous hante, qu'une croyance vous embrase, laissez-les faire; vous écrirez, et vous écrirez bien. Les plus insignifiantes rencontres, les conversations les plus banales, une lecture, une promenade, cette mouche qui vole, cette autre qui se pose; chaque incident de votre vie, en un mot, fera jaillir une flamme qui éclairera votre sujet. Lorsqu'il aura longtemps fermenté dans votre cerveau, que vous en sentirez les bouillonnements s'apaiser, les vapeurs s'abattre, qu'une forme pure sortira du brouillard : saisissez votre papier alors, saisissez votre plume, ne vous inquiétez pas des mots, ils viendront, et tous à point. Sans vous en douter, vous écrirez un livre, une brochure, moins peut-être — et ce sera tant mieux; — mais quoi que vous écriviez, vous écrirez bien.

Pour faire un pâté de lièvre, prenez un lièvre. Pour dire quelque chose, ayez quelque chose à dire. Si vous ne pouvez trouver d'expression, c'est que vous n'avez rien à exprimer. Verve, puissance, génie, tout est là.

Un mot sur Hassanin, chef à bord du *Véloce*. Sa vanité avait reçu de mortelles atteintes. Tout le monde se mêlait de sa cuisine, jusqu'à *moi !* Aussi, la queue de dindon pendait-elle immobile, désillusionnée; le nez en trompette d'Hassanin restait enfoui sous le capuchon de sa veste grise ; son regard errait terne, c'était un homme écrasé. Hier, Hassanin a fait seul son dîner, Hassanin s'est livré à des velléités d'indépendance. Antonio, son tyran, avait décrété que les beignets seraient longs, Hassanin les a faits ronds ! Hassanin a réussi, le dîner d'Hassanin a surpassé les autres dîners. Aussi, quand l'état-major du *Véloce* s'est transporté vers la cuisine pour lui adresser des éloges, Hassanin, étouffé par la joie, est resté sans voix, sans souffle, les yeux dix fois plus fixes, la physionomie dix fois plus bête qu'à l'ordinaire. Mais cette grande émotion passée, à la nuit, Hassanin a été s'asseoir tout seul sur la berge du fleuve, et là, accompagné par le trille des reinettes, je l'ai entendu entonner de sa voix rauque une petite chanson... cette chanson m'aurait fait pleurer ! — Voilà un pauvre garçon dont on n'a ménagé ni l'honneur, ni le cœur, parce qu'on ne lui croyait ni l'un ni l'autre; on riait de lui à sa barbe, on le traitait en chose... et il a de l'honneur, et il a du cœur, et c'est un homme enfin !

Que l'étourderie est cruelle !

Au fait, l'étourderie est-elle jamais innocente? ou pour mieux dire, l'étourderie est-elle autre chose qu'une grande préoccupation de soi, combinée avec un grand oubli des autres ?

Après Benisoueff, jeudi 23 décembre 1847. — Nous passons la journée d'hier à lutter contre le vent, contre le courant. Nous voyons les minarets, la caserne blanche de Benisouef. Depuis le matin il est à une portée de canon, nous y arrivons le soir. Antonio y renouvelle quelques provisions, mon mari y met nos lettres à la poste. C'est une ville aux rues étroites, aux maisons de terre, aux blanches mosquées.

Si le Véloce continue à marcher avec cette *vélocité*,

nous n'atteindrons pas même à la première cataracte. De là, démoralisation! Quelqu'un a passé la journée d'hier dans le pot à l'encre. Dès que j'y tombe à mon tour, il remonte, cela va sans dire. — Qui m'expliquera cet étrange phénomène de bascule? Comment se fait-il que souvent il suffise de succomber, soi, au découragement qu'on s'efforçait de combattre chez un autre, pour que cet autre en triomphe à l'instant? Vainement vous avez essayé de l'égayer, de le distraire; vous avez ri, vous avez dit cent folies, vous avez parlé sérieusement, vous avez parlé tendrement: tout a pâli; la tristesse vous gagne, vous voilà sous l'éteignoir, et par ce seul fait que vous y êtes, lui en sort; votre figure ne s'allonge pas plutôt que la sienne s'épanouit! Est-ce l'effet de la transition, est-ce tout simplement un effet nerveux, n'est-ce point l'effet d'une petite fantaisie d'enfant gâté qui trépigne lorsque sa nourrice rit de ses chagrins, qui se fâche lorsqu'elle veut l'apaiser, qui ne se console que lorsqu'il la voit pleurer à son tour?... je ne sais. Ce qu'il y a de certain, c'est que cela est. Voulez-vous tirer votre mari de quelque humeur sombre? n'employez ni fortifiants, ni calmants, n'allez pas surtout lui prouver qu'il a tort. Abandonnez-vous à la mélancolie qui le possède; ne vous retenez pas au bord, lancez-vous, enfoncez, enfoncez; vous le verrez bientôt la tête au plein soleil, le visage rayonnant, s'asseoir sur le rivage et vous tendre la main.

Dans un sens, la démoralisation d'hier avait ses justes causes. Les hommes sont plus conséquents que nous. Mon mari pense que voyager, c'est aller en avant..... et moi je l'oublie. Au bout de sa lunette, il voit la seconde cataracte qui va se rapetissant; et moi je ne vois qu'aujourd'hui, ce doux aujourd'hui qui glisse entre deux rives verdoyantes, sur ces belles eaux, sous ce ciel éclatant, avec la promenade matinale au travers des palmiers ou des mimosas, dans les champs de fèves fleuries; je ne vois qu'aujourd'hui avec nos causeries, nos lectures, nos leçons... Ces leçons qu'on aime tant dès qu'on a passé l'âge... Au fait, je crois bien qu'à présent, tout comme autrefois, c'est quand elle est achevée que la leçon me plaît le mieux.

Ce matin, le soleil se lève partout radieux, dans les cieux, dans les cœurs; comment en serait-il autrement ! Oh oui ! mon Dieu, tu nous répands tes trésors, nos âmes débordent. Que te rendrons-nous, Seigneur, pour tes bienfaits? que te rendrons-nous? Rien, Seigneur, rien que tu ne nous aies d'abord donné. C'est de toi, de toi encore, de toi toujours que nous attendons la foi, l'amour, la reconnaissance, tout ce que tu nous demandes! Il n'est qu'une attitude qui nous convienne: celle de suppliants, qui travaillent les mains tendues vers toi.

Sur le Nil, vendredi 24 décembre 1847. — Le vent a si bien soufflé que le fleuve s'est couvert de vagues. La barque se donnait les airs de balancer, et nous d'avoir le mal de mer. En quatre heures nous faisons autant de chemin qu'en deux jours.

Nous avons à notre gauche une chaîne sablonneuse qui affecte les formes des grandes montagnes; l'œil s'y trompe, mais qu'un Cophte en longue robe noire vienne à en gravir les flancs, et l'illusion disparaît: la gigantesque montagne a trois fois la hauteur du Cophte. C'est un effet singulier, on dirait quelque paravent chinois.

Hassanin, ce monstre d'Hassanin, a trois femmes; deux répudiées, la troisième qui attend son tour, et qui a *onze ans*. Lui, Hassanin, espèce de Quasimodo qui touche au demi-siècle, quoiqu'il n'avoue que trente ans. « Mais, disait-il, en caressant ses joues creuses, l'air du Caire m'a ôté ma fraîcheur. »

Sur le Nil, samedi, jour de Noël, 25 décembre 1847. — N'était la fatigue de nos Nubiens et le but du voyage, je préférerais cent fois la corde au vent. Avec le vent, adieu les promenades, adieu les détails de la rive; on tient le milieu du fleuve, et la vie devient tout à fait, *vie de bord*.

Hier soir, il est tout à coup tombé, ce bienheureux vent; nous sautons hors de la barque comme des oiseaux hors de la cage; nous voilà courant jusqu'à Semaloud au travers des palmiers et des mimosas.

Que c'était beau ! Le soleil venait de se coucher dans une gloire soufre; au-dessus s'étendait une large bande jaune paille; plus haut, une vapeur violette se répandait à mesure que s'enfonçait le soleil. A l'opposite, le ciel avait une de ces teintes bleu-vert, qu'on appelle fausses quand c'est un peintre qui les hasarde. Là-dessus, sur le soufre, sur le bleu-vert, se dessinaient les noires colonnes des palmiers, les troncs minces et sinueux des mimosas. Les tourterelles volaient à la feuillée, les troupeaux de brebis et de chèvres aux longues oreilles regagnaient Semaloud, les agneaux sautaient derrière les mères, le bon chien grondait à côté, les enfants couraient en suivant, les femmes, portant quelque urne ou quelque fagot de douhra sur leur tête, marchaient après, pendant que le fellah tirait l'eau du Nil. La nuit est tombée comme elle tombe ici, sans transition. Devant les huttes de Semaloud les Arabes fumaient, vendaient des lentilles, des légumes frais et des œufs; les chevaux enharnachés, entravés, attendaient leur maître.

Nous remontons sur la barque; la nuit vient tout à fait et la lune se lève.

C'est dans une nuit pareille que les bergers veillaient aux champs de Bethléhem. Cette belle lune brillait ainsi, ce même silence régnait lorsque l'ange du Seigneur descendit des célestes plages. — « N'ayez point de peur, je vous annonce une grande joie... le Sauveur vous est né ; vous le reconnaîtrez à ceci, que vous trouverez le petit Enfant emmaillotté et couché dans une crèche. » — Ne sent-on pas son cœur bondir? *Vous le reconnaîtrez à ceci.....* Voilà les insignes de sa royauté : une étable, une crèche, des bergers qui le viennent voir !

Il n'y avait qu'un Dieu qui pût vouloir naître ainsi. — Oh ! que cette crèche de mon Sauveur ne bouge pas de devant mes yeux ! Elle me dit tout sur la folie de l'orgueil, tout sur l'esprit de renoncement, tout sur l'obéissance chrétienne.

Ce matin, nous célébrons notre culte en famille, nous chantons un beau cantique de Noël, nous nous réjouissons de ce que l'enfer est vaincu, de ce que la grâce est accordée.

Mais hélas! que notre cœur est froid ! Je ne demande pas des émotions ; je le sais bien, elles nous donnent trop souvent le change sur nos sentiments ; je voudrais seulement, oh! je voudrais voir vrai, — vrai dans mon cœur, vrai dans la miséricorde de mon Dieu ; je voudrois n'être pas comme rassasiée de ce fait : que je suis pécheresse ; de cet autre fait: que Jésus m'a rachetée.

Nous avons prié pour nos bien-aimés parents, pour nos amis d'Europe, pour les chrétiens, pour ceux qui ne le sont pas encore. N'est-il pas doux de penser que dans ce jour béni la grande famille de Jésus se réjouit en lui, et que les cantiques du ciel répondent à ceux de la terre?

Nous voici maintenant à la corde. Une lieue nous séparait de Minieh; nous mettrons le jour et plus peut-être à la faire.

Le Nil est à notre gauche serré par une chaîne sablonneuse, — Gebel Taïr; — dès qu'elle s'éloigne, les cultures s'emparent du sol.

A notre droite s'étendent de grandes plaines, tantôt envahies par le sable et couvertes alors de roseaux courts et tranchants; tantôt composées de bonne terre et plantées de légumes, de blé ou de bosquets; nous y admirons des oiseaux verts qui se balancent sur les rameaux fleuris d'un mimosa.

Comme nous passons devant un village, une nacelle se détache du bord, se hâte vers nous; l'Arabe qui la monte et qui fait force de voiles adresse une prière à notre Reiss. Le Reiss répond par ce mot: *Achmet!* et le bateau s'éloigne.

La femme de l'Arabe venait de mettre au monde un fils, et je ne sais quelle superstition veut que le nom de l'enfant soit imposé par le premier Reiss qui passe sur le Nil.

HAUTE-ÉGYPTE.

Après Minieh, dimanche 26 décembre 1847. — Nous nous sommes hier ensablés dix fois : nous n'étions pas les seuls, on ne voyait que barques échouées. Quelques-unes même déchargeaient leurs marchandises afin de se remettre à flot. Tous les équipages manœuvraient dans l'eau ; le nôtre a fait des prodiges de force et d'activité.

Voilà douze hommes qui, à l'exception du Reiss, du pilote et d'un vieux matelot, n'ont pas vingt ans. On sait de quelle façon ils se nourrissent ; leur sobriété n'est pas un mythe, comme la sobriété grecque, qui croque moutons et porcs, qui entonne de deux à trois oques de vin par soirée. Hier ils ont tiré à la corde, poussé à la pique depuis huit heures du matin jusqu'à sept heures du soir. Il faut voir comment : avec des chants énergiques, avec une ardeur passionnée. Ils appuient contre leur poitrine nue la pique enfoncée dans la vase, ils reviennent en courant, la plongent, l'appuient de nouveau, marchent puissamment en pesant dessus de tout leur corps. Cela dure trois heures. Nous voilà pris sur un banc, les Nubiens sont à l'eau, ils soulèvent la barque, ils la poussent, elle va. Nous traversons; ils sautent à terre, enfoncent jusqu'à la ceinture, s'en tirent comme ils peuvent, prennent la corde, en ceignent leur poitrine, la serrent autour de leurs bras et traînent.

Sur le soir, une barque marchande nous atteint; elle est plus grande que la nôtre, mieux montée, quatorze matelots courent sur son bord la pique à la main; devant la cabine, quelques Arabes à longue barbe fument leurs pipes assis, les jambes croisées; le Reiss est debout à la proue, le pilote debout au gouvernail. La lutte s'engage: les deux Reiss chantent le verset, les deux équipages répondent. Ils se défient. Les matelots marchent à pas pressés l'un derrière l'autre, ils franchissent l'espace d'un bond. *Allah! Allah!* nous dépassons la barque musulmane. Non, ils font ferme, l'écume jaillit jusque sur le pont. *Allah! Allah!* c'est nous qui gagnons; elle reprend sa ligne, les voilà toutes deux qui fendent le flot d'un même élan. Nos Nubiens sentent passer un souffle, vite la voile déployée. *Allah! Allah!* les Arabes déploient la leur. Nous en avons deux, ils n'en ont qu'une. — *Allah! Allah!* nos deux voiles au vent. — Les graves marchands d'El-

Müssr rient au travers de la fumée de leurs pipes. Notre barque se balance un peu, elle se penche, elle file. *El ham do Lilla!*[1] la croix a vaincu le croissant !

Nos Nubiens, après onze heures de travail forcé, vont se reposer? Ah bien oui! Et la zamarra, et la durbakka! — Les voilà assis en rond. Entendez-vous les notes sourdes de la durbakka? Entendez-vous les notes grêles de la zamarra; entendez-vous les notes éclatantes des mains qui frappent l'une contre l'autre? Les têtes s'agitent, le corps tressaille de plaisir, la voix solitaire chante un couplet, toutes le répètent à l'unisson. Voici une chanson mélancolique et lente, en voici une saccadée et rapide, en voici une autre doucement monotone comme le clapotement du flot contre la barque. Et voici un chœur, un chœur dont il faut renoncer à rendre la sauvage beauté. — Ce chœur, dit dans les octaves basses, chanté non plus à l'unisson mais en parties, est tout entier composé de notes dissonnantes. L'oreille, d'abord étonnée, saisit bientôt une harmonie étrange qui glisse à travers les voix et qui la ravit. Ce n'est pas une mélodie, ce n'est pas un accord régulier; c'est ce parfum composé de mille parfums que nous apporte la brise, quand elle a passé sur les hautes prairies des Alpes.

Amusez-vous à écrire cela; vous verrez la grimace

---

[1] Gloire soit au Puissant.

des connaisseurs. Je me les représente, ces juges respectables, assis à l'orchestre des Italiens, une après-midi que Félicien David leur aura servi dans sa crudité notre chœur d'hier au soir.

Et puis l'on dit que Félicien David copie! — Me revoilà sur mon dada.

Si vous dites que Félicien David copie, je dis que Raphaël copiait aussi. Si Félicien n'est plus qu'un faiseur de pots pourris, Raphaël n'est plus qu'un faiseur de portraits... car Raphaël se servait de modèles, tout comme Félicien David; et si Raphaël les idéalisait, que fait donc Félicien David?... Or c'est là qu'est la puissance; puissance du peintre, puissance du musicien, puissance du poëte: prendre son bien où on le trouve, transformer le charbon en diamant.

Mais je veux que Félicien David copie; je veux qu'il nous répète simplement, pauvrement, les chansons d'outre-mer... A côté de ces chansons, n'y a-t-il pas une magnifique science des harmonies, une entente merveilleuse des effets? Prenez son *Désert*, et voyez un peu quelles clartés: comme le soleil qui inonde l'immensité des sables resplendit au travers de ses mélodies! Prenez son *Christophe Colomb*, et voyez quelle autorité dans ces allures. Sent-on là le copiste, ou sent-on le maître qui taille à larges coups?

La mélodie, la mélodie! il est de bon ton aujourd'hui de ne vouloir qu'elle, de ne donner qu'à elle seule le brevet du génie. —Quant à l'harmonie, quant à l'instrumentation, quant à la couleur : mécanisme que tout cela, travail d'école; le premier élève venu, après six ans de Conservatoire, vous en fera tout autant. Et l'on a le front, après, d'aller admirer Bethoven!

Voyons un peu les mélodies de Bethoven. Pour moi, je le déclare : à un petit nombre d'exceptions près, les mélodies de Bethoven me paraissent... simples? non... banales? non... *vulgaires?* — oui, VULGAIRES.

Ouvrez les symphonies, comme tout à l'heure vous preniez le *Désert* ou *Christophe;* tirez-en les chants, les *thèmes;* ôtez-leur ce que l'instrumentation leur prête de magie; chantez-les, jouez-les sur votre piano, raclez-les sur votre violon, soufflez-les au travers de votre flûte, vous n'aurez jamais qu'un pont-neuf.

Maintenant, transportez-vous s'il vous plaît au Conservatoire; écoutez les voix de ces deux cents instruments qui, après avoir dit votre *pont-neuf,* le hachent, le brisent, se le renvoient, le contrarient, l'élargissent, l'ennoblisent, lui jettent toutes les magnificences de l'harmonie, jusqu'au moment où, le transportant tout à coup dans un temps plus grave, dans une sphère dont la sérénité vous pénètre d'un saisissant respect, vous vous levez, pâle d'émotion, les lèvres tremblantes, les larmes coulant le long de votre visage. Est-ce la mélodie qui vous tient là, palpitant sous sa main? Non; c'est la toute-science des effets, c'est la toute-science de la coupe, c'est la toute-science des sons, c'est la *maîtrise ;* je n'ai pas d'autre mot, c'est la *maîtrise* du Créateur qui fait jaillir la source du rocher.

Nos Nubiens chantaient encore que le vent est tombé. A la pique! Ils ont poussé trois heures pour atteindre Minieh. Admirables natures, supérieures mille fois à nos natures qu'asservit la fatigue, le boire, le manger, le chaud, le froid; esclaves par tous les bouts.

Ce matin nous nous réveillons devant Minieh. C'est dimanche, le vent souffle, nous nous laissons glisser à la voile, puisqu'il ne faut aucun travail pour cela.

Avant de partir nous descendons sur le rivage pour esquisser une maison arabe, deux palmiers, un minaret, tout ce que nous voyons de *el baladd* — la ville. — Aussitôt, attroupement. Un Arabe nous adresse la parole en français; il a été à l'école des langues. Nous lui offrons des livres, le musulman accepte, mon mari court à la barque, en revient avec des traités religieux.

— Ce sont des livres chrétiens, je vous en avertis.

— Donnez, donnez tout de même!

Les mains s'avancent, les Cophtes arrivent, *christian, christian!* tous les Cophtes savent lire.....

Évangiles aux Cophtes, Traités aux *Musslims*, en arabe. Mon mari fait deux voyages à la barque, cinq fois il s'en retourne à vide : « *Ma fisch, ma fisch,* » — Il n'y en a plus. — N'importe, on nous presse, on nous prie. Le Cophte auquel nous avons remis le premier exemplaire des Évangiles, tire de son sein une galette de fleur de farine soigneusement cachée entre la robe et la chemise; il me le donne... Hélas! il faut bien en manger un petit morceau. Nous nous réfugions sur notre dahbieh, craignant d'épuiser en une heure, la provision qui doit fournir aux distributions du voyage entier; on nous suit. Encore deux, trois livres; cette fois, c'est fini.

— Monsieur, il y a un nègre.

— Un nègre! Le cœur de mon mari ne résiste pas, un livre au nègre! La barque s'éloigne, nous nous faisons des signes d'adieu. Oui, *à Dieu,* à Dieu qui vient de conduire ces braves gens sur le rivage, à Dieu qui vient de placer sa vérité sous leurs yeux, et qui la bénira pour leur salut.

Sur le Nil, lundi 27 *décembre* 1847. — Nous avons promis à notre Reiss, de lui donner un talari les dimanches où le vent ne soufflant pas, il s'abstient de tirer à la corde et de pousser à la pique.

Hier, le vent soufflait, le drôle était embarrassé; il se grattait l'oreille. Évidemment, la brise du nord emportait son talari. — Or, voici l'expédient dont il s'avisa. Comme nous lisions dans notre cabine, ce fin matois met son équipage à terre et descend lui-même, ce qu'il ne fait jamais. On déroule la corde, on se l'attache autour du corps; on ne tire pas, parce qu'il y a rien à tirer, mais on marche à la file en chantant d'une voix lamentable.

Mon mari s'élance hors de la cabine : « Qu'est-ce que cela ? »

Antonio regarde étonné. — « Bandit! Monsieur, c'est par ruse, c'est pour se faire défendre de travailler et gagner le talari! Il ne faut pas lui accorder un parah, à cet homme-là. »

Indignation générale. Mais la tentation n'était-elle pas bien forte? Bah! donnons-lui le talari tous les dimanches, et sauvons-lui les frais d'astuce.

On lui crie d'embarquer ses hommes : à l'instant la corde tombe et l'équipage rentre dans le *Véloce*.

La barque est amarrée ce soir devant les grottes de Beni Hassan; nous les visiterons au retour comme toutes les antiquités.

Nous nous promenons au milieu des champs de cannes à sucre, suivis d'*Ali*, notre garde du corps ordinaire. Nous ne marchons plus sans Ali.

— *Sabbah el Heer ali!* — Bonjour Ali — et Ali met à découvert deux rangées de dents aiguës et brillantes comme celles d'un crocodile.

— Ali, *esmaëh el baladd dè? esmaeh essajra dè? esmaëh chatti dè? esmaeh hiouanni dè?* — Ali, comment s'appelle cette ville, comment cet arbre, comment cette plante, comment cette bête? » — Ali écarquille les yeux, rit de plus belle et me répond d'ordinaire... « il s'appelle *arbre, plante, bête*, ce qui ajoute énormément à nos notions d'histoire naturelle.

Mais quand je veux jeter Ali dans un embarras mortel, « *Ali, goozih bolet,* » en montrant mon mari, « Ali, mari méchant! » Ali rougit alors autant que peut rougir une noire figure, il se cache derrière son bâton, et cette fois, sa bouche se fend d'une oreille à l'autre.

Ce soir, le cri du chacal retentit dans la montagne que percent les grottes; il ressemble aux pleurs désolés d'un petit enfant. Les chiens hurlent, nos deux sentinelles se répondent de cette voix étonnée de gens qui luttent contre le sommeil et qui succombent à demi.

Le village de Beni Hassan a mauvais renom; Ibrahim Pacha y fit jadis une descente pour en réprimer les brigandages. Cette obscurité, ce silence qu'interrompent le cri des sentinelles et les lamentations des chacals a quelque chose de lugubre.

Nous déplorons aujourd'hui la mort tragique de dix douzaines de sangsues. On les a garanties du froid et du chaud, on les a mises chaque matin dans une eau pure, le tout en vain. Notez que les maladies qui atteignent ici les étrangers sont inflammatoires, qu'il n'y a d'autre remède que les sangsues ou la saignée, et que nul d'entre nous ne sait saigner. Le pacha a placé une pharmacie dans chaque ville d'Égypte; peut-être obtiendrons-nous à Ossiout le don de quelques sangsues; en attendant, ne nous inquiétons pas trop de cet accident : la protection de Dieu vaut mieux que toutes les sangsues du monde.

Nous ne cessons de rencontrer d'immenses radeaux formés de cruches de Kench. Le premier rang de cruches posées d'aplomb, liées par le col à une espèce de claie, plonge dans le Nil et fait le fond du radeau; ce rang en porte un second dont les cruches sont placées de champ. Les mariniers marchent pieds nus sur ce plancher inégal. Ils ne voyagent que le jour, par un temps calme ou par un vent favorable. Ils couchent à terre, et préparent à terre aussi leurs repas. On les voit occupés à plonger dans leurs cruches un chiffon de linge qu'ils retirent mouillé et dont ils expriment l'eau avec soin; sans cette opération, fréquemment répétée, l'eau du Nil s'infiltrerait dans les vases pétris d'une terre poreuse, et le radeau coulerait.

Nous en sommes toujours aux *Réflexions et menus propos*. M. Tœpffer se lance dans la philosophie abstraite. C'est dommage. Le lecteur s'ennuie un peu de lire ces obscurités, je suis persuadée que M. Tœpffer s'ennuyait énormément de les écrire.

D'où vient qu'écrivains, écriveurs, écrivailleurs, quiconque tient plume d'oie en un mot, se croit engagé, mais engagé d'honneur, à publier son chapitre de philosophie?

Il sait — le quiconque en question — qu'il fera bâiller son lecteur; lui-même bâille à se démettre trente mâchoires. Il ne peut se relire, se copier surtout, sans s'adresser d'abominables injures. Le critique, s'il l'entendait, le critique le plus altéré de sang, se récrierait : Un moment, vous dépassez la mesure, je n'en dirais pas tant!... Et malgré la conscience intime qu'il a de son propre ennui, de l'ennui qu'il donne aux autres, l'écrivain, l'écrivailleur, philosophe tête baissée : — Amuser mon prochain, l'amuser *toujours!* ce serait lui manquer de respect; ce serait le traiter d'esprit frivole, d'amateur de sornettes inhabile à songer creux; il s'en indignerait! Amuser mon prochain, l'amuser *toujours!* Mais pour qui me prenez-vous? suis-je paillasse? faut-il m'enfariner la figure pour m'aller présenter au monde?

n'aurai-je jamais d'autre vol que le vol pesant d'un oiseau de basse-cour?

Va, pars, monte, traverse les nuages, mon ami, et la région des vents, et la région du feu, et la région de la glace... T'y voilà... tu gèles? Moi aussi. Tu ne sais plus comment redescendre, transi que tu es, effrayé de te voir si haut!... Jette-toi en bas, mon ami; ne cherche pas d'échelle, jette-toi, jette-toi, *linea recta brevissima*, une bonne chute, par le plus droit, et tu te retrouveras sur tes pieds!

L'étrange, l'inexplicable de l'affaire, c'est que, tout en s'accablant de sottises, l'auteur se sait bon gré d'avoir philosophé! C'est que, tout en envoyant paître l'auteur, le lecteur se sait bon gré d'avoir dormi sur sa philosophie... Et voilà pourquoi vous avez philosophé, pourquoi vous philosopherez, pourquoi nous philosophons tous au grand détriment du beau, de l'aimable et du vrai. Hélas oui, du vrai! Notre plume, surtout quand elle devient raisonneuse, ressemble à un cheval sauvage. Une fois dessus, l'on peut bien s'y tenir si l'on est bon cavalier; mais se diriger, non. On va où l'on ne voulait point, et l'on ne va pas où l'on voulait.

Vous souvient-il de l'histoire de Mazeppa? Celui-là galopait aussi... bien à contre cœur, il faut lui rendre cette justice. Sous les bonds du cheval indompté : plantes, buissons, forêts, tout fuyait derrière lui. Le coursier haletant va tomber au milieu d'un campement de cosaques. Mazeppa mourant est délié. Mazeppa est salué roi. Convenons-en, Mazeppa ne s'y attendait guère. — Ne vous en arrive-t-il pas autant, mon frère, dans vos jours heureux s'entend, alors qu'emporté par votre plume vous passez au travers du but, et qu'éperdu, demi-mort, vous tombez avec elle sur quelque pensée toute neuve, sur quelque jeune image, sur quelque belle couronne d'or à laquelle vous ne songiez guère.

Mais souvenez-vous-en, Mazeppa pouvait avoir un autre sort. Que la sauvage cavale franchît d'un saut l'Atlantique pour s'abattre au milieu d'un wigvam indien, et Mazeppa, lié solidement autour d'un tronc de cocotier, se voyait rôtir à la broche.

Dieu vous garde, mon frère, et moi aussi, d'une si triste aventure... Aussi bien je m'arrête, il semble flairer l'odeur du roussi.

Au-dessus de Dabout el Schériff, mardi, 28 décembre 1847. — Toujours bon vent; nous avons cheminé la nuit. Je n'aime guère ce clapotement des vagues sous notre mobile plancher. Les matelots veillaient tour à tour, accroupis vers la poulie qui retient les voiles, et munis chacun d'une provision de tabac.

S'effrayer sur le Nil!... Eh oui. L'année dernière, le général Baraguay d'Hilliers qu'accompagnait Antonio, s'est trouvé, lui, sa barque et l'équipage, tourné sens dessus dessous en un clin d'œil. Sans un îlot de sable, sur lequel le général a pris pied tandis qu'Antonio grimpait sur la carcasse du bateau, l'aventure devenait tragique. Il n'y a pas quinze jours qu'un ouragan couvrait le Nil entre Alexandrie et le Caire, de barques chavirées.

Quand on compare la dimension des voiles au corps du bâtiment, quand on voit ce qu'il faut de connaissance du Nil, de promptitude de commandement et d'obéissance pour manœuvrer dans les replis du fleuve, sous les courants d'air qui descendent par les gorges des montagnes, on ne peut se défendre, la nuit surtout, d'avoir un peu peur.

La chaîne Arabique s'est élevée à de hautes proportions. Des cavernes à portes carrées la percent de part en part, ces cavernes sépulcrales remontent à l'époque des premiers Pharaons. Le sable envahit l'étroite rive gauche; dès que la montagne s'abaisse en un col, le sable passe, s'accumule, forme un talus immense, une sorte d'angle plein dont le sommet touche au col et dont la base arrive parfois jusqu'au Nil. Les Arabes s'efforcent d'arrêter cet envahissement au moyen de fossés profonds et de canaux que remplissent les schadouffs. Alors croissent des palmiers, des champs de douhra, d'orge, et de radis.

La rive droite est bien autrement fertile; nous ne voyons plus la chaîne Lybique qui a reculé vers le désert; les cultures en revanche s'étendent jusqu'à l'horizon.

Le sol à peine sorti des eaux, subitement desséché par l'ardeur du soleil, est profondément crevassé. Cette croûte craque comme la neige; la terre dessous reste onctueuse et légère.

L'équipage du *Véloce* profite des loisirs que lui fait le bon vent. Hier on épilait un de nos matelots avec une paire de tenailles; aujourd'hui l'on se fait beau, on tourne l'écharpe en turban, on la ploie largement sur la tête, et ces noirs visages qui n'étaient que naïfs, deviennent par ce seul fait du cadre, d'une majestueuse beauté.

Hassanin contribue toujours à notre bonheur. Création à part, il ne dit rien à personne et personne ne lui dit rien : la nuit sous les planches du pont, le jour dedans à moitié, le soir assis sur ses réchauds, en saint Laurent. Son costume est aussi bizarre que sa personne : des pantoufles rouges à ses pieds nus, de larges pantalons bleus qui lui servent tour à tour de mouchoir de poche et de serviette, une veste ronde en drap gris avec un capuchon pointu baissé sur la figure, ses deux bras courts balançant des deux côtés de son corps... au fait, ils ne pourraient guère balancer ailleurs... et ses gros yeux roulant seuls au milieu de son visage immobile. Quand je vais le soir me placer vers la proue pour écouter le chant des mariniers, Hassanin qui s'imagine que j'y viens pour admirer sa grâce à manier le torchon, n'essuie pas une casserôle, ne prend pas une cuillière à pot, ne donne pas un coup de sa queue de dindon sans me lancer de côté un regard triomphant.

Nous dépassons une barque chargée de marchands d'esclaves; ils vont s'approvisionner à Ossiout où débouchent une fois l'an les caravanes du Darfour. Je leur ai trouvé des figures atroces, peut-être ne les avaient-ils pas. Cependant que de souffrances ces yeux-là ont vu sans se mouiller!

Nous ne rencontrons jusqu'ici que des barques montées par des musulmans, et nous sommes assez dénaturés pour nous en réjouir. Point d'Européens, partant point d'Europe en Afrique; une vie toujours poétique, toujours solitaire, telle qu'il la faut à deux sauvages comme nous.

Au-dessus de Monfalout, mercredi, 29 décembre 1847. — La chaîne Arabique s'est tout à coup éloignée; elle laisse une plaine fertile s'arrondir jusqu'à sa base. Nous passons tard dans la soirée devant Monfalout; nous ne voyons que la silhouette noire de ses minarets, de ses maisons et de ses palmiers. La lune se lève à minuit seulement, mais les étoiles brillent d'un merveilleux éclat. Elles jettent toutes leur image dans les eaux; quelques-unes, plus étincelantes, laissent tomber une longue traînée de lumière sur la nappe tranquille. Ces nuits ainsi désassombries, avec le parfum du douhra fraîchement coupé, avec l'humble chanson de la reinette dans les roseaux, avec le fleuve immense qui toujours, toujours coule à pleins bords, ces nuits sont inexprimablement belles.

Nous errons dans la plaine parsemée de villages cachés sous les palmiers avec leurs pigeonniers aux couleurs bariolées. Les fellahs travaillent aux schadouffs placés à toutes les hauteurs.

Le schadouff se compose d'une poutre perpendiculairement plantée en terre; cette poutre supporte un balancier; à l'un des bouts du balancier pend un panier enduit d'argile ou une outre, — le seau de nos puits; — à l'autre bout un boulet de terre dont le poids fait remonter le seau. Le fellah tire l'outre, la remplit au fleuve, la verse dans un réservoir, où la puise avec l'aide d'un second schadouff, un second fellah; ainsi de suite... jusqu'à ce qu'elle arrive au niveau des canaux d'arrosement.

Avec la division de la propriété, avec des lois impartiales, les fellahs deviendraient les plus heureuses gens du monde. — On serait tenté d'oublier l'arbitraire du pouvoir, dans cette belle nature où tout parle de liberté. Il reparaît hélas, à certains signes... aux doigts coupés, aux yeux crevés des fellahs, que leurs parents mutilent ainsi dans l'enfance pour les arracher à un service militaire que ne règle aucune loi de recrutement et qui dure autant que la vie [1].

[1] Soliman Pacha s'occupe d'approprier notre loi française à l'Égypte.

Les fellahs cependant ne me paraissent pas si malheureux qu'on le dit. — N'envisageons pas leur situation au point de vue de nos habitudes, nous les jugerions mal.

Leurs habitations sont basses, elles n'ont ni fenêtres, ni toit; une gerbe de paille de douhra les recouvre; la lumière, l'air respirable, la fumée entrent et sortent par la porte : mais rappelons-nous qu'il a fallu la force armée pour contraindre les fellahs d'Alexandrie à bâtir des cases où ils pussent tenir debout. Dans ces habitations, pas de meubles : un pot de fer, une outre, quelques cruches, une natte... mais les fellahs n'ont pas besoin d'autre chose; les fèves, les lentilles, le douhra, cuisent dans le pot de fer; le lait, les fromages, se conservent dans les outres; l'eau du Nil rafraîchit dans les vases de terre poreuse; la galette cuit sous la cendre. S'il y a des privations du côté du confort, les fellahs ne les sentent pas; leur vie entière s'écoule au grand air.

Les hommes sont à peine vêtus, les femmes s'enveloppent d'une simple toile de coton; mais sous ce climat brûlant, où la pluie ne tombe jamais, il ne leur faut rien de plus.

Ils ne boivent pas de vin, ils ne mangent pas de viande de porc; mais parce que Mahomet l'a défendu. Laitages, œufs, légumes secs et frais, pigeons, chevraux, moutons, — car en Égypte aussi, les moutons meurent de la clavelée — ils ont de tout en abondance.

On peut les plaindre de ne pas sentir d'autres besoins : celui de la propreté par exemple ; on peut déplorer leur ignorance, on doit faire de puissants efforts pour les éclairer ; on peut s'affliger profondément de leur esclavage, on doit s'employer à les mettre au régime d'une sage liberté ; mais croire qu'ils souffrent de l'*étouffement*, de la *faim*, du *froid*, ces rongeantes plaies de nos cités, c'est se tromper grandement. Les maux d'yeux exceptés, — et les riches en sont atteints comme les pauvres ; et ici, dans la haute Égypte, ils n'existent presque plus, — les maux d'yeux exceptés, la santé fleurit sur tous ces visages. Il n'y a qu'à voir la démarche élastique des femmes, la force musculaire des hommes, pour se convaincre que le corps ne subit aucune de ces privations dont meurent si souvent les ouvriers de nos villes industrielles.

Après cela, si les fellahs ne souffrent pas, ce n'est la faute de personne.

L'extorsion, à toutes les puissances, s'exerce sur eux. On leur ôte tout ce qu'on peut leur ôter.

Le pacha impose les terres, c'est juste ; eh bien, cet impôt ne représente peut-être pas la cinquième partie des valeurs qu'on leur arrache.

Un village paie tant au trésor ; mais ce village appartient à titre de fief à tel ou tel seigneur ; le seigneur veut de l'argent : de l'argent au seigneur. Le village n'est pas gouverné par le seigneur lui-même, il est administré par un chef, le *scheik el baladd* ; le scheik veut de l'argent : de l'argent au scheik. Le village doit fournir un contingent d'ouvriers à l'ingénieur qui creuse le canal voisin, le village qui sait qu'ouvrier, ou serf à vie, c'est tout un, le village veut arracher ses enfants à l'esclavage ; l'ingénieur est intraitable : de l'argent à l'ingénieur. Le village doit envoyer un certain nombre d'élèves aux colléges fondés par Méhémet-Ali, le village qui est défiant à l'endroit du progrès de fabrique turque, se soucie fort peu d'instruction pour sa génération future ; mais l'agent scolaire est un homme à conscience : de l'argent à l'agent; il complétera le nombre des élèves dans quelque hameau trop pauvre pour acheter la justice, ou pour racheter l'injustice. — Ainsi de tout, et partout... à ce que disent les hommes et les livres.

Nous avons repris la corde, ou plutôt la corde nous a repris.

Seconde cataracte, Ipsamboul, noires montagnes de Nubie, il faudra renoncer à vous !

N'y a-t-il pas une grande douceur à penser que Dieu en décidera ? *Le lendemain prend soin de ce qui le regarde*, source éternelle de paix !... Si nous savions y puiser.

Ce n'est pas du fatalisme. Jésus ne nous a pas délivrés du travail, de la prévoyance, il nous a seulement déchargés des inquiétudes, de ce qui ronge et n'avance en rien nos affaires : *ne soyez point en souci!* et il le répète trois fois.

Au-dessus d'Ossiout, vendredi 31 décembre 1847. — Le vent s'est réveillé hier. Bonne journée, nous allons voir défiler douze lieues de côte! Le Reiss se présente à la porte de la cabine; nous sommes en vue d'*Al Mara*, port d'Ossiout; le Reiss nous dit qu'il s'arrêtera là, qu'il y passera le jour et la nuit pour faire son pain. La provision de l'équipage est épuisée; il faut acheter du bled, le moudre, pétrir la farine, cuire le pain. Encore si c'était une de ces journées où l'on tire misérablement à la corde. Mais du vent, du vent énergique!... Nous nous résignons pourtant. Nous ouvrons notre *Wilkinson*, nous prenons note de tout ce qu'on doit voir à Ossiout et nous nous mettons sur des ânes.

La plaine est splendide : au fond, la montagne de Stablantar où se trouvent les cavernes sépulcrales des loups. Un peu en avant, noyée dans un océan de prairies, entièrement bâtie de briques de terre, grise dans ses palmiers — Ossiout, l'ancienne Lycopolis. Le loup y était adoré.

Nous suivons un chemin qu'ombragent des saules; nous passons près d'un bosquet composé de palmiers et de cette variété de mimosa aux fleurs parfumées, que nous avons vu pour la première fois à Corfou. Dans la vaste étendue croissent les bleds, les lentilles, les fèves, les trèfles épais que broutent les buffles, les chevaux arabes, les chameaux, les troupeaux de moutons, de chèvres et de vaches. De larges canaux promènent leurs eaux paresseuses au travers de cette oasis; des dattiers sveltes, des sycomores au large dôme se groupent çà et là. La scène est d'une beauté qui éblouit. Nous aspirons à longs traits le printemps, la vie, les senteurs délicieuses.

L'équipage du Véloce *a reçu sa paye :* le bakschich solennellement demandé, gracieusement octroyé à chaque ville. Il s'est répandu dans la cité; le fidèle Ali nous reste, il enfourche son âne,... car Ali n'est pas homme à se déshonorer en marchant sur ses pieds... Ali nous suit donc en portant mon portefeuille et nos parasols. Ali s'est fait beau. Il a mis une robe de toile bleue toute neuve, par-dessus celle-ci une autre, de toile bleue encore, mais usée et déteinte. Il a tourné la toile éblouissante d'une écharpe autour de sa tête; il attache solidement dessus le vieux chapeau gris d'Antonio. Ses jambes pendent nues des deux côtés de son âne; seulement il a chaussé une paire de souliers vernis trop longs de quatre pouces: il faut des prodiges d'adresse pour les maintenir sur le bout de ses orteils. Ainsi fait, Ali a l'air d'un singe en goguette.

Ossiout compte plus de vingt mille âmes; sa route, de velours, comme toutes celles de ce pays, fourmille d'Arabes, de fellahs, de Cophtes et de nègres esclaves.

Nous laissons la ville à droite; nous grimpons au Stablantar suivis de nos âniers, grands et petits gaillards à la figure pétillante d'intelligence, vêtus d'un demi-mètre de haillons, polis, rieurs, jaseurs, se mouchant avec les doigts et nous offrant la main avec une grâce exquise, accrochant d'ici, de là, un mot de français, répétant *bakschisch* à satiété — bonnes et belles natures au demeurant.

Nous voici en face d'une grande porte dont les montants sont couverts de hiéroglyphes, dont les abords sont jonchés de momies d'hommes et de momies de loups. Cette porte nous introduit dans une caverne spacieuse, creusée par le ciseau. L'aspect de ce sol, pétri d'ossements et de bandelettes, est saisissant. La terre, le gravier, amoncelés en déblais, offrent cinq ou six couches de débris et de corps. Ces débris, ces corps ressortent par la bouche des cavernes taillées dans la montagne. Des mâchoires à demi enterrées montrent leurs dents blanches à toutes les hauteurs. Un fort parfum de musc mêlé à l'odeur nauséabonde de la pourriture s'exhale de ces restes. Au-dessous se déroulent les belles prairies tachetées de troupeaux, et le Nil dont le cours se devine aux blanches ailes de ses barques. Quel spectacle, que celui de ces morts de quatre mille ans qui bataillent encore contre les vers, en face de cette jeune, de cette éternellement jeune nature, verte, ombreuse, fleurie à tous les mois de l'année!

Après une consciencieuse visite aux cavernes, nous redescendons vers l'ancien cimetière d'Ossiout. Nous passons par ces rues silencieuses, désertes, bordées de mosquées basses, de cours aux murs dentelés, peints de rouge et de blanc. Les palmiers, les mimosas, les sycomores croissent parmi. A peine rencontrons-nous quelques Arabes : ce sont des marchands d'esclaves; ils se rendent à la limite du désert où campe la caravane du Darfour arrivée d'hier. Elle compte les nègres par centaines, les chameaux par milliers; nous les suivons : voilà le campement!

Si cela n'était pas hideux, cela serait sublime! S'il n'y avait pas là des douleurs inouïes, jamais nos yeux ne se seraient arrêtés sur un plus admirable tableau.

La montagne désolée en fait le fond. Sur le désert sablonneux, sous le ciel resplendissant, se déploie la caravane : tentes vertes, grises, rondes; les bâts des chameaux empilés en murailles; les jeunes nègres étendus au soleil, frappant avec des bâtons quelque calebasse tendue de peau, écoutant d'un air stupide ces notes sourdes, sauvage ressouvenir du pays; les chameaux couchés, agenouillés, debout, en files; les marchands à la longue robe de soie, à la longue barbe, aux traits réguliers et fins, fumant accroupis vers leurs tentes. Sous les bosquets de mimosas et de sycomores, les négresses recueillent des herbes et du bois. C'est la *Smala* de Vernet, avec des proportions décuples.

Nous descendons de nos ânes les yeux éblouis, le cœur serré, sans pensée, écrasés comme on l'est en face de pareils faits entourés d'un tel cadre. Nous nous mêlons à ces groupes. J'avais avec moi un collier, une paire de ciseaux; je les offre à une jeune fille qui vanne des fèves dans un petit enclos formé par les bâts.

Pauvre enfant, à notre vue elle recule. Je m'approche un peu, toute seule, en lui tendant le collier rouge du bout des doigts; elle fait un bond en arrière comme une gazelle effrayée; les nègres l'entourent, ils la flattent, ils la ramènent : elle prend le collier, mais en tremblant de tout son corps.

Pauvre, pauvre enfant! elle était là dans la naïveté de son ignorance, son buste charmant découvert, une pièce de toile brune attachée à la ceinture et tombant en longs plis jusqu'à ses pieds; sa tête couverte d'innombrables boucles noires, minces, qui descendaient sur ses joues et sur son cou; les bras gracieusement allongés autour de son van, la figure triste, les yeux fixes de terreur.

Des mains noires soulèvent les plis d'une tente, elles nous tendent un panier bizarrement tressé; nous y mettons quelque monnaie, et puis nous nous penchons, et nous voyons trois négresses assises sur leurs talons. Celles qui tendent le panier regardent l'argent sans en comprendre la valeur; Antonio cherche à la leur expliquer, mais elles laissent tomber les parahs sur le sable. La troisième presse un petit enfant sur sa poitrine; elle est jeune et elle a les cheveux blancs; les autres rient, celle-là reste immobile. — Il y a des enclos qui ne renferment que des enfants; il y en a d'autres où sont parqués les jeunes gens; derrière la toile de quelques tentes on voit se dessiner la silhouette des négresses de choix : celles qu'on ne montre qu'aux acheteurs. Des cadavres de chameaux à demi pourris, étalent ici et là leurs chairs pourpres; les nègres, les Arabes s'assoyent et fument auprès : nul ne songe à les enfouir; de jour le soleil, de nuit les chacals, accélèrent l'œuvre de décomposition.

Nous quittons le campement. Nous ne parlons pas, parce que nous sommes étouffés.

Je ne sais ce qui est le plus triste, la douleur des uns ou l'insouciance des autres. Il y a des souffrances communes à tous : la perte de la liberté, la faim, la soif, les maux du long voyage, la mort des parents tués dans l'expédition, la mort des compagnons dans le désert, les traitements infâmes, l'éternel adieu au pays, à la langue native; mais il y a des misères spéciales attachées au sort des femmes : les outrages qui les flétrissent avant que la vente sur le marché ne les soumette à une corruption légale, l'asservissement dans le fond du harem, à quelque nature jalouse et violente. — Cette jeune fille, par exemple, jouet de la brutalité des conducteurs de la caravane, elle va être achetée ; un moment elle amusera les caprices de son maître, et sa maîtresse les lui fera longtemps expier. Cette mère, on lui ôtera peut-être son nourrisson, elle ne serrera plus contre elle cette petite tête noire, tout ce qui lui reste de son passé, de l'homme qui était son mari, qu'on a massacré dans cette nuit où l'ennemi tomba sur le village, incendia les huttes, tua les hommes, mit sa main féroce sur tout ce qui était jeune et de vente.

De quel droit, me demandais-je, ces figures basanées vendent-elles ces figures noires ? — De quel droit ceux-là qui ont une famille, un pays, qui se possèdent eux-mêmes, entraînent-ils ceux-ci loin de leur pays, assassinent-ils leur famille, s'approprient-ils ce qui n'est qu'à Dieu : l'homme, son indépendance, son *moi* ?

Nous avons, après, parcouru la ville, ses rues étroites, plafonnées, avec les marchands dans leurs niches, avec la foule bigarrée, les maigres Arabes, les gros Turcs, les vieux scheiks à turban vert, les grands esclaves nègres drapés de blanc ; nous revenons à la barque au milieu des belles prairies. Ah ! nous voici heureux, nous voici dans notre doux intérieur, loin de ce monde barbare !... On ne se débarrasse pas si facilement de ces crimes qui pèsent sur la conscience de tous.

Notre soirée est mortellement triste.

L'idée d'acheter la jeune fille nègre, d'en faire une chrétienne... autant qu'une chrétienne peut se faire... a traversé notre esprit.

Nous l'avons examinée devant Dieu, avec prière; il a fallu s'arrêter devant des impossibilités absolues.

Impossibilité de la prendre avec nous — nous avons peine à tenir nous-mêmes dans notre barque. Impossibilité de l'envoyer au Caire sans savoir si M. et Mme Lieder, missionnaires au service de la société anglicane, à la tête d'un collège de jeunes Abyssins, pourraient s'en charger. Incertitude sur sa moralité actuelle, ou plutôt triste certitude que la malheureuse jeune fille est flétrie comme le sont toutes ses compagnes... Ah! je voudrais que ceux qui haussent les épaules aux douleurs de l'esclavage, passassent par le trouble de cœur, par les combats que nous avons éprouvés hier!

Le marché d'Ossiout est approvisionné par les guerres que se font entre eux les petits princes du Darfour. Partout où il y a débouché, il y aura production. Le pacha perçoit deux ou trois cents piastres par esclave. S'il n'autorise pas ouvertement certaines chasses aux nègres, aux Abyssins des montagnes, organisées par ses sujets arabes, il les supporte et il en profite.

Ibrahim a formé, près de Monfalout, un village de nègres affranchis. Les autorités du village sont nègres comme les simples cultivateurs. On dit que cette expérience réussit.

Un mot, et cette grande iniquité serait effacée du sol de l'Égypte. Pourquoi Méhémet Ali n'illustre-t-il pas son règne en prononçant ce mot-là?

Sur le Nil, samedi 1er janvier 1848. — Nous avons repassé hier soir toutes les gratuités dont Dieu nous a comblés pendant cette année.

Que de tendresse de la part du Seigneur, quelle sympathique entente de nos besoins, quelle magnificence dans ses dons!

Nous avons essayé de faire le compte de nos voies. En présence de cet amas de mauvaises pensées, de mauvais actes, nous nous sommes humiliés. Il aurait fallu descendre plus à fond dans cet examen. Mais nous sommes si vite rassasiés de pensées sérieuses! si prompts à nous réfugier dans la Grâce, contre un juste remords!

Et puis nous avons prié, prié pour remercier, prié pour demander pardon, prié pour les chers absents.

Va, heureuse année; année de 1847, la plus bénie entre celles qui nous ont été accordées; année de paix, de vie naturelle! Bel hiver où les frimats nous enfermaient tous deux dans notre *Valleyres* aimé; bel hiver où nous foulions la neige éblouissante le long du ruisseau dont les ondes, seules vivantes, couraient sous les portiques de glace que leur formaient les aunes et les saules; bel hiver aux longues journées laborieuses, aux douces soirées solitaires, aux plaisirs simples : des mésanges nourries sur la fenêtre, un livre nouveau qu'apportait le courrier, une petite réunion d'amis qui avaient bravé la froidure pour arriver à nous; le jour, un feu clair dans notre salon, et le soir, la douce clarté de notre lampe !

Va, beau printemps, tiède haleine d'avril, enivrement à la première fleur; tapis de violettes parfumées, chanson printannière du merle dans le bois de chênes encore dépouillé; buissons d'épine blanche le long du ruisseau, renoncules qui vous pressiez vers son cours, éblouissantes guirlandes des pommiers en fleurs, courses immenses dans les forêts de sapins, dans la montagne, boisseaux de muguets rapportés en triomphe, résurrection, miracles du beau printemps, splendeur de félicité, adieu !

Ce matin, nous avons d'un même cœur remis à Dieu nos destinées.

Seigneur, tu sais ce que 1848 renferme; Seigneur, si tu le veux, conserve-nous l'un à l'autre ! Conserve-nous ceux que nous aimons! Mais avant tout, Seigneur, que nous te servions, qu'ils te servent ! Avant tout, donne-nous, donne-leur des cœurs chrétiens — de la foi! oh! de la foi, de l'amour, l'abandon à ta volonté, ce qui nous manque Seigneur, ce qui nous manque totalement!

L'échange des cadeaux et des vœux est venu après; puis le culte de famille, et, pour l'équipage, le bakschich de nouvel an.

C'était doux, mais c'était triste.

L'année dernière, à cette heure-ci, j'entendais résonner les grelots des chevaux de poste dans l'avenue de *Valleyres*; j'entendais crier la neige sous les roues d'une voiture; nous courions à la fenêtre, et nous voyions mon père, qui, par le froid, par la glace, avait fait vingt lieues pour venir nous trouver. Oh! la douce surprise! et la joie d'enfant en déballant les dons de mon père, de mon frère, de ma sœur! Et le bon goûter de village, le soir, avec notre cher pasteur, avec nos amis! Oh! père bien aimé! Vous, nos deux pères, frères et sœurs, parents, amis précieux; oh! vous, absents, qui pensez à nous, qui priez pour nous, vous qui, au milieu des émotions joyeuses de ce jour, sentez des larmes rouler dans vos yeux; oh! que Dieu, que le Dieu sauveur et consolateur vous bénisse!

Sur le Nil, dimanche 2 janvier 1848. — Depuis le marché aux esclaves, un voile noir est descendu sur cette éclatante nature. Je n'ai pas retrouvé la sérénité que nous goûtions. La médaille s'est retournée dans mes doigts; elle avait un revers, je ne le voyais pas, voilà tout.

Dans ce pays, la position du chrétien est pénible; elle est plus que cela : elle est fausse.

Le chrétien professe de croire, il croit que Jésus est le *seul Sauveur*; il vit au milieu de gens qui ne le savent pas, qui ne le croient pas, qui croient le contraire, et il est comme forcé de se taire.

Antonio soutient que nos hommes blasphémeraient si on leur parlait de Jésus. Nous-mêmes, nous ne savons trop comment nous adresser à eux au travers des traductions d'un interprète. Je me rabats sur quelques phrases que je me fais apprendre en arabe : Nous avons offensé Dieu, Dieu nous a aimés le premier, il faut aimer Dieu, la miséricorde de Dieu peut seule nous sauver... Je les tire à bout portant sur Ali quand il nous accompagne. Ali réfléchit un instant, et, d'un air assez sérieux, répond : *tayb, tayb*, — bien, bien. — Mais qu'est-ce que cela, et à quoi cela mène-t-il?

Il nous semble que si nous pouvions nous exprimer librement en arabe, nous nous montrerions fidèles envers Jésus, fidèles envers ces âmes. Ce n'est peut-être qu'une illusion. Le *je ferais si...* sert à nous tranquilliser sur le *je ne fais pas*.

Hier, nous entendons crier : *Temsa! Temsa!* — crocodile! — Nous nous élançons vers le bord, nous croyons voir un crocodile dans sa sauvage liberté, se réchauffer au soleil sur quelque îlot de sable : point. La malheureuse bête, attrappée par des pêcheurs, encore vivante, couchée sur le dos, à demi écrasée par une rame qui la fixait sur l'embarcation, agonisait lentement sous nos yeux. On l'aura laissée quatre ou cinq heures ainsi, on l'aura probablement découpée toute palpitante encore.

Oh, la cruelle bête que l'homme ! — Partout où vous trouvez un raffinement de férocité, soyez sûr que l'homme est là.

Les animaux se dévorent, l'homme seul et le chat, font longtemps souffrir. Mais l'homme a la conscience de sa méchanceté, le chat ne l'a pas. — Au lieu de tuer vite, l'homme tue lentement. Au lieu d'épargner les douleurs, il les compte pour rien quand il ne met pas sa volupté à les accroître. Pour satisfaire sa gourmandise, il impose des tourments. On use dans nos basse-cours de barbaries qui nous feraient évanouir d'horreur si nous étions contraintes de les regarder en face. — Nos enfants torturent un insecte, un oiseau... et que de parents sourient à ces sanglantes gentillesses ! Ah ! il y a un cri qui s'élève contre l'homme, de tous les bouts de la création.

Quant à nos Nubiens, ils se montrent aussi indifférents aux souffrances des animaux qu'aux leurs propres. Ils apportent tranquillement un oiseau demi mort et ne l'achèvent pas. S'ils sont malades, ils restent immobiles, sans se plaindre, sans remercier lorsqu'on les soulage. Un de nos jeunes gens s'était refroidi ; il passait la journée entortillé dans ses draperies, à fond de cale ; nous l'avons guéri ; il ouvrait la bouche pour avaler ce que je mettais dedans, il la refermait, penchait la tête, ne murmurait pas, ne remerciait pas, subissait en être passif. — Refusez un bakschich, ils ne s'irriteront point ; accordez-le, doublez-le, triplez-le, ils ne laisseront pas échapper le moindre *Kater-herak* — merci.

Avec cela, prévenants, respectueux ; sautant tous à l'eau pour vous empêcher de vous mouiller le bout du pied ; sensibles à la gloire, fiers quand vous les regardez travailler, électrisés quand vous écoutez leurs chants. — Mélange singulier d'enfantillage et de maturité, de naïveté et de ruse, d'apathie et de passion !

Des deux côtés du Nil, cultures de chanvre destinées à produire le hachich, concombres en fleur ; cannes à sucre, lentilles, trèfles et blés.

Nous voyons une foire de village sous les palmiers : boucherie, cela va sans dire ; étoffes, colliers et bracelets de verre ; femmes au menton tatoué, quelques-unes, un large anneau suspendu à l'une des narines ; enfants nus. — Voilà encore qui nous humilie ! Il n'y a rien de laid, sous le ciel, comme le petit de l'homme : membres grêles, gros ventre, grosse tête !... le moindre chat, dès qu'il a les yeux ouverts, l'agneau, le chamelet, la génisse, bête candide s'il en fut; toutes, toutes charment nos yeux. L'enfant seul, l'enfant d'une semaine, de deux, de trois, l'enfant de huit à dix ans, est hideux tel que la nature l'a fait... en Égypte.

Au-dessus d'Achim, lundi 3 janvier 1848. — Toujours bon vent. Nous avons côtoyé hier des roches calcaires suspendues à pic sur le Nil et percées de cavernes à portes gigantesques. Ce matin nous nous promenons au milieu des plantations de coton aux fleurs jaunes, à la blanche houpe. Le ciel est voilé comme il l'est d'ordinaire quand le vent souffle. L'air s'est refroidi ; c'est une fraîcheur de Mai ou de Juin ; au milieu du jour, c'est Juillet.

Au-dessus de Girgeh, mardi 4 janvier 1848. — Le vent enfle encore nos voiles. Il les enflait si bien hier au soir que, pour la nuit, nos Nubiens ont détaché la plus grande. De jour, j'aime à glisser rapidement, je prends mon parti de balancer et de pencher. Mais le soir... le soir, quand le vent siffle, quand la lampe suspendue va et vient en encensoir, quand le bâtiment saute et craque, quand l'équipage hurle tout à coup et se précipite comme si le *Véloce* tournait, c'est plus grave. — Il n'y a que le bonheur de mon mari qui me console. Pour moi, une bonne petite crique où s'amarrer la nuit, dans le voisinage de la reinette et du grillet, serait bien mieux mon affaire.

Ce qui fait le charme du voyage... c'est de ne pas bouger. Ce qui fait le charme de la navigation sur le Nil, c'est le chez-soi de la cange. — Demandez aux Arabes, aux Bédouins du désert, vous verrez si ce qui fait le charme de leur vie nomade, ce n'est pas le campement du soir : la tente qui se dresse, la galette qui cuit sous la braise, les chameaux agenouillés, les femmes qui traient les chamelles, le chez-soi, toujours le chez-soi! — Demandez aux grands voyageurs; sont-ce les fatigues de la marche, sont-ce les magnificences de telle ou telle scène qui enchantent leur souvenir? n'est-ce pas cent fois davantage la halte du matin sous un palmier, sous un cèdre; la halte au coucher du soleil dans une clairière, près d'une source; l'arrivée au village, la nuit dans le cabaret? — Demandez à l'escargot : voudrait-il courir le monde sans coquille?

Tandis que notre barque effleure la plage, un gros Cophte, à face réjouie, nous hèle. — *Sabah el heer! christian, buono christian!* — Christian! répétons-nous... buono christian, nous n'en savons rien.

— Antonio, demandez-lui s'il veut un livre.

— Oui, il veut bien! — Vite, à notre bibliothèque; la barque glisse, le Cophte court sur son âne; Antonio lui lance le volume. Le Cophte regarde à peine notre livre, il le ramasse pourtant et parle encore.

— Madame, il demande de l'argent pour bâtir un couvent.

— Il tombe bien ! Dites-lui que Dieu n'a pas ordonné aux hommes de se mettre au couvent, mais de se marier et de vivre au soleil, en travaillant et en le servant.

Le Cophte cherche un argument et balbutie « Christ ! »

— Antonio, dites-lui que ni Christ, ni les apôtres de Christ n'ont bâti de couvent.

Le Cophte ne trouve rien à répondre; il aurait trouvé, que la barque en fuyant ne m'en assurait pas moins la victoire.

— Madame, il crie que cela ne fait rien..... Si Monsieur veut tout de même donner de l'argent.

— Pour couvent ?... *Lah ! lah !* — Non, non.

Le Cophte, revenu de la première surprise, rit de tout son cœur. Bâtir un couvent ! Le fin matois m'a plutôt l'air de se bâtir une rotondité de pleine lune !

La bonne chose que de discuter en barque ! La bonne chose aussi, dans une discussion de salon, qu'un ami qui entre, qu'une porte qui se ferme, qu'un fauteuil à roulettes ! Oh ! pour le fauteuil à roulettes, il l'emporte sur tous les arguments. Je l'ai vu réduire au silence l'adversaire le plus acharné. Il est vrai qu'une femme de beaucoup de résolution et de beaucoup d'esprit le gouvernait. Trois phrases nettes, décisives, tranchant la question menu, et puis, demi tour à droite, vers une dame quelconque, et l'adversaire reste les prunelles dilatées, sa raison péremptoire en travers du bec. Que faire? vous auriez, pauvre sire, cent mille fois le bon sens pour vous, qu'aux yeux du public, vous êtes battu. Pourquoi les grands orateurs de la Chambre tiennent-ils tant à parler de quatre à six heures?... fauteuil à roulettes; on va dîner, tout est dit !

Keneh, samedi 5 janvier 1848. — Voici trois nuits que l'équipage ne dort pas, et nous pas beaucoup plus. On s'accoutume difficilement à ces cris au moindre changement de voiles. Le jour on y voit, on est distrait par cent objets divers. La nuit tout est ténèbres, tout est silence, et quand le tumulte éclate, que la barque en même temps penche et saute, on se croit mort; je le répète : vivent les bonnes petites criques!

Le Nubien guéri n'a pas encore repris la manœuvre; notre Reiss vient d'embarquer un homme de plus et laisse son matelot accroupi tout le jour. Le drôle rit, mange, chante, reçoit quelques coups de corde ou de massue qu'Ali distribue en bonne amitié à ses camarades; là se bornent ses travaux.

Le rang d'Ali, frère du Reiss, le dispense de tirer à la corde. En revanche il est le premier à la pique, qu'il manie avec une indicible ardeur. Quand il s'empare du gouvernail, — et il se drape alors avec la dignité d'un grand prêtre, — Ali nous mène droit sur les bancs de sable; il les avise de loin, y gouverne, et n'en manque pas un. D'ordinaire, le Reiss, debout à la proue du navire, attend que la barque soit engravée pour avertir le pilote. Une secousse, tous les livres par terre, la quille qui racle, *krrrrrr*, et puis la voix claire du Reiss: « Elbarrà! »

Les détours du Nil commandent une active vigilance. Nous avons constamment trois matelots accroupis sous notre tente, la main sur les poulies qui retiennent la grande voile, prêts à la lâcher au premier signal.

Depuis deux jours les aspects sont sévères. La chaîne Arabique se rapproche par moments du fleuve jusqu'à lui former une digue. Elle élève aux nues ses murailles désolées. Pas un brin d'herbe qui croisse dans les fentes de ces rochers, composés de de grès et de calcaire. Le sable s'entasse en collines, s'étend en nappes devant chaque gorge. On dirait de la neige; il en a les arêtes adoucies et les pentes lisses.

Nous voyons les premiers palmiers thébains. Ils sont bas et fourchus; la feuille qui laisse pendre des soies déliées, s'arrondit en éventail immense; le tronc épineux semble formé de ces feuilles enroulées en cornet, et coupées à la naissance. Le fruit, attaché par bouquet à de longs régimes, nous rappelle en petit la noix de coco. Cet arbre a bien moins d'élégance que le dattier, mais il est peut-être plus tropical.

Nous passons devant *Farschout*. Les hautes cheminées de la raffinerie du pacha ressemblent à une rangée d'obélisques. Tout ressort en proportions monumentales au milieu de ces lignes basses.

Keneh est à une demi-lieue du Nil. Il n'y a sur le rivage que des tas de bled et un campement. Nous trouvons là plus de mendiants qu'ailleurs; ils ne demandent pas l'aumône, mais un *cadeau*, — *bakschich*.

Mon mari revient de la ville et me dit qu'elle ressemble à toutes les cités de la Haute-Égypte, sauf de grands coquins de crocodiles empaillés, qui pendent devant les portes des notables.

Point de sangsues, elles ne vivent pas à cette latitude; en revanche, une ample provision de galettes arabes. Nous retombons tous les deux jours sur le biscuit, vraiment *bis* cuit, à l'épreuve du couteau, des dents et presque de la hache. La privation du pain est l'une des plus sensibles. On obtient du lait, pas toujours cependant, et en petite quantité. Les Arabes, dit Antonio, mettent leur orgueil à le garder. Ils en font des fromages, ils le boivent aigri; le vendre c'est pour eux un signe de misère extrême, c'est presque une honte.

Sur le Nil, jeudi 6 janvier 1848. — Passé la nuit dans une crique.

Douce promenade hier au soir sur un îlot de sable visité par les pélicans, les canards, les oies et les cigognes. Le Nil l'embrasse de ses eaux calmes; la chanson du fellah qui tire l'eau sur l'autre rive, vient, de vibrations en vibrations, s'éteindre vers nous. Quelques plongeurs, avec leur long bec, leurs longues pattes, leurs ailes triangulaires soigneusement peintes, nous effleurent de leur vol. Quelques canards s'attardent vers de petites mares; les champs nous envoient de suaves odeurs.

A mesure que le fleuve se retire, les plantations s'avancent. Le sol est couvert de plantes à feuilles luxuriantes; à tous les bouts de l'horizon les bois de palmiers coupent l'uniformité des lignes; le ciel est redevenu serein, l'air tiède, on respire le printemps.

Antonio, depuis deux jours, s'apercevait qu'on volait les provisions, surtout les œufs, dont la consommation devenait extravagante : deux cents en quatre jours! — Il a patienté, il a surveillé son monde, puis il a fait ses plaintes au Reiss. Conseil de guerre. Un matelot est accusé, convaincu par le pilote et le mousse, d'avoir pris lesdits œufs, qu'eux, pilote et mousse, fricassaient et mangeaient la nuit pendant qu'ils étaient de quart.

On saisit le voleur qui se débat. Ali, comme un jeune tigre, saute à sa tête et le terrasse, deux hommes le traînent; le Reiss, armé d'une corde, frappe à tour de bras. Nous accourons au tumulte. Antonio arrête l'exécution, mais trop tard: justice... ou injustice, était faite. Le matelot avait volé, c'est vrai; mais le mousse avait tenu le manche de la poêle et le pilote avait dégusté. La honte toutefois était pire que le mal.

Notre pauvre Nubien, écrasé sous les reproches de ses compagnons, pleure dans un coin; le Reiss, atteint dans sa responsabilité, dans son honneur, menace de laisser le voleur à Assouan. Le sentiment de notre confraternité dans le péché nous saisit : mon mari demande au Reiss le pardon absolu du coupable. Le Reiss l'accorde.

— Dieu donne longue vie à la *Sittih* — dame, — et au *Caavaja* — franc. — Pour l'amour d'eux, je le garderai... j'oublierai.

Un vieux matelot, accroupi vers la poulie de la grande voile, a silencieusement suivi cette scène. Il fait semblant de prendre à la dérobée, de manger; il lève les yeux au ciel avec une expression d'horreur.

— Antonio, dites-lui que nous avons tous offensé Dieu, les uns d'une manière, les autres d'une autre; dites-lui que nous avons tous besoin de sa miséricorde.

— Oui, répond le Nubien, mais qui a volé un œuf, volera un chameau.

Au-dessus de Thèbes, vendredi 7 janvier 1848. — Fidèles à notre plan, nous passons devant Thèbes sans nous y arrêter.

Il nous en a coûté. Hier au soir notre barque s'avançait sur le Nil, nappe limpide enflammée par le soleil couchant. La montagne des tombeaux s'élevait à droite, violette, enveloppée à la base d'une vapeur flottante. Sur la même rive, les deux colosses de Memnon se dessinaient noirs sur l'horizon en feu. A notre gauche, Karnak, Luqsor, se devinaient à de grandes masses sombres. Et la barque glissait, elle glissait ses voiles doucement enflées, dans l'échelle de lumière que nous jetait en mourant le soleil. Elle glissait, et nos Nubiens accroupis à la proue, frappant la durbakka, balançant la tête, choquant les mains, chantaient leurs plus douces chansons : « Mon amie est restée à Scandarla — Alexandrie. — Je suis Africain, je suis Africain de Tunis; je monte des bracelets d'or pour les jolis poignets blancs des femmes. — Votre vaisseau, ô roi, votre vaisseau vole sur des roues ! »

Quelle situation que celle de Thèbes! largement étendue sur les deux bords, s'arrondissant dans la plaine orientale, s'arrêtant sur la rive occidentale devant cette terrible chaîne Lybique, sable et rochers, sans un arbuste, sans un brin d'herbe, et qui garde éternellement la poussière des rois.

La nature se fait riante. Des champs de coton, des mimosas, des palmiers thébains, des dattiers, ici et là des berceaux de vignes à pampres verts.

Les fellahs tirent l'eau et la versent de réservoir en réservoir avec un chant mélancolique; les vagues sonores s'étendent dans l'immensité, elles se rencontrent et s'unissent en une harmonie inaccoutumée. Une peinture antique, reproduite par Champollion, offre la même scène : mêmes hommes, même costume, — ou plutôt, même absence de costume, — mêmes schadouffs.

Notre barque s'est amarrée pour la nuit dans la crique de Luqsor. Envahissement des vendeurs d'antiquité. Ils arrivent silencieux, se groupent sur le pont, tirent de leur sein, qui un scarabée, qui une amulette, qui un morceau de momie. Cela se fait sans prononcer une parole, en commençant par les niaiseries, en finissant par les raretés, cachées dans les profondeurs de la robe. Les rusés compères spéculent sur les passions et la crédulité du voyageur. Ils nous offrent, entre autres jolies choses, une main noire, embaumée, avec un scarabée sacré, monté en bague, passé au doigt, et portant collé sur l'aile un morceau de la toile qui enveloppait la momie. C'est trop caractéristique pour être vrai.

Nous dépassons sans cesse des barques, parties

huit, dix, treize jours avant nous. Oh puissance du contrat à la course !

Le thermomètre s'élève vers deux heures à vingt-huit degrés centigrades; il reste à douze environ le matin.

Au-dessus de Thèbes, samedi 8 janvier 1848. — Terre de bénédiction, terre de poésie! Qu'il fait bon le soir descendre et promener son regard sur ces lignes harmonieuses ! A l'orient, la chaîne rocheuse s'empourpre; au midi, une arête vive, couronnée par quelque tombe de scheik semble fermer le Nil; les eaux s'étendent mollement, la belle verdure couvre les bords; le lupin dresse ses épis papillonnacés, le haricot égyptien embrasse la terre de ses rameaux trainants et la couvre de fleurs violettes; sous ces buissons de cotonniers, les oiseaux volètent et se cherchent une retraite; le bled pousse en jets d'épis foncés et barbus, l'anis étale en parasol son feuillage plumassé, le liseron relie les profondes crevasses du sol; la lumière inonde les campagnes et le fleuve; un chant vague monte de tous les points de l'horizon : le chant du fellah qui tire l'eau, le chant du matelot qui tire le dahbieh ou qui cargue les voiles, le chant des femmes qui remontent du fleuve au village.

Il y a quelques années, on voyait au salon une toile de Papety, qui se place involontairement devant mes yeux. Le sujet était simple : un lit antique, un jeune Égyptien couché sur la poitrine, la tête relevée, le regard calme et pensif; à droite, une jeune fille tenant une fleur de lotus; à gauche, une jeune fille jouant de la lyre ou du psaltérion; derrière, les horizons immenses; de tous côtés les clartés sereines du ciel d'Égypte.

J'ignorais encore les beautés de ce coin de terre : pourtant le caractère du tableau m'avait ému; je l'avais reconnu, comme nous reconnaissons chaque jour ces traits que nous n'avions jamais vus, cette mélodie que nous n'avions jamais entendue..... Ne sommes-nous pas tous citoyens du royaume enchanté qu'on nomme l'*idéal?* Ne nous sommes-nous pas rencontrés cent fois, gens et choses, sur ses plages célestes?

Ah! c'est que le peintre a bien compris cette paix toute pénétrée de mystères, la beauté de ces figures bronzées aux grands yeux mélancoliques, la magnificence de cette nature.

Il y a des pays que le soleil embrase. Ceux-là n'offrent à l'œil attristé qu'une végétation grise ou glauque, qu'un sol brûlé. Cependant, lorsque Janvier leur souffle de fraîches haleines, la croûte de la terre, l'écorce des arbres en sont amollies; il en sort de jeunes fleurs et de jeunes rameaux.

Il en est d'autres, complexes, méridionaux par leur été, septentrionaux par leur hiver, que le soleil calcine dans les ardeurs de Juillet, que les autans contristent sous les nuages de Décembre. Mais l'Égypte ! l'Égypte s'épanouit toujours verte et parfumée sous les rayons d'un soleil des tropiques ; et quand elle voit sa végétation se flétrir, elle se plonge tout entière dans son fleuve, elle en sort plus vigoureuse et plus parée.

J'aime les arbres, les prés et les montagnes du plus profond de mon âme. Je les aime non-seulement parce qu'ils sont aimables, mais parce qu'ils le seront toujours.

Encore quelques années, et la belle jeunesse s'en va ; avec la jeunesse, la poésie, tout un ordre de pensées, d'affections, de rêves qui sont doux et dont le cœur reste toujours épris.

La jeunesse ! quel portique doré à la vie ! — Soyez laid, soyez pauvre, soyez disgracié : si vous êtes jeune, des horizons infinis s'ouvrent devant vous. Il y a là-bas, tout au fond, il y a des pays enchantés. Vous vous y promenez à pas lents, votre imagination s'y laisse bercer par des voix mélodieuses ; et je le dis encore, fussiez-vous laid, disgracié, dans la plus infime, dans la plus prosaïque des positions, vous êtes jeune, allez sans crainte, laissez-vous charmer, on vous le permet. Il y a de vous à la génération qui marche avec vous, de secrets liens, un intérêt latent, mêmes espérances, même vibration. — Mais vous voilà vieux, vous voilà *sur le retour*, mot triste et juste. Vous revenez pendant que les autres vont; ils n'ont plus pour vous le regard de sympathie, le regard de frère; leur œil s'arrête froid sur votre visage ridé, couvert, hélas! du hâle et de la poussière d'un long voyage; quand il exprime quelque chose, c'est la *pitié*, le sentiment qui, avec l'aumône, vous fait le mieux sentir que vous et celui qui donne, vous êtes deux individus profondément distincts.

Alors, quand nous ne sommes plus un plaisir pour personne, quand nous sommes un devoir pour tout le monde... même pour ces jeunes que nous avons élevés et que nous aimons; alors, quand nous sentons encore vivant en nous cet amour de la poésie et du beau, dissonnance ridicule avec nos cheveux gris; qu'il fait bon alors, s'en aller dans les champs, dans la libre campagne! La lune nous verse ses mêmes blondes clartés; la lumière du soleil tombe toujours en onde verte sous le noyer aux larges feuilles; la fleur nous envoie les parfums que nous respirions à vingt ans.

Nous allons nous asseoir sous ce chêne, où tout petit notre mère nous menait prier Dieu; où jeune, nous passâmes de si longues heures couché dans l'herbe, écoutant la fauvette, suivant les sentiers de la fourmi, plongeant dans les profondeurs du bel avenir. Maintenant, la fauvette chante encore, l'herbe monte toujours fine et drue, la fourmi porte toujours son fétu dans la grande cité; et la brise qui passe, et l'oiseau qui nous rase à tire d'aile, et la création tout entière, ont toujours de doux secrets à nous dire. Nous ne regardons plus en avant, mais nous regardons en arrière... et en haut. — Vienne Avril, vienne ses tièdes haleines; le printemps est encore le printemps. Encore nous suivons la sève qui rougit les rameaux; encore nous voyons la feuille se dérouler, les grappes du lilas se gonfler; et chaque primevère qui s'ouvre au soleil tout mouillé de la pluie d'hier, chaque buisson qui s'épaissit d'un vert nuage, chaque insecte qui sort de son humble cachette, chaque oiseau, préoccupé de la grande affaire des nids, qui traverse les airs un brin de paille au bec, tout nous parle de beauté, de poésie, de l'éternel amour de notre Dieu éternel.

Oui, nous sommes vieux, nous sommes ennuyeux, nous fatiguons les autres et nous nous fatiguons nous-mêmes... Mais la nature ne nous repousse pas, elle ne nous repoussera jamais. Nous pouvons planter, et voir croître; nous pouvons mettre nos mains tremblantes dans cette bonne terre, si tendre en Mars, nous pouvons y enfoncer la semence, et deux jours après, voir la première feuille soigneusement enveloppée de son étui, écarter les mottes et s'épanouir. Entre nous, et cette jeune plante, et le jeune arbre, et la jeune saison, le lien n'a pas été rompu.

Gratuité de mon Dieu ! Quand toutes les voix

accoutumées s'éteignent ou s'éloignent, cette grande voix de la nature chante à notre oreille les mêmes airs charmants.

Gratuité de celui qui sanctifie en même temps qu'il aime. Les joies de notre jeunesse, celles de notre âge mûr avaient quelque chose de profondément personnel; nous étions centre, nous étions tout; et pour goûter celles-ci qui nous restent, il nous faut sortir de nous. Ce n'est même que parce que nous en sortons entièrement qu'elles nous réjouissent.

« *Qu'il croisse, et que je diminue !* »

Ah! dépouillons une à une les grâces de la jeunesse, dépouillons les richesses qui viennent après, dépouillons encore les félicités du vieil âge; mais toi, grandis mon Dieu. Oui, que le pâle crépuscule du soir éteigne ses dernières lueurs; mais toi, fais-nous voir, Seigneur, l'aube rayonnante du jour qui ne finira pas.

Qu'importe, après tout, cette terre qui brûlera ?

Dieu n'a-t-il pas par devers lui les cieux nouveaux, la terre nouvelle, la glorieuse résurrection?

Voit-on le papillon diapré, pleurer sa morte chrysalide?... Mon Dieu, donne-nous le regard de la foi. Qui a contemplé Sion, ne s'arrêtera pas au désert.

Au-dessus d'Esneh, dimanche 7 janvier 1848. — Le vent est tombé cette nuit; nous passerons probablement le dimanche amarrés le long du rivage. Le *Véloce* déploie ses deux grandes ailes pour nous donner de l'ombre. L'équipage se savonne corps et biens.

Nous nous éloignons de cette Thébaïde, verte et riante au milieu de la verte et riante Égypte. Je me sens moins disposée que jamais à plaindre les solitaires du quatrième siècle. Qu'ils se cachassent dans les cavernes de la chaîne Lybique, je le veux bien ; ils avaient toujours à leurs pieds le grand fleuve, les palmiers, les moissons, et à défaut, cette abondante végétation naturelle que chassent les cultures. Ils avaient la pompe des rouges couchants, ils avaient les nuits étoilées ; ils avaient le printemps éternel.

Comme nous regagnions l'autre soir notre barque, une femme chargée de tiges de douhra s'est approchée de nous. Elle nous salue en portant la main sur la bouche, sur le front, et puis elle nous demande comment nous nous portons ; ses vêtements sont chétifs, son extérieur est misérable : bonne occasion pour placer nos petits cadeaux. Jeannette court au *Véloce*, m'envoie le bakschich en question, et Antonio lui remet l'un après l'autre — afin de produire un *crescendo* à la Rossini, — des aiguilles, une bobine de coton, un dé et des ciseaux. La figure de la pauvre femme s'éclaire graduellement comme la campagne à mesure que monte le soleil.

— Avez-vous des enfants?

Son visage se couvre de confusion. — Non, je n'en ai point.

— Point du tout?

Elle soupire. — Non, point... je n'ai *que deux filles!*

Ne dit-on pas dans le midi de la France: « Je n'ai pas d'enfants, je n'ai que des *créatures...* » or les créatures, c'est nous, beau sexe.

Nous brûlons Esneh; pourtant l'équipage du *Véloce* s'était piqué de coquetterie : le mousse avait roulé les écharpes de coton autour des tarbourchs, le Reiss s'était enveloppé d'une large robe bleue, le pilote d'une robe blanche brodée de fil de couleur... et tout cela pour rien! mais le vent rend féroce.

Esneh ressemble aux *baladd* précédentes : maisons de terre, pigeonniers crénelés, palmiers en bouquets, enfants courant sur le rivage vêtus d'une calotte, rien de moins, rien de plus.

Un homme à la physionomie stupide et rusée s'approche de la barque, un serpent entortillé autour de son cou; il l'enroule à son bras, le prend par la tête et par la queue; c'est un *Psylle*, mais le serpent a l'air demi-mort.

La chaleur devient étouffante. Nous avons un fléau à demeure : les mouches, plus irritantes, plus sottement indiscrètes en Égypte que nulle part ailleurs. Elles nous parcourent comme elles feraient d'un objet inanimé; coup d'éventail, coup de main n'y font rien, ce que nous y gagnons, c'est un nombre incommensurable de soufflets. On pardonne aux *kangurous*, ils mordent, mais il leur faut votre sang. Quant aux mouches, elles n'ont d'autre excuse que celle-ci : faire de l'exercice!... Ce peut être un plaisir, ce n'est pas une nécessité. En se condamnant à vivre dans l'obscurité, on se débarrasse à demi du fléau, l'autre moitié reste pour rabattre l'orgueil humain. Je ne comprends pas d'autre but à la création des mouches; elles redisent éternellement à l'homme son impuissance à se dompter. — Voici comment les musulmans l'expliquent : Mahomet soupait avec Aïché; « Qu'il serait agréable, dit celle-ci, de voir des oiseaux voler autour de notre table! » Aussitôt un essaim s'abat sur les mets.

Notre kieff de l'après-midi ne bat plus que d'une aile. J'ai renoncé au chibouk... franchement c'était détestable; mon mari a laissé le café; à nous deux, nous ne faisons plus qu'un *kieffeur*, mot consacré.

Nous nous régalons de cannes à sucre, cette fois-ci pour tout de bon; elles sont bien plus juteuses et bien plus sucrées qu'à *Scandaria*. On les coupe en morceaux, on enlève l'écorce, on mord sur la moelle dure et cassante; par la chaleur, cela rafraîchit. Voilà bien assez de niaiseries comme cela.

Au-dessus d'Esneh, lundi 10 janvier 1848. — Hier, à une heure de l'après-midi, 30 degrés centigrades à l'ombre, 44 au soleil; ce matin de bonne heure, 45.

Toujours de riches cultures : sésame, coton, ricin, courges, concombres, lupins et le reste. Le douhra est partout récolté. Les épis des secondes semailles jaunissent; trois récoltes s'enlèvent sur ce sol, sans compter les légumes : douhra, blé et douhra.

Les montagnes de grès commencent; nous reconnaissons dans les cailloux qu'elles laissent rouler jusqu'au Nil, les formations d'agate et les pierres à fusil dont parle Clot-Bey dans son livre.

Des oiseaux verts, au ventre orange mêlé de pourpre et de reflets dorés, volent en troupes dans les plantations de coton. Deux plumes minces qui terminent leur queue, les font ressembler aux oiseaux du paradis.

Hier au soir, Antonio récitait vers la proue une espèce de monologue que coupait un bruit sourd : « *Boum... boum... boum...* » Nous nous approchons, nous voyons Hassanin assis sur ses réchauds; le *boum... boum...* sort de sa bouche ouverte toute ronde; on dirait une locomotive qui se met en train.

— Que dit-il, Antonio?

— Il exprime son étonnement.

— Et que lui contez-vous donc là?

— Un cantique en Arabe.

— Antonio, vous êtes un brave garçon.

Et en effet, Antonio est un brave garçon. Si je n'en ai pas parlé plus tôt, c'est que les qualités d'Antonio ne sont pas de celles qui jettent de la poudre aux yeux, mais de celles qui se découvrent jour après jour.

Antonio est gentleman; il l'est dans ses manières, je crois qu'il l'est dans ses sentiments. Il a de la douceur, une politesse exquise; il ne tranche point, quoiqu'il ait ses opinions et qu'il les exprime. Il comprend les faibles et il en a pitié. Il a bon cœur, il est libéral; s'il procède largement lorsqu'il s'agit de nos dépenses, il en fait autant lorsqu'il s'agit des siennes. Antonio a de la gaieté, en même temps du sérieux; il a la vive imagination orientale, il sent le beau, le gracieux... Pourtant Antonio a ses taches, comme le soleil; ce qui n'empêche de briller ni le soleil, ni Antonio. — Laissons donc les taches.

Avec sa douceur, Antonio est impétueux; il le reconnaît, il tient la bride. Mais qu'Hassanin, plus entêté qu'une mule, fasse couler à flots le beurre dans la poêle déjà saturée; qu'il arrive en temps inopportun, et que, planté sur ses deux petites jambes, ses gros yeux pétrifiés comme ceux d'un poisson frit, il adresse à Antonio quelque demande qui tombe de la lune : Antonio bondit en jeune chevreau, terrasse le stupéfait Hassanin sous les foudres de sa parole et jette *à la mer*, — comme il dit, — tout ce qui lui tombe sous la main. Ce qui lui tombe sous la main, ce sont ordinairement les dadas d'Hassanin : la queue de dindon, le haschich... et cela n'empêche pas Hassanin d'aimer Antonio, Antonio de se divertir puissamment d'Hassanin. Ce qu'Hassanin sait, il le doit à Antonio. Avant de connaître Antonio, Hassanin partait avec ses voyageurs : au bout de trois jours ses voyageurs le déposaient sur la plage, et le pauvre Hassanin revenait au Caire *pedibus*, la queue de dindon en sautoir et l'oreille basse. Les prétentions d'Hassanin à la jeunesse croissent chaque jour ; avant-hier il avait trente ans, il en a vingt-huit aujourd'hui ; pour peu que nous atteignions à la seconde cataracte, il faudra lui chercher une nourrice.

Nous sommes heureux d'avoir repris la direction de notre ménage. Aux débuts d'un voyage, il semble commode de se donner à l'entreprise, de résigner ses droits entre les mains d'un drogman qui se charge de tout le matériel de la vie. — Mais le matériel touche de plus près au spirituel qu'on ne pense. Les rapports de maître à serviteur s'intervertissent, on se sent attaché par la patte, et il en naît une sorte d'impatience latente qui altère les relations.

Vis-à-vis d'Edfou, mardi, 11 *janvier* 1848. — La queue est difficile à écorcher. Les voiles pendent, l'air est étouffant, on tire à la corde, on se prend sur le sable, on ne fait pas une lieue dans la journée.

Hier, il s'exhalait du sol un bon parfum de pluie. Le ciel était brumeux, l'atmosphère lourde; on eût dit l'orage imminent. Le soir, il est tombé *dix gouttes!* Phénomène dans cette Haute-Égypte où il ne pleut jamais.

Le thermomètre marque toute la nuit vingt-cinq degrés. Aussi sommes-nous de plus en plus peuplés!.. Des mouches à n'y pas voir! des rats, scieurs de long, qui charpentent de dix heures du soir à six heures du matin, nous passent sur la tête pour aller s'asseoir sur nos petites fenêtres, et y mangent leur pain et leur fromage en nous regardant insolemment! Dedans, dehors, la tribu des cricris et autres artistes violonistes attaquent et raclent la chanterelle de toute la force de leurs archets!....... J'en passe, et des meilleurs.

Au-dessus d'Edfou, mercredi 12 janvier 1848. — Rien de nouveau. Pas de vent.

Voici l'air que chantaient hier nos matelots pendant une courte bouffée du nord. Cela se dit avec les balancements de corps et les battements de mains ordinaires. Les habiles crachent dedans pour que cela sonne mieux. Telle est la contagion, que le pilote quitte son gouvernail, le marinier de quart sa poulie, pour s'unir au concert. — Je n'ai retenu que le premier mot:

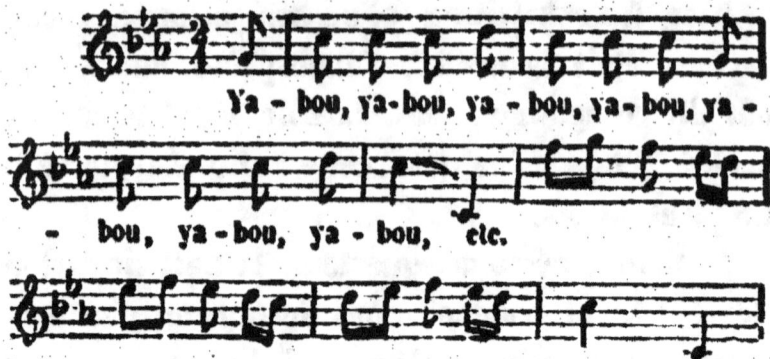

Cela dure vingt minutes; mais il y a des inflexions, des sons traînés que les notes ne rendront jamais.

Le pilote, debout la nuit vers son gouvernail, murmure une chanson à la fois mélancolique et capricieuse, que je transcris tant bien que mal.

Au-dessus de Kom-Ombos, jeudi 13 janvier 1848.
— Nous donnons un coup d'œil aux carrières de Sil-Silis. Ce sont des grottes couvertes de hiéroglyphes, de statues en bas-relief et de peintures effacées. Elles ont dû servir de tombeaux : la place

des cercueils reste marquée dans la pierre. On a tiré des carrières de Sil-Silis le grès dont se composent les monuments de la Haute-Égypte ; le rocher porte encore les traces du ciseau antique, il est taillé carrément.

Les montagnes de grès qui luttent ici contre la végétation, l'emportent sur elle. Partout où elles laissent tomber le sable de leurs versants, elles engendrent le désert ; les belles cultures ne verdissent plus que par place.

Deux crocodiles ! j'ai manqué l'un, mais j'ai vu l'autre. Il se tenait immobile sur un îlot de sable, ressemblant plus à un tronc de palmier qu'à un être vivant. La barque allait à la voile, elle approchait sans bruit ; le crocodile, sa gueule immense ouverte, dormait... ou songeait. On crie, on frappe des mains, il ne bouge pas. Enfin, Antonio tire un coup de pistolet et le monstre plonge dans les eaux. Cette gueule me pénètre de respect ; je désire du fond de l'âme ne la pas examiner de plus près. Je me la représente béante, garnie de ses dents blanches, à quelque détour du sentier que nous suivons le soir ; nous n'aurions pas assez de toutes nos jambes pour échapper à une pareille mâchoire.

Nous devons trouver des lettres à Assouan ; émotion de joie, émotion de crainte. On pleure quand il n'y a rien, on tremble en brisant le cachet. Quoi qu'il arrive, béni soit Dieu de nous avoir permis de contempler cette admirable face de ses œuvres.

Voir, c'est adorer d'un cœur mieux pénétré. — A mesure que le voile en se relevant nous découvre un côté nouveau de la création, la pensée de Dieu grandit dans nos âmes.

Près d'Assouan, vendredi 14 janvier 1848. — On nous apporte des œufs de crocodile. Ils sont un peu plus allongés que les œufs d'oie. C'est de cette coquille qu'on tient sans peine dans les deux mains, que sort la gueule en question!

Hier, grande distribution à nos Nubiens. Nous arrivons dans leur pays; tous ont ici des femmes, des mères; nous faisons de petits paquets contenant un dé, une bobine de coton, des ciseaux, un collier et trois aiguilles. Ils viennent l'un après l'autre recevoir ce cadeau. Antonio saute en tigre sur ceux qui ne remercient pas; explosion de *katerherac!*

Le Reiss a deux femmes, il réclame deux colliers: je les lui tends, mon mari me regarde d'un air scandalisé. — « Comment, il a deux femmes et vous favorisez cela!... » — La polygamie est un cas pendable; mais la *femme querelleuse est comme une gouttière*. Va pour les deux colliers!

A chaque village nous déposons un matelot. Ils font toilette: turban éblouissant, chemise bleue; et puis le matin, ils reviennent portant dans un coin de leur écharpe quelques galettes, quelques poignées de dattes placées là par les prévoyantes mains d'une bonne mère ou d'une douce fiancée. Ces échappées de vue dans le cœur et dans la famille m'émeuvent toujours.

Nous descendons sur la rive orientale. Un village s'adosse contre la colline; tous les enfants, toutes les femmes nous suivent. Mon mari leur distribue quelque monnaie; aussitôt les femmes montrent le ciel avec un sourire empreint de grâce. Je ne sais si c'est esprit de corps, mais les femmes me semblent partout sympathiques.

C'est le soir : l'arc de la lune paraît et disparaît dans les palmiers; ils sortent cinq ou six de la même racine, à côté des carrés de haricots en fleurs entre lesquels court l'eau des sackkiehs. Sous l'ombre des palmiers, attachées dans de petits enclos, les vaches, les chèvres, les brebis avec leurs agneaux et leurs chevraux, broutent perdues au milieu des grandes herbes. Les femmes ont établi leur ménage dans les places les plus fraîches. Des métiers de tisserand, à l'état primitif, sont dressés sous les groupes de palmiers. Un pieu fiché en terre réunit les fils à un bout, pendant qu'à l'autre, la machine joue dans un trou de trois pieds au fond duquel s'assied le tisserand. Ah ! si ces pauvres gens possédaient quelques morceaux de la terre qu'ils cultivent avec tant de soin, comme cette vie en plein air, dans cette riche nature, rappellerait la vie patriarchale!

Devant un des métiers de tisserand, à l'ombre d'un palmier, nous voyons un vieillard à barbe blanche. Il est seul, il travaille; nous nous approchons. Le vieillard tourne vers nous un regard candide. — « Je ne mérite pas qu'on s'arrête près de moi, je ne fais rien qui puisse intéresser. » Puis, il touche ses deux oreilles; il est sourd. Ce vieillard nous remue le cœur. Je lui montre une paire de ciseaux; il l'examine d'un air étonné, évidemment il n'en comprend pas l'usage. Je ramasse une paille, je la coupe, et puis, je lui mets la paire de ciseaux dans les mains. Pauvre vieillard! ce don, cette merveille de l'industrie le saisissent : des larmes jaillissent de ses yeux, il lève ses bras vers le ciel, il crie à pleine voix : — *Allah anènikon!* — Dieu vous protége. — Allah anenikon! Allah anenikon! Il le répète dix fois, il se lève, et toujours les bras étendus, toujours les yeux humides, il nous suit en criant de toute sa force : « *Allah anènikon!* »

Nous avions peine à ne pas pleurer, nous aussi. — Chère âme! que Dieu te bénisse! Ta simplicité, ta naïve reconnaissance sont selon son cœur. Oh! qu'il te fasse éprouver qu'Il est vraiment *le plein de compassion*, comme ta loi le dit.

Assouan en vue! la durbakka, les mains, les voix! L'état-major du *Véloce* fait une décharge d'artillerie. Salut, Assouan ! Puissions-nous te franchir pour nous enfoncer dans la noire Nubie !

Le soir, Assouan. — Des lettres! ceux que nous aimons se portent bien, Dieu soit loué ! — Je ne parle pas de la Suisse. On ne peut discourir sur les grands malheurs, on ne peut que les sentir.

La population Nubienne se presse sur le rivage : faces noires, cheveux crépus et raides; les jeunes gens et les jeunes filles à peine vêtus : une ceinture de cuir fait leur affaire. Passe pour les garçons, ils ne sont que laids; mais les jeunes filles ! — Obsession générale : morceaux de pierres, briques couvertes d'écriture grecque, bracelets en ivoire du Sennâr, massues nubiennes, œufs d'autruche, ceintures de lanières, corbeilles d'osier, poulets portés la tête en bas, cent mains tendues, cent voix glapissantes, *bakschich! bakschich!*

Assouan est bien pittoresque, avec sa vieille cité d'un côté du Nil, de l'autre ses antiques murs romains, ses roches de granit rouge, et vis-à-vis son île d'Éléphantine toute verte de palmiers ! mais que j'aime mieux une plage solitaire, un pauvre village où le touriste n'aborde jamais !

Nous nous embarquons dans une grosse coque de bois pour passer le bras qui nous sépare d'Éléphantine. — Il y a là, tapis sous les planches, vingt personnes, femmes et enfants, qui ne veulent pas traverser, qui ne veulent pas bouger, et qu'Antonio est obligé d'expulser de vive force. Nous voguons à grand renfort de rames primitives : deux morceaux de bois. — Nous voici dans l'île. — Nouvelles persécutions. Une troupe entière nous presse, les cheveux suintant de graisse, tantôt droits comme du crin, tantôt bouclés en tire-bouchons innombrables; nous marchons dans l'atmosphère d'une fabrique de chandelles. Les lèvres sont tatouées, les oreilles, le cou, les bras enrichis de colliers et de bracelets de cuivre mêlés à de la verroterie. Saleté, indiscrétion, suif mis à part, ces physionomies ont de la grâce. — Nous voyons les restes du colosse de granit, bien effacés, mais conservant le type caractéristique. Ce que nous voyons encore, et qui, Dieu merci, n'est pas prescrit par les *Guides*, c'est l'aspect fantastique du Nil. — A la pointe d'Éléphantine, avant de se perdre derrière l'antique Syène, il forme un large circuit; on dirait un lac. Au milieu de ces eaux tranquilles sortent des îles de Syennite, que couronnent des ajoncs : quelques-unes portent un mimosa, d'autres un champ de lupin; celles-ci opposent au courant leurs noires parois, celles-là le laissent glisser le long de leur plage unie. La rive occidentale, avec ses montagnes de sables, tourne autour de cette anse. C'est sauvage, c'est paisible, c'est étrange. — On rêve ces aspects-là; on ne les voit pas.

En partant, nous avions, chose qui ne se fait

guère, payé d'avance les trois quarts de notre voyage, sous condition de ne plus rien donner au Reiss avant le retour. — Le Reiss arrive devant notre cabine ; il n'a pas de quoi solder le mois de ses matelots ; ceux-ci voudraient laisser de l'argent à leurs familles, leurs familles sont si pauvres ! C'est contre l'accord, contre la règle... mais ne vaut-il pas mieux que ces jeunes gens reçoivent leur paye ici, qu'au Caire, où ils la dépenseraient en sottises !.. allons, *moneta, moneta*, et s'il y a de la niaiserie, elle est à bonne intention.

Notre agent consulaire, un Cophte, vient nous voir. Nous le recevons à l'orientale. Pipe, café, orangeade, anisette. — La pipe fumée, le café savouré, l'anisette dégustée, mon mari fait au Cophte une petite prédication sur l'esclavage.

— Ces gens-là ne croient à rien, répond le Cophte, c'est faire une bonne œuvre que de les tirer de leur pays pour leur apprendre à connaître Dieu.

— N'est-ce pas plutôt leur donner une fausse idée de ce Dieu, que de leur en montrer les adorateurs sous l'aspect de voleurs d'hommes? Si on veut les convertir, et l'on fera bien, qu'on leur envoie des missionnaires, des missionnaires qui portent la Bible, non des cordes et des menottes.

— Monsieur, ces gens-là, chez eux, se nourrissent de rats ! Il faut les civiliser. — Après cet argument sans réplique, le Cophte se tait. Pourtant sa conscience prend le dessus, et il s'écrie : — C'est un mal, c'est vraiment un mal. — Notre Cophte sait lire, écrire comme tous les Cophtes, qui, grâce à leur instruction, occupent plusieurs charges secondaires dans l'administration. — Il possède un Nouveau Testament, mon mari lui laisse le *Voyage du chrétien de Bunian*.

La cataracte est située au midi d'Assouan, nous la côtoyerons demain sur des ânes, pendant que notre barque la remontera sous la direction d'un Reiss spécial. Le vent du nord nous amène à chaque heure des barques nouvelles ; les drapeaux français, anglais, américains, flottent le long du rivage : il s'ensuit des canonnades à bombarder trois villes. Le *Véloce* se distingue. En fait de chansons, de danses sauvages, d'éclats de rire et de vacarme, il tient toujours le premier rang. — A son joyeux passage, les puiseurs des schadouffs quittent leurs seaux, frappent des mains et chantent en cadence ; les femmes s'arrêtent, leur urne sur la tête, et leur noire figure s'éclaire d'un rire charmant ; les barques les plus endormies, réveillées par les éclats de l'artillerie du *Véloce*, sont obligées, bon gré mal gré, de tirer quelques coups de je ne sais quoi. Vive le *Véloce* et son équipage !

PREMIÈRE CATARACTE.

Au-dessus de la première cataracte, samedi 15 janvier 1848. — Journée d'orage, non dans le ciel, mais à bord du *Véloce*.

Dix barques stationnaient hier à Assouan; toutes les dix voulaient remonter la cataracte : or, il n'y a qu'un Reiss qui la fasse passer, et le trajet dit-on, prend six heures.

Évidemment, deux seules d'entre elles devaient franchir les rapides. — Nous étions arrivés les premiers, nous avions droit à la première place.

Le soir, notre Reiss vient nous demander la permission de visiter sa famille, il sera sur la barque deux heures avant le jour; nous garderons notre rang. Cela est important, car nous voici au Samedi, nous ne permettrons pas qu'on travaille pour nous le Dimanche; sans une forte brise du nord, le passage n'est pas possible. Y aura-t-il du vent Lundi, y en aura-t il Mardi?... S'il faut perdre trois jours à Assouan, adieu Oudi Alfa!

Ce matin, le crépuscule paraît, point de Reiss ! le soleil se montre, point de Reiss ! une heure, deux heures, les barques voisines s'ébranlent, elles déploient leurs ailes ; point de Reiss, point d'équipage ! En une seconde, le but recule jusqu'aux limites de l'impossible. — Enfin, le Reiss pointe à l'horizon, monté sur un âne et suivi d'Ali. Il arrive en se dandinant ; les cris d'Antonio, les regards de mon mari ne le troublent pas : ils se présente avec une physionomie placide.

— Je n'ai qu'un mot à vous dire, Reiss ! c'est qu'ici, ni vous, ni votre équipage, n'aurez de bakschich. C'est que si nous ne passons pas les premiers, comme nous en avons le droit, vous ne recevrez de bakschich, ni en allant, ni en revenant, ni à Thèbes, ni au Caire ! — Arrangez-vous là-dessus.

Le Reiss touche son turban à chaque phrase nettement coupée,...mais il ne bouge pas.

— Partons !

Le Reiss balbutie *qu'il ne peut pas, qu'il n'a point d'équipage.* — Alors, *furia francese.* Le Reiss rentre à cent pieds sous terre. Ali, le vieux matelot de garde, un troisième qui arrive, sautent sur les piques ; mon mari depuis longtemps en a saisi une. Antonio et Louis s'y mettent. On pousse, on crie, la barque quitte la rive, enfle ses voiles. Le Reiss et ses compagnons travaillent comme dix hommes. Nous entrons dans le lac paisible que nous voyions hier d'Eléphantine. C'est toujours idéal : des îlots de syennite étrangement déchiquetés au milieu de cette eau calme; de grands rochers de granit rouge qui se dressent des deux côtés, et, pour cadre, le sable doré des montagnes.

Nous voici aux premiers rapides, nous atteignons nos devanciers; ils ont accaparé le Reiss de la cataracte, accaparé la tribu des tireurs à la corde, mais il nous reste un vieux pilote, deux ou trois hommes de bonne volonté, et puis la *furia francese* a soufflé du feu dans les veines. On se jette à l'eau, on pousse à la pique, on tire la corde, on la porte en nageant d'écueil en écueil, on lutte contre le courant, on se cogne sans se pourfendre, on passe quelquefois une heure à tourner une roche, à franchir un degré, mais on y parvient. Il y faut des miracles d'énergie, de vigilance, de promptitude : ces miracles, on les fait !

Un pareil combat, ce duel corps à corps avec le danger a quelque chose de sublime. Pour nous, ce spectacle, dans cette grande nature, au milieu de ces eaux bouillonnantes, nous saisit tellement que nous ne songeons pas un instant à quitter notre barque pour faire le trajet par terre.

La cataracte n'est pas, comme les gravures la représentent, la chute du fleuve par-dessus une rangée de rochers : c'est un espace de trois quarts de lieue semé d'îlots et de brisants. Le Nil écumeux se presse dans d'étroits canaux plutôt qu'il ne s'y précipite. Le roc est partout : à côté, dessous, visible ou invisible : les eaux qui s'arrondissent en bouillonnant le signalent à peine. Il s'agit de s'enfiler dans ce chenal, de remonter ce courant qui bataille et menace de fracasser la barque contre les piles de granit. Le vent, puissance indispensable, est une puissance terrible; ici il nous sauve, là il nous jette sur l'écueil. La voile, qu'un matelot n'abandonne pas, doit lui obéir mieux qu'un coursier arabe.

Chaque barque s'arrête à son tour devant les grands rapides; une fois qu'elle les a vaincus, on voit ses ailes blanches et son pavillon aux vives couleurs glisser tranquilles entre les îlots.

Pendant ce temps, quelques Nubiens lancent un tronc de palmier dans le courant. Ils sautent dessus, le gouvernent à force de bras, tantôt s'étendent et se laissent emporter, tantôt bondissent sur le flot et le domptent; ils franchissent le rapide, et puis ils reviennent tout ruisselants et l'œil brillant encore du sauvage plaisir de la lutte, nous demander un bakschich qu'ils ont bien mérité.

Nous arrivons au dernier pas, au plus redoutable; on nous enjoint de descendre sur un entassement de granit; nous le faisons bien à regret, car il n'y a pas là plus de danger qu'ailleurs; il y en a moins. A vrai dire, je n'en ai vu nulle part. Les difficultés sont énormes, les fatigues aussi, voilà tout. — Ce qui peut arriver de pis, c'est que la barque soit déchirée en-dessous par un écueil caché, ou que la corde cassant, les courants la jettent et la fracassent contre les masses de basalte. — Mais dans l'un comme dans l'autre cas, on aurait, il me semble, dix fois le temps de s'élancer sur les rochers avant que la barque coulât.

Notre dahbieh ne peut remonter ce pas sans le secours du Reiss de la cataracte et de son armée. Nous attendons qu'il ait fait passer les barques qui nous précèdent; qu'il ait aidé celles qui nous suivent. Notre tour vient. On attache une corde neuve au grand mât du *Véloce;* cinquante hommes s'y attèlent, tandis que nos mariniers poussent à la pique. Cela se fait au milieu de hurlements indescriptibles. Les Reiss des différentes barques se battent en l'honneur du droit, ils battent leurs matelots, leurs matelots les battent, on jette en l'air des poignées de sable [1]. Pendant ce temps, les remorqueurs s'étendent sur la roche et ne font rien, la fureur tourne contre eux, ils se dispersent; cinq ou six vieillards à barbe blanche, le chibouk à la main, rappellent les fuyards, adressent de sages exhortations aux paresseux, marchent à côté de la file qui se reforme. On dirait des Nestors nubiens.

[1] Coutume biblique. Les Juifs, irrités du discours que leur tient Paul, lorsque, enchaîné sur les degrés du temple, il leur raconte sa conversion et leur dit l'ordre que lui a donné Jésus d'aller vers les Gentils; les Juifs secouent leurs vêtements et font voler la poussière en l'air. (Act. XXII, 23.)

Enfin le dernier obstacle est vaincu! Le vent nous pousse doucement. Nous pensons être à flot pour tout de bon, voguer le jour, voguer la nuit, tant que le souffle durera... Illusion! Nous nous amarrons dans une petite crique. — Notre Reiss Hassan nous demande la permission de se faire remplacer pendant le voyage à la seconde cataracte par son frère, Reiss comme lui; Hassan est marié, c'est trop juste : accordé. — Ali, son frère, demande la permission de se faire remplacer par un autre frère, durant le même laps de temps; Ali est fiancé, c'est trop juste : accordé! — Cependant Ali ajoute que *si je le préfère, il ne se mariera pas.* Je l'engage de toutes mes forces à célébrer au plus tôt son hymen. Alors Hassan, notre Reiss, nous apporte un gros mouton noir. Nous sommes près de son village, il nous supplie d'accepter le mouton et de le manger pour l'amour de lui. — Nous l'assurons de notre affection, de notre pardon, mais nous lui avouons qu'il nous ferait trop de peine de croquer le pauvre mouton noir.

— Gardez-le, Hassan, ne le tuez pas, et quand nous reviendrons, vous nous donnerez une douzaine d'œufs à la place. — Hassan prend son parti sans trop de chagrin; nous nous séparons bons amis.

Rien ne nous retient plus, partons.

— Et les matelots, Monsieur! les matelots qui ont été chercher leur pain?

— Mais le vent, le vent, misérables! le vent qui

souffle et qui, ce soir, nous abandonnera peut-être.

Que faire? Aller à l'île de Philé, pour laisser à nos gens le temps de rejoindre. — Nous y allons.

Des palmiers, des champs de lupins, des roches de granit rouge, une anse paisible; en avant, d'aplomb sur les flots, le temple élégant de l'époque romaine, carré, découpé, avec ses colonnes parfaites; derrière, les masses colossales de l'antique temple d'Isis : voilà qui est idéal. Nous n'avons qu'entrevu; s'il plaît a Dieu, nous reverrons.

Richesse étrange, poétique! parlant beaucoup moins à l'esprit, beaucoup plus à l'imagination que les richesses de l'architecture grecque! Aussi mystérieuse que l'autre est claire, moins belle selon les règles de l'art; moins ordonnée, si l'on veut, mais donnant plus à rêver.

Le temple de l'époque romaine plaît mieux à l'œil que celui d'Isis. Ce dernier, comme les choses très grandes qui ont leur profondeur, ne se révèle que peu à peu. On est d'abord effrayé de ce prodigieux entassement; on en saisit mal l'ensemble, la forme ne jette pas sa nette empreinte dans la pensée : mais quand on s'est débarrassé de ces premiers étonnements; quand, après avoir passé de galeries en galeries, de sanctuaires en sanctuaires, admiré ce chapiteau revêtu d'une teinte d'azur, contemplé de haut et de bas ces tours géantes, on arrive au faîte, et qu'à ses pieds on voit se dessiner l'immense colonnade d'entrée qui amenait aux premiers propylées, la cour intérieure toute garnie de ces colonnes épanouies comme la coupe du lotus divin, et puis un second pylône flanqué de deux autres tours, et puis le temple, et puis d'autres colonnes, et puis à droite et à gauche des chambres, des cellules, partout des hiéroglyphes, partout la déesse Isis, Osiris, Orus, la croix ansée, le sceptre des Dieux bienfaisants... alors l'image, la grande image de l'antiquité égyptienne se dresse lentement, elle prend ses proportions, elle prend ses perspectives, on reste absorbé devant elle.

Nous voyons sur un pan du temple l'inscription de l'armée de Desaix.

Le style en est un peu gauche, en français douteux, comme devait parler la vieille garde quand elle voulait bien dire.—Telle qu'elle est, elle émeut. Le rapprochement de ces deux gloires est saisissant. Il y a de ces rencontres imprévues qui produisent sur l'âme l'effet de l'acier sur le silex... quelque chose qui ressemble à un embrasement.

Nous reviendrons..... En attendant, il faut partir.

— Avons-nous nos matelots?

— Il en manque deux!

On patiente, on s'impatiente; on met à la voile, on gagne le rivage, ils n'y sont pas; on regagne le large, ils n'y sont pas davantage; on s'échoue sur un banc de sable pour leur laisser le temps de venir, ils ne viennent point; on se lance pour tout de bon, et l'on se console, mon mari surtout, qui a sa *furia francese* sur le cœur, en s'arrêtant pieusement le long des côtes pour ramasser les mariniers des canges qui nous précèdent, mariniers qu'elles ont laissés comme nous les nôtres, et que nous leur rendrons à mesure que nous les rejoindrons. Quant à nos retardataires, si quelque bonne pâte de voyageur ne nous les ramène, l'équipage du *Véloce* trouvera bien moyen, vent ou calme, de s'enfiler dans une crique pour les attendre.

Voilà comme quoi cette journée a été filée d'or, de soie et d'étoupe. — Ingrats que nous sommes! Ce petit nuage de poussière que soulèvent nos pieds en marchant, nous empêchera-t-il toujours de voir le soleil?

NUBIE.

Au-dessus de Tafah, dimanche 16 janvier 1848. — La vertu n'est pas encore récompensée, nous avons rendu les matelots à leurs barques respectives, personne ne nous a ramené les nôtres. En attendant, cet équipage diminué, modifié, nous attriste un peu. Il n'a plus sa verve entraînante. On essaye bien quelques coups de durbakka, quelques notes de chansons, mais cela ne bat que d'une aile. Et puis nous regrettons Ali, ses dents de crocodile, son ardeur à l'ouvrage, ses plongeons dans le fleuve, son rire naïf qu'il cachait avec une sauvage pudeur derrière sa pique. L'équipage du *Véloce* ressemble à un coq sans crête et sans queue.

L'aspect du Nil a peu changé. Les montagnes sont toujours de grès, entremêlées parfois d'entassements granitiques. Ces montagnes, qui pressent le Nil, se dessinent en lignes plus basses et plus uniformes; l'œil embrasse d'un regard tout le cours du fleuve. Il y a plus de silence et moins de vie; peu de villages, peu d'oiseaux aquatiques; la plage n'est pas bordée d'une longue file de pélicans, d'oies et de canards, le ciel n'en est pas voilé par moments; le grincement des sackkiehs bâtis sur de hautes plates-formes pour élever les eaux, a remplacé le chant mélancolique du Nubien qui puisait vers la machine antique. — Pour moi, les grands aspects d'hier me sont toujours présents. Je vois toujours ces pyramides de granit, blocs immenses mêlés dans un sublime désordre, creusés, troués, lavés par le courant, avec leurs surfaces polies d'un rouge sombre et ce caractère d'éternelle durée qui frappe de respect. Je vois toujours l'île romantique de Philé, jetée verte au milieu des eaux, avec ses palmiers qui se penchent, son temple élégant qu'elle porte au front comme un diamant.

Nous venons d'achever les *Réflexions d'un peintre Genevois*. C'est un très beau livre, abstraction faite... des abstractions d'abord; et puis de deux ou trois propositions contre lesquelles je me révolte avec toute la témérité de l'ignorance.

Une des thèses favorites de M. Tœpffer, c'est que le beau de l'art est plus beau que le beau de la nature.

S'agit-il de l'humanité? oui. L'humanité, si charmante soit-elle, porte toujours quelque part une indélébile marque de déchéance. S'agit-il des arbres, des eaux, des prés, des montagnes? non. La chute ici est à peine visible. — L'homme est tombé de plus haut, il reste plus grièvement blessé; la création n'a subi que le contre-coup: elle n'a pas été précipitée, elle a été entraînée.

Mais je laisse l'expression philosophique, je laisse les raisons théologiques du fait, et je dis simplement ce que j'éprouve. Un Claude Lorrain, un Calame me pénètrent d'admiration. Je les aime pour la partie morale, idéale de leurs œuvres, pour le caractère de leur peinture qui n'appartient qu'à eux, et qui est bien le cachet du génie; je les aime aussi et surtout, pour me transporter par la magie de leur art, l'un sur les plages de cette grande mer, en face de ce couchant enflammé qui fascine mes regards; l'autre sur ce sommet d'une Alpe, dans cette région proche voisine des glaces, où l'air est rare mais éthéré, où le ciel, à force de pureté, semble révéler de nouvelles profondeurs, où le saxifrage tremble sous le souffle vif qui vient de passer sur la neige, où l'on n'entend plus même le joyeux bourdonnement de l'insecte. — Ah! je les aime pour cela. Mais ils ne s'en fâcheront pas; ils s'en fâcheront moins que d'autres, eux qui ont si souvent brisé leurs pinceaux pour ne pouvoir exprimer ce que leur disait et cette grande mer, et ces solitudes alpestres; j'aime, oh oui, j'aime encore mieux l'œuvre de Dieu que leurs œuvres. Oui, l'œuvre de Dieu est plus belle! il y plane quelque chose de mystérieux, d'infiniment grand, qui déborde notre âme, et qui dépasse aussi la puissance des premiers peintres. Oui, cette lumière tamisée par les feuilles du chêne; cette lumière qui tombe verte sur l'herbe verte; oui, cet éclat et cette ombre, rien que cela, vous le rappellerez... vous n'y atteindrez jamais.

Vous pouvez, vous devez *transposer*, vous ne pouvez *reproduire*. — Voilà le mot. Reproduire ce serait créer, et cela, vous ne le ferez jamais.

Puisque les chênes sont venus sous ma plume, je m'en veux servir contre un certain chêne de M. Tœpffer. C'est autant qu'il m'en souvient, un chêne de Karrel-Dujardin : un vieux chêne moussu, déchiqueté. « Vous vous arrêtez deux heures devant mon chêne de Karrel-Dujardin, dit M. Tœpffer, tandis que vous passez tous les jours devant le chêne déchiqueté, moussu de la création, sans seulement le regarder! » — Si dans la forêt prochaine, je n'avais longtemps contemplé le chêne de la création, donnerais-je un coup d'œil au chêne de Karrel? — Mais ceci n'est pas ma raison. — Pendez tout le long du chemin, autant de chênes *Karrel* qu'il y a de chênes de Dieu dans le bois, et vous verrez si l'apôtre le plus fanatique de Karrel, tournera la tête pour les voir.

Autre proposition. — M. Tœpffer veut que l'artiste n'allume sa lampe qu'à la pure flamme du *beau*, ne se préoccupe que du *beau*, ne cherche que le *beau*. A ces conditions seules, on le crée. — Elles me paraissent trop restreintes. Je dirais moi, soyez puissamment convaincu, soyez puissamment épris d'une idée, vous *rencontrerez* le beau... ce qui vaut mieux parfois que de le créer. Et si M. Tœpffer pense avoir pour lui Schakespeare — que j'ai bien quelque envie de lui contester — j'ai pour moi le Dante, le Dante qui certes ne courait pas après le beau, le Dante qui, le cœur débordant de tristesse, de pensées, faisait avant tout parler sa passion, voulait avant tout prouver, prouvait à grands coups d'arguments, et qui marchait pourtant, qui marchait, tête levée, à pas royaux, dans les splendides régions du beau.

Encore une proposition. — Celle-ci me semble plus dangereuse, parce qu'elle exprime un sentiment très général et très propre à tromper les âmes. — M. Tœpffer se demande si le beau n'est pas le vrai, *la spendeur du vrai*, comme dit Platon. Il le pense, je le pense avec lui. Il passe plus avant, et se demande si le vrai n'est pas *juste*, n'est pas *le juste*, n'est pas *cette justice* que Dieu renferme tout entière en lui. — Que de gens ont affirmativement répondu, et que de gens se sont déçus fatalement !

Le peintre qui vient de rendre une grande scène de la nature, une grande scène de l'histoire, quelque grand épisode de la vie du cœur; ce peintre dont l'œuvre est incontestablement belle, ce peintre ne se dit-il pas : mon œuvre qui est belle, est *vraie*; mon œuvre qui est belle et vraie, est *juste*; elle l'est dans le sens abstrait du mot: donc elle sert *la justice!* — De là, ces mots d'apostolat, de sacerdoce, appliqués aux arts, aux sciences, non par rapport à la science et à l'art, mais par rapport à Dieu, par rapport au devoir de l'homme : « *la glorification de l'Éternel !* » De là ce mensonge funeste d'un témoignage rendu à Dieu, d'une obligation accomplie, d'une mission remplie avec fidélité, quand il n'y a que le culte d'une forme ou d'une idée. — Certes, la culture des arts est une noble chose; celle de la poésie, celle de la science encore: mais ne la confondons pas avec le service de Dieu, il y a trop de péril. — Dieu ne nous demandera pas : Avez-vous fait éclater sur votre toile la vérité idéale? Avez-vous fait resplendir dans vos vers la vérité poétique? Avez-vous dans vos écrits, fait luire la vérité scientifique ? Non ! mais : Avez-vous confessé ma vérité, à moi? M'avez-vous servi, moi, qui ne suis pas une abstraction, qui ne me paie pas d'abstractions, et qui vous ai bien nettement déclaré ce que je voulais de vous? — Oui, le beau est vrai, le vrai est juste; mais le beau, pas plus que le vrai, n'est *le juste*, n'est *la justice*, et l'apôtre du beau, l'apôtre du vrai ne le sera pas de la *justice* éternelle, par cela seul qu'il l'est du juste, du vrai et du beau dans l'art, dans les connaissances ou dans la poésie.

Cela dit, j'ajoute que l'œuvre de M. Tœpffer renferme une somme considérable de vérités. Elle prouve une remarquable puissance d'examen, et sans ôter à l'auteur sa place à côté des Xavier de Maistre et des Sterne, elle lui donne son rang parmi les penseurs sérieux.

Nous lisions ce matin le dernier chapitre de Jonas. C'est un des livres qui me saisit le plus. J'y retrouve comme en un miroir mon méchant cœur et la miséricorde de mon Dieu.

Cette rebellion par lâcheté... c'est bien moi; ce dépit quand Dieu se repent de sa colère, ce souci de la réputation mondaine, cette promptitude à sacrifier des multitudes à son orgueil... c'est moi, c'est moi! Ah! je me reconnais jusque dans cette réponse folle de hardiesse. — « Fais-tu bien de t'affliger ainsi pour le kikajon? — Oui, j'ai raison *de m'affliger ainsi, même jusques à la mort.* » Que c'est bien là cet enivrement d'amertume, dans lequel on se plonge avec une diabolique volupté! — Mais ces paroles pénétrées de douceur : « Fais-tu bien de t'affliger ainsi?... Et moi, n'épargnerai-je point Ninive, cette grande ville dans laquelle il y a plus de cent vingt mille créatures humaines qui ne savent pas distinguer leur main droite de leur main gauche, et *outre cela, plusieurs bêtes!* » Voilà bien, oh! voilà les gratuités de mon Dieu. Je retrouve là ce regard que Jésus laissa tomber sur Pierre, quand Pierre l'ayant renié pour la troisième fois, le coq chanta. — Les compassions sont de l'Éternel, et ce sont elles qui fondent l'acier de notre cœur.

Notre responsabilité vis-à-vis des âmes de nos Nubiens me pèse comme une montagne. Quand je pense à notre silence presque absolu, je crois sentir une lame vive se retourner en moi.

Ne pouvant faire mieux, nous prenons la parabole de l'Enfant prodigue, nous la lisons à Antonio, nous y ajoutons de courtes explications, et nous le prions de traduire le tout aux Nubiens. Antonio les réunit autour de lui, il leur transmet, avec des intonations orientales, le récit de Jésus. Trois matelots seulement écoutent; la prédication est nécessairement incomplète, mais Dieu ne méprise pas les petits commencements. Si chacun labourait une motte et semait un grain, le champ serait bientôt vert.

Au-dessus de Seboua, lundi 17 janvier 1848. — Nous allons avec la rapidité de la flèche; hier nous passions devant le temple de Tafah — l'ancienne Tafis, — devant celui de Kalabschi — Talmis, — devant celui de Dendour. A Dendour commencent les tropiques. Comme ce mot parle à l'imagination : *les tropiques!* avoir été une fois dans sa vie *sous les tropiques!*

L'aspect du Nil me plaît par sa mélancolique grandeur. Ce ne sont plus les gais rivages de l'Égypte, les villages nichés sous les palmiers, cette large zone de verdure, ces myriades d'oiseaux de proie, de tourterelles et de ramiers. Non, l'œil remonte à perte de vue ce beau fleuve, resserré entre deux chaînes basses, grises d'un gris noir; on dirait une route bleue et limpide qui remonte jusqu'aux régions de l'infini. Au bord des eaux, l'étroite ligne des palmiers, des mimosas fleuris, des champs de blé verts, des orges jaunissantes, est parfois rompue par des avalanches de sable ou par des entassements de blocs basaltiques. Un Berbère, assis à califourchon sur quelque tronc de palmier qu'il gouverne des pieds et des mains, traverse le Nil; parvenu à l'autre rive, il tire le tronc sur la plage. Un dromadaire court, léger, le long des montagnes, il dépasse notre barque; le Nubien qui le monte fait le service de la poste; à dater de la première cataracte, il remplace les coureurs à pied.

Le soleil se couche derrière la bande de rocher à l'occident; elle devient noire, tandis que le mur oriental reçoit en plein la pourpre du couchant. Nous glissons entre ces deux lignes, l'une ténèbres, l'autre splendeur, l'azur du fleuve devant nous, l'azur du ciel sur nos têtes : c'est d'une fantastique beauté. Les montagnes se relèvent coniques, toujours d'un bistre obscur. Il y a rarement entre elles et le Nil plus de quinze mètres de terre cultivable. Pour la ménager, autant que pour se mettre à l'abri de l'inondation, les villages se réfugient au sein des rochers. On en prendrait les massives habitations pour des blocs de grès.

Les Nubiens ou Berbères, portent pour arme une longue lance dont le fer plat et tranchant ressemble à deux navettes de tisserand jointes ensemble. Ils attachent à leur avant-bras un petit poignard à manche de bois, passé dans une gaine de cuir et retenu par un bracelet de lanières. Ces poignards et ces lances fonctionnent à la moindre dispute. Nos hommes nous montrent un endroit de la plage où, l'an dernier, on trouva deux Berbères expirant sous les coups l'un de l'autre. — Les Berbères ont l'air doux, mais le fait du port habituel d'armes dangereuses entraîne presque toujours l'effusion du sang. Un Corse m'expliquait naïvement l'influence du poignard. — « Que voulez-vous, Madame ! on est en colère, on donne un coup de.... de ce qu'on a sous la main. » — Quand ce qu'on a sous la main est un couteau, une lance, tant pis pour le discuteur mal avisé.

Les Nubiens se saluent avec une grâce solennelle et presque tendre. Pendant les cours instants que nous avons passé sur les granits de la première cataracte, chaque jeune Berbère de la compagnie de remonte venait présenter ses respects à Ali. — « Oh ! Ali ? » disaient-ils avec gravité ; puis ils lui prenaient une main qu'ils gardaient longtemps, ils la laissaient lentement aller, portaient la leur à la bouche, reprenaient celle d'Ali, baisaient encore le bout de leurs doigts et en effleuraient leur front. Ali recevait leurs civilités en grand seigneur.

Sous les tropiques, mardi 18 janvier 1848. — Depuis que nous y voilà, le thermomètre est redescendu, nous avons presque froid. Nous atteignons le grand coude que forme le Nil en se tournant vers le nord; plus moyen de se servir des voiles; le souffle favorable se transforme en souffle contraire; cela durera douze heures : six hier, six aujourd'hui, puis nous étendrons de nouveau nos ailes, et, s'il plaît à Dieu, nous arriverons ce soir à Derr, capitale de la Nubie.

Toujours cet étonnant aspect : des montagnes pointues, noires, quelques-unes à cône tronqué; des blocs de syennite qu'on dirait tombés du ciel, des coulées de sable jaune-orange, une mince lisière de culture et de palmiers, le grincement mélancolique des sackkiehs tournés par un bœuf, avec le conducteur assis sur le train.

Des caravanes immenses passent sur les sables. Un radeau formé de trois troncs de palmiers se détache de la rive; il porte une jeune femme, son petit enfant, une corbeille de légumes; le mari, à cheval sur celui des troncs qui fait flèche, dirige le radeau en frappant l'eau avec deux morceaux de bois. Des files de chameaux et de buffles traversent le Nil à la nage. Les pauvres bêtes ont à peine le museau hors de l'eau. Arrivées à l'autre bord elles se couchent sous les dattiers, pendant que les corbeaux et les cigognes viennent becqueter des insectes sur leur dos. Une autruche récemment arrivée du Sennàr, se promène au milieu des mimosas.

On se sent ici tout près de la vie sauvage. La population a bien plus de race qu'en Égypte. Le Nubien est misérable, son sol ne produit pas de quoi le nourrir, il mange à peine à sa faim, et quoiqu'il soit outrageusement imposé par le pacha — trois cents cinquante piastres par sackkieh, une piastre dix parahs par palmier — le fait de la possession le relève. Le Berbère, nous dit-on, a du cœur, de la noblesse ; ses manières sont remarquablement polies, son costume diffère entièrement du costume fellah. — Ici, les hommes s'enveloppent de vastes draperies blanches ; les femmes portent une ample robe blanche aussi, et par-dessus, un manteau de toile qui traîne majestueusement sur le sol. Elles ont le visage découvert. Leurs cheveux crépus tombent en boucles serrées ; courts sur le front, un peu plus longs vers les joues et sur le cou. Leurs traits ont de la finesse, leurs yeux étincellent ; si la graisse ne découlait pas de toute leur personne, elles seraient charmantes. Dès que nous mettons pied à terre, le cri : *bakschich Caavaja !* retentit après nous ; souvent même, les enfants suivent notre barque à la course en nous étourdissant de leur : *bakschich Caavaja! Caavaja bakschich!* — Hier un vieillard demande l'aumône à mon mari. « *Sabah el heer, Sultan,* » — jour heureux, sultan ; — puis, montrant sa bouche et son estomac : « *Sultan! ma fisch dè!* » Sultan, il n'y a rien ici ! — Quelques parahs le comblent de joie. Je suis moins heureuse avec une jeune fille. J'offre mes bobines de coton, des ciseaux, un dé : tout cela est refusé dédaigneusement ; elle veut cinq parahs, c'est une idée fixe. Du reste ici, de même qu'en Égypte, pas un signe de reconnaissance, excepté chez les vieillards.

Nous venons de rencontrer sur une barque voisine, *Achmet* dit *Abou nebout,* — le père au bâton ! — Achmet le Nubien, ancien drogman d'un ami de mon frère ! Achmet dont nous connaissons de longue date le caractère naïf et loyal. Achmet ne sait pas plutôt qui nous sommes, qu'il saute à terre et de la terre à nous.

La joie éclate sur sa noire figure. Achmet porte une courte chemise blanche qui laisse passer ses grandes jambes et ses pieds nus. Par-dessus la chemise, il a enfilé une veste brodée à manches ouvertes et pendantes : tout cela sans ceinture, tombant deci, delà, comme il plaît à la nature ; il a sur sa grosse lèvre une grosse moustache laineuse, sur son menton une grosse barbe crépue, qui semblent toutes deux venues de la lune. Ses dents égales brillent au milieu de sa face obscure. Pendant que nous causons, un buffle traverse le fleuve, son maître sur le dos.

— Achmet! les crocodiles ne dévorent-ils pas quelquefois et la monture et le cavalier?

— Si, Signòra! Mais ce ne sont pas nos crocodiles, ajoute Achmet, jaloux de la réputation des crocodiles barbarins : ce sont des crocodiles du Sennâr, qui viennent tout doucement, tout doucement, font leur coup, et après remontent chez eux.

Ce matin, révolte contre le Reiss; cadeau d'Achmet.

Notre équipage très réduit tire avec nonchalance. Le nouveau Reiss, bien plus ferme que son frère Hassan, ordonne de doubler le pas; l'équipage n'en tient compte. Il y a là un grand jeune homme à la figure noble, aux épaules un peu remontées suivant le type égyptien, qui seul porte sur ses traits une expression sardonique et hautaine; on dirait qu'un double voile noir couvre son impénétrable physionomie; il accepte à peine les bakschichs, chante peu, ne rit point, et conserve son air de dédain jusque dans la manœuvre. C'est celui-là, *Malek-Numr* — prince tigre — comme nous l'avons nommé, ou encore *tigre féroce;* c'est celui-là qui donne le signal de la révolte. Le Reiss se voit désobéi; il commande au pilote d'aborder. Le pilote hésite; le Reiss s'élance sur la cabine, saisit la barre, jette le *Véloce* contre la terre et saute sur le rivage, sa massue en mains. L'équipage, son grand ténébreux en tête, l'attend bâton levé : Antonio, Louis, mon mari se précipitent au secours du Reiss; Antonio s'attaque à *tigre féroce*, et le couche dans un champ de lupin. La rébellion est domptée; le grand ténébreux, toujours fier, présente sa tête nue au Reiss qui lève sa massue. On s'apaise, le calme renait.

Je ne sais si c'est le chagrin d'avoir quitté Assouan, si c'est le regret d'avoir laissé les trois matelots retardataires qui n'ont pas rejoint et qui ne rejoindront pas; je ne sais si c'est l'impatience du joug de notre Reiss actuel : mais l'équipage du *Véloce* n'est plus lui. Il fait tout juste son devoir, marche silencieusement; son soleil s'est caché.

Le cadeau d'Achmet nous arrive porté par une troupe de Berbères dans leur beau costume blanc. Le village d'Achmet est situé à quelques pas. Avec son bon cœur, Achmet ne veut pas, bien qu'il nous ait vu hier pour la première fois, nous laisser passer si près de chez lui sans nous donner un témoignage de son affection. Les Berbères nous apportent donc en cérémonie un mouton, que nous refusons comme nous avons refusé celui d'Hassan; une corbeille de dattes que nous promettons de croquer; deux lances du pays, en bois dur, avec un mouchet de poil à l'extrémité; l'une, le fer plat et tranchant, l'autre, le fer tordu, garni de longs crochets qui s'engagent dans les entrailles de l'adversaire. Nous promettons de ne l'enfoncer dans le ventre de qui que ce soit! — Bakschich aux porteurs, cela va sans dire. — La civilisation la plus avancée, la politesse la mieux apprise, approcherait-elle de cette grâce native, de ce *comme il faut* de sentiment?

Au-dessus de Derr, mercredi 19 janvier 1848. — Hier était la journée aux cadeaux : Cadeau d'Antonio, qui m'offre une charmante corbeille du Sennâr; cadeaux de deux messieurs anglais, vrais gentlemen avec lesquels nous cheminons côte à côte, sans échanger autre chose que quelques révérences; ils nous envoient des canards, produit de leur chasse.

Parvenus à la hauteur de Derr, le Nil tourne un peu vers l'ouest; mais le vent ne mord guère, il faut aller s'embosser dans une *bonne petite crique*. Au-dessus de la petite crique grincent trois sackkiehs. C'est un bruit fantastique; de loin l'oreille croit saisir les accords d'un orchestre, et l'imagination complète la symphonie. De près, ce sont les dissonances angoissantes d'instruments qu'on accorde. Les violons, les violoncelles et les hautbois y dominent; ils essayent chacun des modulations dans les tons mineurs, et ces modulations ne se résolvent jamais. Hassanin est électrisé par cette musique; pendant que les trois sackkiehs disent leur chanson discordante, il entonne la sienne. — Oh, que cette nuit était belle! La lune si brillante, que nous lisions à sa clarté; les étoiles étincelantes; le Nil calme; les bords jetant leur image presque colorée dans ses eaux; les palmiers, un feu allumé par nos Nubiens, et la chanson d'Hassanin, et la chanson des sackkiehs!

Les bœufs tournent nuit et jour la machine; chaque paire marche douze heures, ils ne s'interrompent que pour les repas.

A dater de Derr, les montagnes s'abaissent, le terrain cultivé s'élargit : aussi voit-on reparaître les tourterelles. — Mais nous reprenons le vent, il me semble déjà voir les cimes se redresser.

Nous venons d'acheter des gamins berbères — dans le but louable de lui rendre la liberté — un malheureux caméléon pendu par la queue. La pauvre bête passe la journée entre deux coussins où elle se met à l'abri de nos figures; celle de mon mari lui paraît supportable, sa longue barbe la noircit un peu, la mienne lui fait horreur; deux fois je m'approche avec l'expression de la plus vive sympathie, deux fois le caméléon se retire en ouvrant sa grande bouche avec un *hai!* de terreur. — Pour ma part, je lui en offre autant. Je connais peu d'animal aussi mélancolique : queue mince aboutissant à un gros corps fendu par une gueule démesurée, pattes tournées en dedans, démarche empêtrée, peau ridée, flasque, froide... cela est hideux : ce qui ne m'a pas empêché de passer cinq minutes à lui dénouer sa queue, entortillée dans la ficelle avec l'art diabolique de l'enfance.

Une procession arrive sur la plage. Un enfant à cheval marche en tête ; des hommes à cheval, d'autres à pied avec d'autres enfants et des femmes suivent, tous drapés dans leurs voiles éclatants. C'est une cérémonie en l'honneur de la circoncision. Les enfants entrent dans le Nil, s'y baignent le visage et les mains, pendant que les cavaliers exécutent une *fantasia* sur le sable : Coursiers lancés au galop, arrêtés franc, lancés de nouveau, avec les vêtements flottants, les genoux ramassés, la sauvage attitude ; c'est magnifique.

Il faisait froid cette nuit. Ce matin le thermomètre marquait douze degrés ; nous en avions vingt-cinq au-dessous d'Assouan... c'est que nous sommes sous les tropiques.

Au-dessus de Dert, jeudi 20 janvier 1848— Soirée idéale. La rive occidentale, ligne noire entre deux zones orangées : le ciel, et le Nil qui reflète le ciel ; la rive orientale, le long de laquelle nous nous abritons pendant la nuit, dentelée de dattiers et de palmiers thébains, verte de lupin et de trèfle ; au fond, s'appuyant contre le rocher et se confondant avec lui, un village gris aux formes antiques; derrière, un mimosa qui laisse pendre ses longs fruits; et puis la lune, large, pleine, nacrée comme une perle. Elle monte, son étoile marche devant elle; plus tard, à dix heures, quand elle est très haut dans les cieux, elle ne luit plus, elle brille, et la nature reprend ses couleurs.

A dater du village ruiné d'Ibrahim, niché sur un roc, les bords du Nil s'aplatissent. La culture n'y gagne rien; quand le roc ne serre pas le Nil, c'est le sable qui le presse. — Les sackkiehs vont toujours; la bande de terre fertile est toujours partagée en carrés; de petits canaux exhaussés sur le sol, tapissés d'herbes délicates et de mousses, courent répandre à chacun sa part de vie. Les palmiers, qui sortent quatre ou cinq à la fois du même tronc, s'élèvent en groupe sur la terre douce au marcher: on dirait la nef, l'ombre et la fraîcheur d'une église du moyen âge.

Au-dessus d'Abou Simbel, vendredi 21 janvier 1848. — Nous sommes émerveillés de la magie des couleurs, de la singularité des aspects.

Hier au soir, après avoir passé devant le temple d'Abou Simbel : porte gigantesque, figures colossales taillées dans le rocher, — nous arrivons au soleil couchant, en face de douze à treize cônes qui s'élèvent sur les sables de la rive orientale. Ce sont des montagnes noires, presque toutes pointues, quelques-unes redressées en murailles; le terrain reste plat et uni entre elles; point de bases, point de racines : on dirait un groupe d'îlots au milieu de l'Océan. Tout autour, devant, derrière, étendue sans limites. — Des vapeurs violettes se sont suspendues sur leurs cimes. Le soleil, bouclier d'or qui s'enfonçait dans le désert, les a inondées de sa lumière; la lune est venue montrer son grand disque d'argent derrière ces montagnes bizarres : il semblait que Dieu tenait suspendus dans ses mains ces deux astres, l'un à l'orient, l'autre à l'occident. Alors, toutes les magnificences de l'arc-en-ciel se sont répandues sur la terre, sur les eaux et dans les cieux. Toutes les nuances du jaune, depuis l'orangé jusqu'au paille; toutes les nuances du rouge, depuis le pourpre jusqu'au rose tendre, toutes celles du bleu, toutes celles du vert et celles encore qui naissent du rapprochement des teintes, diapraient la voûte profonde, miroitaient sur le fleuve, transfiguraient le sol. — La nuit de Nubie tombe vite, mais la nuit de Nubie a ses effets de lumière. Le vaste manteau des sables reste doré, les sommets de grès noircis restent sombres, l'onde reste claire et réfléchit les mille étoiles du firmament.

Ah! que ne pouvons-nous remonter ainsi jusqu'à Dongola, jusqu'au Sennâr, glissant sur ce fleuve toujours large, entre ces rives de plus en plus sauvages, sous ce ciel de plus en plus lumineux, ensemble, jouissant d'un bonheur inouï..... C'est si près, et nous ne reviendrons jamais!

Dès que le sable laisse deux mètres de sol cultivable, les sackkiehs le fertilisent. La petite étendue de terrain qu'ils représentent, montre à quel point est onéreux l'impôt de trois cent cinquante piastres que perçoit le pacha.

Hier, j'ai vérifié mes chansons arabes. Le mousse tenait la poulie de la voile; j'ai chanté successivement, et sans le regarder, les chansons que nos matelots chantent le soir; le mousse a éclaté de rire, il s'est caché derrière la corde en s'écriant : « Vous comprenez nos chansons et nous ne comprenons pas les vôtres ! »

En voici une, très lente, qui a beaucoup de charme, accompagnée de la durbakka et de ces dissonnances traînantes qu'y introduisent les Berbères.

Le soir, Ouadi-Alfa. Septième jour à dater de la première cataracte. — Nous voici arrivés, nous n'irons pas plus loin. Selon toutes les probabilités, Ouadi-Alfa est le point le plus méridional que nous visiterons jamais.

Va, coule, beau fleuve, ma pensée seule remontera tes ondes empourprées, seule elle ira vers ces horizons immenses, là bas, dans ce lointain repli où se cache Dongola, plus haut encore, vers ton Sennâr aux noirs habitants!

Il y a dans ce cours majestueux, dans ce limpide chemin tout éclatant de lumière, quelque chose qui attire avec une invincible puissance. On ne comprend pas pourquoi l'on rétrograde, puisque la route monte toujours transparente et profonde au travers des sables à perte de vue.

Etre si près de la troisième cataracte, qui est si près de la quatrième, qui est si près de Méroé... et ne pas pousser jusque-là! — Encore si l'on devait revenir, mais l'on ne reviendra jamais. — Ce raisonnement pourrait mener loin — tout au moins aux sources du Nil... ou au Niger, si comme le dit je ne sais quelle vieille tradition, ses eaux s'unissent par un canal à celles du Nil.

Dans notre position, un désir est une ingratitude. Oh non! je ne veux rien désirer, je ne veux rien regretter; je veux, mon Dieu, te rendre grâces. Tu nous as amenés ici, sans qu'un accident, sans qu'une inquiétude ait altéré notre bonheur; nous allons, en redescendant, voir les trésors que l'antiquité a semés sur ces rives ! tu as enrichi notre vie d'une page d'idéale félicité, tu as gardé les absents; mon Dieu, nous te bénissons du fond de nos cœurs.

La cataracte est à une lieue et demie d'Ouadi-Alfa. Il faut trois heures pour aller la voir et revenir; nous ferons cette expédition demain de grand matin.

Le Nil, ici, glisse entre deux bords plats; à peine si quelques montagnes s'élèvent en taupinières à l'horizon. Les barques s'arrêtent contre la rive orientale : une plage sablonneuse; au delà, un grand bouquet de palmiers, et sous ces palmiers, très espacées, les huttes de Ouadi-Alfa, ces scènes de bonheur tranquille qu'on rencontre à chaque pas sous le ciel de Nubie. Les petits enfants se roulent sur le sable, les femmes assises près de leurs maisons de briques, ouvrent la coque du coton; des brebis noires entourées de leurs noirs agneaux, bêlent sous le dôme vert que forment les cimes penchées des palmiers. — Après le village, une lisière de blés, lisière verte, arrosée; à côté, un champ de cotonniers, et puis, le sable au delà ! Et toujours cette lune charmante qui nous regarde au travers des dattiers, et toujours cette atmosphère sereine; splendide le jour, la nuit claire, et tout imprégnée de la senteur des lupins.

Notre pauvre barque est démâtée. Plus de grandes

ailes blanches. A la descente, on va à la rame, on ne garde que la petite voile de l'avant. La voilà donc plate et nue, dépouillée de ses flottantes draperies. Les rameurs arriveront jusqu'à notre cabine, la cuisine et son four sont relégués à la proue; le vase à filtrer l'eau, son jardin suspendu, sont acculés contre notre péristyle. Nous avons l'air quelque peu squelette.

C'est bien cela; on remonte la vie, voiles gonflées par les enchantements de la jeunesse; l'avenir jette ses beaux reflets sur notre front, chacun s'émerveille rien qu'à nous voir passer; puis nous redescendons chauves, tenant peu de place, nous glissant le long des bords, et chacun, à nous voir, soupire et détourne les yeux. Nous charmions, nous ne faisons plus qu'attrister.

SECONDE CATARACTE.

Au-dessus d'Ouadi-Alfa, samedi 22 janvier 1848. —
Hier au soir, nos mariniers, ceux de deux autres barques arrivées après nous, se sont réunis sur le sable autour d'un grand feu; ils ont chanté. Entre chacune de leurs chansons, ils entonnaient l'*Air du Retour*. Qui ne l'a pas entendu planer sur les barques qui redescendent avec le courant, alors qu'il marque la mesure des rames; qui ne l'a pas entendu sur cette plage déserte, en face de nos canges dépouillées, à la pâle clarté de la lune, n'en comprendra jamais la navrante tristesse. — Les chants de la campagne sont mélancoliques; mais ils bercent la pensée, rarement ils s'élèvent au grandiose. Le chant du retour, avec sa tenue à l'unisson, avec ses deux notes lentement redites, et puis la voix seule qui se lance, vibre longtemps, retourne comme un regret vers des sites aimés, pour retomber dans le chœur, sur ces deux notes monotones et larges; ce chant, jeté tel quel au milieu d'une symphonie, muerait au plus profond de leur être tous ceux qui savent

ce que c'est que de *redescendre*, que de dire adieu, que de s'arrêter et de regarder en arrière, vers les belles années de l'enfance, vers les êtres aimés qui ne sont plus. Pour moi, dès qu'il reprenait, simple, plein d'une expression poignante, je restais la pensée suspendue, le cœur débordant d'émotion, il me semblait voir se découvrir l'un après l'autre tous les horizons du passé. Le voici; mais il y a dans la manière de le dire des modulations, des tenues redoublées, des élans de voix que la plume ne peut exprimer :

Ce matin, de bonne heure, About-Nebout nous procure des ânes, pendant qu'Antonio s'empare du bateau du *gouverneur*, coque de noix sur laquelle ânes et gens nous traversons le Nil pour gagner la rive occidentale. Nous marchons une heure et demie dans le sable, nos conducteurs nous soutiennent absolument comme les faunes soutiennent le vieux Sylène. Nous rencontrons quelques carcasses de chameaux blanchies par le soleil. Tout près du lieu de débarquement campe une petite caravane du Sennâr; elle a ramené douze esclaves : les uns préparent leur repas devant le hangar en briques, les autres sont assis, et d'un œil morne regardent couler le fleuve. — Nous gravissons une roche élevée, nous avons à nos pieds la cataracte, c'est-à-dire le Nil, coulant durant l'espace d'une lieue parmi des îlots de Syennite : on dirait un immense jet de lave tout à coup inondé. Cela est sombre et beau. De tous côtés, lignes incommensurables, sables jaunes coupés par les rochers; à l'extrême horizon méridional, la montagne de *Semneh*; devant nous, cette large coulée de pierres noires, avec l'eau limpide qui reparaît derrière chaque groupe.

Étrange phénomène, que celui de l'apparition de ces roches ignées, au milieu des grès et du sable. On sent que l'abîme embrasé a lancé là ses fusées; on sent aussi que le feu s'est promené sur les montagnes de grès qui relient la première cataracte à la seconde; leurs cimes semblent de gueuse.

La seconde cataracte est peut-être moins saisissante que la première; mais sous ce ciel bleu foncé, avec ces perspectives qui laissent glisser la pensée jusqu'au Sennâr, elle a bien plus de grandeur. Pas un arbre, pas une plante, quelques roseaux secs et tranchants; pas un insecte, pas une voix : sables après sables, roches après roches, bleu limpide sur nos têtes, jaune doré sous nos regards, à nos pieds ce long chaos de basalte qui coupe de sa couleur noire les teintes uniformes de l'infini.

Les barques ne peuvent remonter la cataracte qu'au temps de la grande crûe. Il faut, pour aller à Dongola, s'arrêter à Krusko et y prendre des dromadaires; quinze jours de voyage à travers le désert mènent à Dongola, quinze autres jours à Kartùm, où l'on se remet sur le fleuve pour arriver au Sennâr. — Et dans ces contrées, dit Achmet, les gazelles, les singes, les bêtes sauvages bondissent autour du voyageur, comme aux premiers jours de la création !

ABOU SIMBEL.

―――◆―――

Dimanche, 23 janvier 1848. Voici l'accord que nous venons de faire pour les dimanches de descente : laisser glisser la barque le long du courant, et ne donner un coup d'aviron que lorsqu'il le faut absolument pour éviter un banc de sable. Nos Nubiens ont de la peine à s'y tenir. — Bien que le vent soit contraire, nous filons avec une étonnante rapidité. — Il est vrai que nos matelots ont ramé toute la nuit. A une heure du matin nous arrivons au temple de Faraïg, sur la rive orientale.

— Monsieur, dit Antonio, passons-nous plus loin?

— Non, attendons le jour.

A peine le jour paru, nous courons au temple. Il ouvre d'aplomb sur le Nil par une porte creusée dans le roc : salles, colonnes, et au fond une espèce de trou carré que je ne m'explique pas, et qui devait, comme tant d'escaliers sinueux cachés dans l'épaisseur des murs, comme tant de cellules sombres, sans harmonie avec le reste de l'édifice, servir les prêtres dans la magie de leurs mystères.

Les chrétiens s'approprièrent ce temple au cinquième siècle. On voit encore sur le plafond une fresque à demi détruite, représentant le Sauveur et Marie. — La situation est admirable : pour premier plan, la roche vive dans laquelle est taillé le temple; au bas, le Nil paisible, la rive opposée avec sa ligne de palmiers, la montagne de grès et les avalanches de sable.

Une heure, et nous voilà sur la rive occidentale, devant les deux temples d'Abou-Simbel. — Ceci est vraiment beau. A gauche, sculptés dans le cœur de la montagne, les quatre colosses de Sésostris assis; le premier entier, le second détruit, le troisième au quart enterré par la coulée de sable, le quatrième enseveli jusqu'au cou. Le fronton est surchargé d'hyéroglyphes. La porte s'ouvre au milieu : nous nous glissons dans l'intérieur par l'étroit passage que laisse le sable à son sommet. Nous voici à l'entrée d'une salle soutenue par les gigantesques statues d'Osiris. — Je suis trop ignorante pour m'arrêter aux détails, mais le caractère de puissance me saisit. Ce qui me frappe encore, c'est l'idéale expression des figures. Je n'ai pas vu de tête grecque atteindre à l'élévation de ce regard, à la délicatesse de cette bouche que semble illuminer un divin et tendre sourire. Nous retrouvons la même intention fine, mais sans l'éclat céleste, dans quelques-unes des peintures qui recouvrent les murs. Ici, tout au contraire que dans la statuaire grecque, le corps est hideux : membres grêles, lignes gauches et presque monstrueuses, comme au temps qui précéda l'époque de la Renaissance. Les traits, l'expression de la figure ont évidemment préoccupé l'artiste. Cette préoccupation de la partie idéale aux dépens de la matérielle, de la tête aux dépens du corps, offre encore un point de ressemblance avec la sculpture au moyen âge. J'en trouve un plus saillant peut-être dans ce fait, que le sculpteur de l'antique Égypte, comme le sculpteur du moyen âge, exprime naïvement la puissance et la dignité par les proportions de la taille. Sésostris passe du buste tout entier ses ennemis et ses soldats ; de même au moyen âge ; il y a, si je ne me trompe, dans la cathédrale de Strasbourg, des statues de rois ou de ducs, auprès desquelles on voit, réduites aux proportions de nains, celles des sujets et des féaux.

On dit que les figures égyptiennes ne sortent pas d'un certain type. Peut-être lorsqu'il s'agit des contours, de quelques lignes qui semblent en effet conventionnelles : celles des yeux, celles du nez. Mais quelles nuances, par exemple, entre les deux têtes gravées et peintes sur le premier pilier à gauche ! Quelle beauté méchante dans l'une, quelle morbidezza dans l'autre! Quelle différence encore entre les Osiris, bien que tous portent le cachet de famille!

Les conquêtes du grand roi couvrent les murs. Les types des différentes nations soumises par Sésostris : le type nègre, le type oriental y sont très marqués. On y voit Sésostris offrant des sacrifices humains devant un Dieu; d'une main il tient les chevelures de douze ou quinze prisonniers dont il s'apprête à trancher d'un coup les têtes.

Nous nous perdons au milieu de ce dédale de dieux et de déesses. Nous nous y perdons quand nous cherchons à les étudier dans les ouvrages savants; nous ne nous y retrouvons guère, quand nous cherchons à les reconnaître sur les fresques des temples. Les formes différentes qu'ils revêtent, les attributs qu'ils s'empruntent les uns aux autres, les signes mystérieux qui les distinguent, leurs généalogies plus ou moins embrouillées, et puis les analogies avec les dieux grecs : tout cela formerait un chaos dans des cervelles mieux organisées que la mienne... aussi me tiens-je à distance.

Seulement, mon âme est effrayée lorsqu'elle rencontre ces folles conceptions humaines.

— L'idée vraie vivait sous le mensonge!

— Oh non, dites plutôt qu'elle y mourait!

Qu'importent les quelques initiés qui y voyaient clair... encore, que voyaient-ils? — Qu'importent ces quelques initiés, en face de tout un peuple aveugle?

Nous passons au petit temple, creusé vis-à-vis de l'autre. Des colosses s'élèvent à l'entrée, mais bien moins grands, d'une expression bien plus vulgaire que ceux du temple de Sésostris. Le petit temple est dédié à Athor, la Vénus égyptienne : horrible figure à cornes de vache ; Vénus, je ne sais ni pourquoi ni comment, car dans sa personne, dans ses attributs, rien ne rappelle ce que nous représente le nom de Vénus. Une salle soutenue par des colonnes que couronnent les têtes colossales d'Athor, conduit au sanctuaire : la statue mutilée d'une vache est assise au fond.

Oh ! péché des Égyptiens ! retour à la matière ! adoration des créatures !

Comment se fait-il que quelques esprits aient attribué à l'Égypte, la sagesse de Moïse ? Comment a-t-on osé affecter de ne reconnaître en lui qu'un homme habile, qui avait inoculé la théologie de l'Égypte au peuple juif ? — Pour moi, dans mon ignorance il est vrai, je ne vois que contraste entre les livres de Moïse et le peu que je soupçonne de la théogonie égyptienne.

La divinité des uns, l'humanité de l'autre mises à part, quoi de plus saillant qu'une telle opposition ?

D'un côté — celui de l'Égypte — une multitude de dieux et de déesses ; un ciel, une terre tout encombrés de puissances supérieures et subalternes ;

une confusion dont je doute que les prêtres eux-mêmes se tirassent à leur honneur. — Du côté de Moïse, simplicité, lumière : un seul Dieu créateur, l'Esprit se mouvant sur le dessus des eaux, le Rédempteur promis à l'homme.

Du côté de l'Égypte, une religion pour les initiés, une autre pour le peuple : cachet humain. Du côté de Moïse, la même vérité écrite pour tous, dans le même langage : cachet divin.

Du côté de l'Égypte, la pensée enfermée dans des symboles, le symbole offert à l'adoration. Du côté de Moïse, le culte en esprit.

C'est le peuple juif sorti de l'Égypte, qui se montre épris des formes; c'est lui qui a bu à la coupe empoisonnée de la théologie égyptienne; c'est lui qui pleure à la fois les doux oignons, le beau fleuve, et les matérielles représentations de la divinité; c'est le peuple qui force Aaron de lui fondre un veau d'or. C'est Moïse qui, à la vue de ce ressouvenir d'Égypte, brise les tables; c'est Moïse qui tonne contre ce péché d'Israël [1] qu'un autre prophète, Osée, signale comme le péché égyptien : les *hauts lieux d'Aven* — Héliopolis — qui sont *le péché d'Israël!*

Où trouver là un point de ressemblance?

On croit que Sésostris, en l'honneur de qui a été

---

[1] Lévitique, XVIII, 3. « Vous ne ferez point ce qui se fait dans le pays d'Égypte où vous avez habité. »

creusé le grand temple, régnait après la sortie des Juifs; il appartenait à la dix-huitième dynastie — celle des rois thébains — qui avait remplacé la dynastie de Memphis. On pense que c'est l'avénement de la dynastie thébaine qui changea le sort des Juifs; le premier de ses rois serait le Pharaon qui n'avait point connu Joseph.

Il faudrait venir en Nubie, rien que pour voir ces montagnes sculptées en colosses, creusées en nefs, avec cet entourage de sables, ce ciel éblouissant et ce Nil limpide.

Nous retrouvons ici les Gentlemen dont la barque a constamment marché de concert avec la nôtre: ici encore les patrons d'Achmet, tous deux anglais. Ils sont les uns comme les autres parfaitement obligeants et parfaitement discrets. Vertus anglaises, quand vous êtes, vous êtes les premières des vertus!

Le Reiss déclare qu'il ne peut se laisser couler au fil de l'eau sans ramer. Il nous donne l'option entre le travail de l'équipage ou la terre. Nous choisissons la terre. — A dater de cet instant, nous glissons avec le courant sans qu'on frappe un coup d'aviron.

Au-dessus de Derr, lundi 24 janvier 1848. — D'où vient qu'au milieu des bénédictions de Dieu, notre âme se trouve tout à coup abattue? D'où vient que son soleil se couche et que ce qui la charmait perd ses couleurs? Souvent d'une réponse du Seigneur à nos prières. Nous avons demandé un cœur humble, et Dieu nous humilie. Nous sommes exaucés, nous devrions rendre grâce ; eh bien, pas du tout ; nous restons stupéfaits, attristés ; rien n'a changé autour de nous, mais nous ne prenons goût à quoi que ce soit ; pareils à ce pauvre malade qui a la bouche mauvaise, et qui détourne la tête aux bons morceaux comme au pain noir.

J'avais supplié Dieu d'amortir mon orgueil. — Je relis quatre ou cinq pages de mon journal de Grèce, je le trouve *bête comme trente-six mille bécasses*, l'effet est produit. Je me vois ennuyeuse, j'en suis confondue ; bien plus, j'en suis profondément chagrine, et la douce vie, et le voyage, tout cela fait un plongeon dans les ténèbres ! — Eh ! qu'importe à mon âme que mon journal soit fade? Dieu m'en aimera-t-il moins? Quand je devrais jeter ces feuilles au feu, où serait le malheur? Voilà une belle affaire pour m'assombrir ! Au dernier jour, m'inquiéterai-je beaucoup d'avoir été niaise? — Énorme orgueil, recherche effrénée de soi ! — Je me suis retournée de tout mon cœur vers mon Sauveur, et j'ai lu avec une intime joie ces mots : « J'habiterai avec celui qui est humble d'esprit et qui a le cœur brisé. » — Seulement, je ne suis pas encore humble d'esprit, puisque je m'étonne de ma médiocrité. Vivre en Dieu, mettre son trésor en haut, se soucier peu de soi, en penser réellement peu de bien; quelle source de paix !

Nous avons le vent contraire : impossible de lutter. Les matelots ont laissé les rames, le courant nous pousse d'un côté, le vent nous retient de l'autre. C'est bien vraiment *la mer*, comme dit Antonio. Si nous ne voyions les côtes, je crois que ce balancement nous incommoderait pour tout de bon.
— Les mouches redoublent d'impertinence. Leur importunité s'accroît en raison de votre méchante humeur. Êtes-vous occupé, ennuyé, l'essaim ne vous laissera pas un moment de relâche. Les Égyptiens avaient un Jupiter *chasseur de mouches*; dans le nombre, celui-là se comprend au moins.

Ce matin nous retrouvons nos deux matelots retardataires. De grosses et belles barques ont passé qui ne nous les ont pas ramenés, mais un petit bateau d'assez piètre apparence les prend et nous les rend; c'est l'histoire du bon Samaritain. — Nous faisons maigre chère : du *biscuit* ou mieux du *triscuit* à se briser les dents; on le casse à coups de marteau, on le recasse à coups de mâchoires, et l'on obtient une espèce de farine fade qui s'associe tant bien que mal avec les mets.

Notre pauvre Hassanin nous a fait à Assouan une désastreuse emplette de beurre, de graisse, de je ne sais quoi de pestilentiel, qui fait soulever le cœur. La première fois qu'il en mit fondre dans ses casseroles et que l'odeur étouffante pénétra dans la cabine, nous pensâmes qu'Hassanin confectionnait un poison pour les rats..... hélas! c'était pour les chrétiens. Aigre, tourné, rance, nauséabond, sont des épithètes qui ne rendent pas. Il y a dans cette composition quelque chose d'animal et de corrompu, dont l'idée seule révolte tout notre être. Antonio y a jeté vingt oignons, il l'a fait fondre et refondre, sans en tirer autre chose qu'une combinaison empestée. Nous nous procurons de village en village quelques parcelles d'un beurre qui ne sent plus que la bête, la laine, le rance : on accommode notre nourriture avec cela, et nous nous régalons.

Ces échecs ne troublent ni la paix d'Hassanin ni la bonne opinion qu'il a de lui-même. — L'autre jour : — « Brave Hassanin! se disait-il, il n'existe pas de cuisinier pareil à toi! Où est-il, celui qui n'aurait pas consommé ce tas de bois! Dieu te bénisse Hassanin, Dieu te bénisse?... » Notez qu'il continue à brûler autant de charbon que le chauffeur d'un *vapeur* de six cents chevaux.

DERR.

Mardi, 25 janvier 1848. — Nous passons Derr
pendant la nuit. Il y avait un petit temple... mais il
y en a tant !... — Ce matin, par compensation, nous
nous arrêtons devant Amada. Encore un temple fort
ancien. On y trouve le nom d'*Osirtasen III*, qui a
précédé Sésostris de plusieurs siècles. Les Juifs devaient, sous son règne, habiter le pays de Gosen. Il
n'y a guère que les grottes de Beni-Hassan qui remontent plus haut. Le toit du temple s'élève seul au
milieu de l'océan des sables. On se glisse dans l'intérieur par le haut de la porte : point de colosses, point
de colonnes, mais des hyéroglyphes admirables de
conservation. Partout le dieu Rhé — le soleil — avec
sa tête de moineau, et le scarabée sacré. Les couleurs sont vives, surtout ce bleu céleste dont les
Égyptiens seuls, semblent avoir eu le secret. Le
temple a servi d'église, un clocher de briques en
surmonte le fronton ; les peintures païennes sont

couvertes d'une couche de plâtre ou de terre. Il serait facile, en déblayant l'intérieur du temple, de fixer l'époque de l'envahissement des sables. La ligne où commence le recrépissage déterminerait la hauteur de l'atterrissement.

Je me perds dans la théogonie et dans l'histoire égyptienne; j'ai essayé de jeter un regard dans ce double dédale, j'en suis sortie avec des idées quatre fois plus embrouillées. Au bout du compte, que me fait Thot, et Psha et les Thotmès, et les Rhamsès, et les dynasties fabuleuses. J'ai bien envie d'envoyer dieux et rois paître les oies.

Hélas! je suis de ceux qui apprennent toujours et qui ne savent jamais. Le bruit monotone d'une nomenclature suffit pour me mettre l'esprit à l'envers. Parle-t-on *Phathmen*, je pense choux. Ma science va jusqu'à distinguer les dieux des hommes; peut-être Osiris d'Isis. Quant à Orus, à Rhé lui-même, aux cent autres à tête de linotte, de loup, de chacal ou d'ibis; quant aux *Pschents*, aux scarabées, aux mitres, aux cornes; j'en donne ma langue aux chiens, trop heureuse d'avoir accroché, au milieu de tout cela, *le sceptre des dieux bienfaisants* et la *croix ansée.*

Ignorante je suis, ignorante je resterai! Le monstrueux de la chose, c'est que j'en suis bien aise. —J'admirerai ce qui me semblera beau. Je ne serai forcée, ni de reconnaître ce que je ne reconnais point, ni de voir ce que je ne vois pas... Il y a quelque peu de : *ils sont trop verts* dans mon affaire.

Nous mettons pied à terre au milieu des pois en fleurs; nous voilà dans un village nubien : petites masures de terre, vie en plein air; les vaches, les chèvres, les brebis avec leurs agneaux sous les palmiers, chacun dans son enclos de jonc; celle-ci faisant triste figure devant un tas de paille sèche, celle-là se régalant d'une brassée d'herbe verte! Les fils d'un métier à tisser s'étendent de ce côté, là une jeune fille dort sur la terre, enveloppée dans son tapis. Toute la population nous suit, cela va sans dire. Nous nous asseyons au pied d'un mimosa. Les femmes s'approchent, les hommes aussi, et les vieillards encore : grandes salutations qui se terminent par : backschich, backschich! On en donne à toutes les barbes blanches. Les salutations des Nubiens me rappellent celles de la Bible; le jeune homme ou l'inférieur, se prosterne sur la main, dont il s'empare, tandis que le supérieur se penche sur le cou et le baise. Il me semble voir Ésaü relevant Jacob, ou Joseph pleurant sur Benjamin.

Les femmes sont grandes et belles, elles ont les traits réguliers, la physionomie ouverte; leurs boucles crépues et ruisselantes de graisse, sont terminées par une petite poire de boue qui les empêche de se redresser; elles fixent là dedans des fils de coquillages de la Mer-Rouge; elles en entourent leur cou, leurs poignets, elles les attachent en guise de bracelets aux jambes et aux bras de leurs petits enfants : c'est un préservatif contre le mauvais œil. Tout cela est bien sale, l'odeur pestilentielle du beurre d'Hassanin s'exhale de ces têtes frisées; mais que de grâce dans ces poses, que de liberté dans les mouvements! comme ces mères tiennent légèrement leurs beaux nourrissons couchés tels que les a faits la nature, sur leurs bras ou contre leur sein! avec quelle dignité elles jettent sur l'épaule les plis de leurs longs voiles, et quelle majesté dans ce manteau qui flotte et traîne un peu sur leurs pas!

Mes gants, de couleur foncée, les inquiètent; elles les touchent, touchent mon visage, et se récrient : je défais le bouton, je tire le gant, toutes les mains se lèvent au ciel avec un *loué soit Allah !*

Ces gens travaillent peu; les bœufs qui tournent aux sackkiehs font le plus gros de l'ouvrage. Les hommes et les femmes semblent n'avoir d'autre soin que de se promener tout le jour dans leurs grandes toges.

Nos matelots d'Assouan ne comprennent pas l'idiome de ces Nubiens, qui appartiennent à une tribu différente et parlent la langue *Nouba*. L'idiome de nos matelots est doux, traînant, il abonde en voyelles; on n'y retrouve plus les aspirations arabes.

Nous suivons le long du Nil, les transitions qui

séparent le blanc du noir, le type caucasien du t. . . nègre; il faudrait se crever les yeux ou leur appliquer l'épais bandeau d'un système, pour croire *ici*, à la diversité primitive des races. A mesure que nous avancions, nous voyions les peaux s'obscurcir et les cheveux se crêper. Les lignes du visage se rapprochent, il est vrai, du type caucasien; mais la bouche est bien plus proéminente, et parmi les Nubiens, parmi les habitants d'Assouan, parmi les moins noirs, parmi les cuivrés même, que de figures taillées sur le moule nègre : grosses lèvres, front fuyant, nez épaté; tous les arguments du monde viennent échouer contre cette vue-là.

SEBOUA.

Encore sous les tropiques, mercredi 26 janvier 1848.
— *Melek Nùmr* est dompté : trois figues ont fait l'affaire. Chaque après-dîner, lorsque le dessert est placé sous le péristyle, je verse dans la main du premier rameur deux poignées de figues et de dattes; celui-ci les distribue scrupuleusement entre tous. La sauvage fierté de *Tigre féroce* n'a pu résister à tant de bienfaits. — Quand la provision de fruits secs échoit au danseur de la troupe : le Berbère malade et guéri; il ouvre une bouche vaste comme un four, rouge comme une grenade, et crie un *kater-hérack* à faire trembler les crocodiles dans leurs humides palais. Le nom lui en est resté : *Kater-hérak.*

— « *Emse Temsa!* » — tiens crocodile! — Il suffit de cette innocente plaisanterie pour jeter l'équipage dans un rire inextinguible. Ces braves gens sont enfants dans l'âme; un rien les amuse. Chez eux, pas l'ombre de prévoyance; malgré dix avertissements, ils partent sans provisions, sans pain, et puis ils viennent tout à coup nous dire qu'ils n'ont plus rien, qu'ils sont obligés de descendre à terre, de pétrir, de faire cuire la pâte sous la braise ! Paresseux quand ils peuvent, travailleurs enragés par moments! Il faut voir *Tigre féroce* et *Kater-hèrak* se lancer en arrière avec la rame, bondir sur le banc, jeter gracieusement leur tête à droite et à gauche, avec des *où ah! où ah!* des *hahá! hahá!* de folle joie! Il faut les voir aussi, répéter le refrain d'une seule voix, en se regardant à chaque reprise avec un sourire doux et candide. — Et sobres, et infatigables ! souvent douze heures à l'aviron! veille et rame la nuit ! pour unique nourriture du pain, des lentilles; pour unique boisson l'eau du Nil : avec cela d'une vigueur dont rien n'approche.

Mais ils ne savent pas, et Antonio, avec toutes ses fureurs, ne leur apprendra jamais ce que c'est que la reconnaissance. — Il n'y a que *Kater-hèrak* qui ait profité, les autres reçoivent bakschichs et régalades, sans donner même un signe de plaisir. Ce trait de leur caractère ne s'accorde pas avec l'ingénuité de leurs impressions.

Encore un mot sur la mythologie égyptienne. En y réfléchissant, je l'aime mieux que les autres; elle a des côtés qui me touchent : le classement des dieux par *triades* — le mari, la femme et l'enfant. — Ces bons petits ménages ont quelque chose d'honnête et de rangé qui satisfait les âmes bien nées. Pourquoi faut-il qu'ils s'affublent d'attributs si compliqués, et qu'ils se divertissent à les changer entre eux? *Osiris* sous la forme de *Rhé, Isis* sous celle d'*Athor!* Qui peut s'y reconnaître? Qui me dira, quand je vois *Phta,* que ce n'est point *Amùn* que je vois, et quand je vois *Amùn* que ce n'est point *Orus!* Pourquoi faut-il encore que les Grecs, brochant sur le tout, voulant se retrouver où ils n'avaient que faire, rapportant les théogonies les plus étrangères à la leur, au lieu de reconnaître bonnement que leur mythologie était la fille quelque peu dégénérée de la mythologie égyptienne; se soient efforcés de deviner leur Jupiter, leur Vénus, sous les noms et sous les types si différents d'Athor, de Sathé et d'Amùn?

L'amour d'Isis pour Osiris, leurs mélancoliques aventures, me semblent révéler des idées d'un ordre bien plus élevé que les tristes unions de la mythologie grecque, que les matérielles amours, que les vices de ses dieux. — Certainement la pensée morale est plus pure ici que là.

Osiris, manifestation de la souveraine bonté, vaut bien Jupiter, manifestation de la force. Où trouver dans la théologie grecque une conception qui vaille celle-ci : Osiris opérant la conquête du monde par la poésie et la musique?

On accuse Homère d'avoir matérialisé l'Olympe;

on affirme qu'avant lui les dieux étaient plus spirituels, plus honnêtes gens; je le crois sans peine : les temps antérieurs à Homère se rapprochaient de l'époque où l'Égypte avait enfanté la Grèce.

Quoi qu'il en soit, l'une comme l'autre de ces mythologies, a la prétention de ne faire de ses dieux que la représentation d'une idée. Voyez de quelle façon le peuple entend cette spiritualité. L'histoire des Juifs sortant d'Égypte le montre de reste.

Les Juifs ont vécu en face des temples de Memphis et de Thèbes, en face des idoles, en face d'Osiris, d'Isis, de Kneph; en face du bœuf sacré, du crocodile sacré, de toutes les bêtes sacrées. — Mais ce ne sont là que des formes, l'idée de la divinité s'en dégage; nul ne s'arrête à ces grossières représentations.

S'il en est ainsi, Moïse n'aura pas de peine à ranger les Juifs sous l'obéissance du Dieu Esprit, du Dieu invisible!

Écoutez leurs murmures. Écoutez-les quand ils crient à Aaron de *leur faire des dieux qui marchent devant les troupes !* — Miracles, patience, tendresse; rien ne détachera du culte des idoles leurs cœurs appesantis. Il leur faut de la pierre, du bois. L'idée! ils n'en veulent pas, ils ne la comprennent plus. Quarante années de vie errante par le désert, les coups terribles de la verge de l'Éternel suffiront à peine à la dégager des brouillards du Nil.

Voilà les conséquences de la théogonie égyptienne; spirituelle, typique par excellence.

Nous avons vu la queue... ou mieux, les queues de trois crocodiles. Plus, hier au soir, à la clarté des lanternes arabes, le beau temple de Seboua. La lune n'était pas encore levée, le firmament étoilé brillait; Antonio, Louis, le fusil sur l'épaule, nos Nubiens armés de bâtons se rangent autour de nous; nous gravissons la berge sablonneuse, nous marchons quelques minutes sur le sol mouvant, et nous voilà en face de deux colosses flanqués de deux sphinx. Ils forment la tête de l'avenue de sphinx qui conduit au temple; les seconds sphinx ont encore le buste hors du sable, les troisièmes sont enterrés jusqu'au cou, les autres tout à fait. Le Pylône, avec ses deux tours, ferme la perspective; deux colosses gisent à demi enfouis des deux côtés de la porte. La cour intérieure est presque comblée; nous pressons le pas vers le temple même, creusé dans le roc, tandis que l'*Arla* — cour — le *Pylone* — porte — les *Propylées* — tours carrées qui accompagnent le Pylône — le *Dromos* — avenue — sont construits à l'air libre. — Nous espérons pouvoir nous glisser dans le temple entre le sable et l'entablement de la porte; il n'y a pas moyen, les sables l'ont hermétiquement fermée. Le sanctuaire, la nef, les colosses qui soutiennent la voûte, les hyéroglyphes gravés sur les murs vont demeurer solitaires, jusqu'à ce que quelque nouvel *Irby* les déblaye. Le toit du temple est intact. — Ce monument, mis au jour, serait un des plus beaux de la Nubie; l'avenue de Sphinx, avec les colosses aux deux bouts, le Pylône et ses Propylées, l'Areâ, le temple fouillé dans la montagne, reproduiraient les deux architectures égyptiennes : celle qui taillait dans le roc, celle qui bâtissait sur le sol.

Comment Méhemet-Ali ne met-il pas sa gloire à restituer à l'Égypte son beau caractère antique?

Cet envahissement des sables est mystérieux. Évidemment, au temps de Sésostris, la population, les cultures tenaient l'ennemi à distance; il s'avance à mesure que la vie se retire. Il n'y a que la vie, en effet, avec ses conséquences, qui puisse dompter les forces inertes de la nature. Le simple fait d'une population qui respire, qui agit; en Égypte, faisait reculer les sables; à Rome, assainissait l'atmosphère. Que le cœur se ralentisse, et la mort, qui gagne les extrémités, remonte jusqu'à ce qu'elle ait pour toujours glacé le cœur lui-même.

Sans nous en apercevoir, nous naviguons au travers des États de la reine Candace, la souveraine d'Éthiopie. « Et voici, un homme éthiopien eunuque, qui était un des principaux seigneurs de la cour de Candace, reine des Éthiopiens, commis sur toutes ses richesses, et qui était venu pour adorer à Jérusalem, s'en retournait assis dans son chariot, et il lisait le prophète Ésaïe!... »

Quand les Éthiopiens liront-ils de nouveau le prophète Ésaïe? quand seront-ils baptisés comme l'eunuque, après avoir, comme lui, reçu la vérité d'un cœur naïf?

GERF HOSSEIN.

Jeudi, 27 janvier 1848. — Le vent du nord qui nous poussait à la montée nous retient à la descente. Le Nil est coupé d'écueils et de bancs de sables ; on ne peut, la nuit, laisser couler la barque après l'avoir mise en travers comme on le fait au-dessous de la première cataracte. L'équipage rame jusqu'à ce que la dernière clarté du crépuscule soit éteinte ; il recommence dès que la lune se lève.

Nous voyons temples sur temples.

Hier c'était celui de Dakkeh, bâti au temps des Ptolémées par Ergamùn roi d'Éthiopie. Ergamùn mit fin à la tyrannie des prêtres de Méroé, plus ambitieux, plus dominateurs encore que ceux d'Égypte. Ces saints personnages avaient pour habitude, lorsqu'un de leurs rois vivait outre mesure, de lui envoyer l'ordre de se couper la gorge. Les rois obéissaient, cela va sans dire. Ergamùn trouva que l'usage tendait à devenir abusif ; il répondit comme

Sganarello : *je n'ai pas de gorge à me couper;* et bâtit force temples pour racheter son audace. Celui-ci est presque intact. Nous trouvons des sculptures admirables de conservation et de pureté, sur les murs d'une petite chambre à gauche du sanctuaire : une de ces noires cellules cachées dans l'épaisseur du mur, et dont les ténèbres séculaires, semblent garder le secret des mystères du culte antique. Dakkeh est dédié à Hermès Trismégiste — la science.

Ces temples, avec leur richesse de hiéroglyphes, de colosses, de sphinx, de colonnes, de bas-reliefs, jetés là, au milieu du désert, ont un saisissant caractère de grandeur.

Sur toutes les rives de la Nubie, moins cependant vers Ouadi-Alfa que vers Assouan, retentit cette clameur immense : *Caavaja bakschich!*

A peine mettons-nous le pied à terre, que la population entière sort, je ne sais d'où : des huttes à ras le sol, des trous, des champs; enfants, hommes faits, femmes de tous les âges nous accompagnent avec le refrain accoutumé, beaucoup d'éclats de rire et l'air assez méprisant. Mon mari leur donne-t-il quelque monnaie, pas un signe de gratitude; on tourne le dos et l'on fait sauter la pièce dans la main : invitation à doubler la dose.

A chaque station nous demandons s'il y a des pauvres. « Ma fish, ma fish !.. bakschich, bakschich ! » — Il n'y en a pas, il n'y en a pas... cadeau, cadeau.

En effet, c'est un cadeau qu'exigent ces *gentlemen*. Demander la charité !... à des chrétiens ! ah bien oui ! c'est beaucoup d'honneur qu'ils nous font d'accepter quelques *fadddahs*. On nous offre des lances, des boucliers nubiens : peau tendue sur une pièce de fer ronde; des épées larges et droites; jusqu'à des pierres ramassées à terre devant nous. — Je crois que les Nubiens se font de la bêtise du touriste une idée qui dépasse encore la réalité. Quant au dédain, il est patent. L'équipage du *Vélocc* ne chantait-il pas, en nous regardant d'un air naïf, des chansons où nous figurions sous le nom de *chiens de chrétiens* ?

Dans l'esprit des Berbères, nous accomplissons un pèlerinage en visitant les temples d'Osiris, d'Athor et de Rhé. — Nous sommes des *infidèles*, ces temples ont été construits par les *infidèles*, dédiés aux dieux des *infidèles*; donc, ces temples sont nos temples et ces dieux nos dieux : nous visitons les antiques sanctuaires de notre culte. Telle est l'explication que donnent les Nubiens de notre voyage; il n'y a pas moyen de les en faire démordre.

Au milieu des sables qui entourent le temple de Dakkeh, s'étend une grande tache verte : ce sont des blés. Quelques puits aboutissant à des sources, ont converti le sable en terre végétale.

Le soleil et l'eau, voilà les deux puissances fertilisantes. L'Égypte et la Nubie en sont la vivante démonstration. La Nubie plus encore que l'Égypte, parce que le désert la serre de plus près et qu'on peut suivre la lutte quatre-vingts lieues durant. — On fait la moisson, l'orge arrachée est couchée en tas. Dans un sol aussi léger, arracher donne moins de peine que couper.

Voici la culture des rives nubiennes. Sur les terres arrosées par les sackkiehs : le blé et le douhra ; ils sont semés dans de petits carrés à rebords qui contiennent l'eau comme un vase. Sur la berge, dans la partie limoneuse et à mesure que se retire le fleuve : le lupin, le ricin, les haricots. Dès qu'une bande du sol est à sec, on gratte, et l'on enfouit la semence.

Un oiseau que nous n'avons vu qu'en Nubie sautille sur la plage et dans les blés : il a le corps noir avec la queue et la tête blanche. — D'ibis, point.

Ce matin, le beau temple de Gerf-Hossein. — Nous marchons une demi-heure pour l'aller chercher, une heure pour rejoindre notre barque ; c'est beaucoup. Le sable fatigue plus que la neige ; avant la chaleur du jour, celle-ci porte ; à la fraîcheur du soir, elle porte encore ; la couche supérieure fond-elle, il y a quelque résistance par-dessous ; que vous le preniez à l'aurore, que vous le preniez à la nuit, le sable fuit toujours et fuit indéfiniment sous vos pas.

La population du Gerf-Hossein nous enveloppe de

toutes parts. — Y a-t-il parmi vous quelque personne nécessiteuse?

— Lah! — Bakschich, bakschich!

Ces pittoresques figures se groupent sous les portiques du temple, armées de lances, la tête encadrée par l'écharpe aux longs bouts; noires, nobles et fières comme le visage d'Otello.

Un grand escalier orné de sphinx conduisait à l'Aréa, il est maintenant détruit. L'Aréa, entouré de colosses, subsiste encore. La montagne se dresse après, percée d'une haute porte; nous entrons : colosses des deux côtés; à droite et à gauche, des niches renfermant chacune trois dieux du même style, sculpture grossière et sans beauté. Au fond, le saint des saints : quatre divinités assises, les mains sur les genoux, impassibles, avec un pâle reflet du jour qui glisse jusqu'à elles au travers de l'avenue des colosses et du sanctuaire. — Je n'entre jamais dans cet asile, environné d'un triple respect, d'un triple mystère; je ne me trouve jamais en face de ces idoles, l'abomination des Égyptiens, renfermées au cœur de l'édifice comme le dernier mot de la foi; sans frissonner d'horreur. Il y a dans ces monstres à tête d'oiseau de bœuf, de loup, proposés à l'adoration des âmes, entourés de tout le prestige de l'ombre et du silence, il y a un caractère d'ironie et de haine, auquel on reconnaît *l'Ennemi*. Il me semble voir Satan rire d'un rire impitoyable derrière ces immobiles figures de pierre.

Gerf-Hossein a été édifié sous le règne de Sésostris, c'est l'opinion générale. Cependant Ruesseguer pense que le temple lui-même, avec les colosses et les figures en ronde-bosse des niches, remonte à une époque antérieure. Sésostris n'aurait fait ici, comme dans beaucoup d'autres temples de la Nubie, que graver son nom sur les murs d'édifices existant déjà.

Gerf-Hossein est dédié à *Phta*, — grand ouvrier, créateur, — le Vulcain grec.

Nous y retrouvons les cellules obscures. Ce temple, de même que tous les autres, ne s'éclaire que par la porte ; le culte devait se célébrer dans les ténèbres, ou bien à la clarté des cierges. Tout est calculé pour jeter dans l'âme des impressions étranges.

Je viens de m'interrompre pour voir le temple de Dendour, juste sous les tropiques. En considération des tropiques, distribution aux femmes ; toujours mes dés, mes ciseaux, mes aiguilles et mes colliers. Les susdits colliers, composés de perles de cire rouge, seront vendus à de *yougs ladies*, et figureront comme bracelets nubiens en corail brut, sur les étagères de quelque château du Devonshire ou du Yorkshire. — Les femmes s'enveloppent ici de couvertures en laine brune. Nous retrouvons les enfants nus : je me trompe, ils se roulent dans le sable : jaune sur noir, cela fait un habit complet. Le beurre d'Hassanin découle de toutes les têtes.

Le Pylône et le sanctuaire restent seuls debout, avec des Athor, avec des Osiris, des ce qu'on voudra. Ce que j'en aime, c'est la situation : le sable, une mince lisière de culture, trois beaux palmiers sur le bord du Nil, le fleuve traçant un grand circuit avec des eaux plus limpides et plus calmes que celles du plus paisible des lacs ; de l'autre côté un ruban vert, des palmiers, et puis des sables et des montagnes.

Dendour date de l'époque d'Auguste ; c'est ce que nous autres gens d'étude nous appelons *moderne!* très moderne !

Galette arabe ! Avec quelles délices nous la retrouvons après huit jours de biscuit, il n'est plume au monde capable de le peindre!... Cette même galette, qu'il y a un mois nous mangions du bout des dents !

TALMIS.

Hors des tropiques, vendredi 28 janvier 1848. —
Nous entrons de bonne heure ce matin dans le défilé des montagnes noires. Cela est toujours solennel et pittoresque. Notre barque glisse de toute la vitesse de ses dix rameurs enragés, sur la surface du fleuve, entre ces roches sombres dont la longue perspective se perd au loin. — Nos Berbères qui se sentent près d'Assouan travaillent en forcenés. *Kater-hèrak* ouvre sa rouge gueule et remplit l'air des notes sauvages de ses chants; *Tigre-féroce* se lance en arrière au risque de cabrioler dix fois sur lui-même. Les paroles de ces chansons, toutes arabes, sont *ad libitum*; chacun improvise, le chœur répète les derniers mots, la mélodie seule reste fixée. Rien d'enfantin comme ces couplets.

« Il a posé son mouchoir sur le sable, je ne me
« baisserai pas pour le ramasser. — Oh, Hadgie! —
« pèlerine — ton mari m'a recommandé de te soi-

« gner. La barque est pleine de blé et le gouvernail
« est sûr. — Giseh est au nord d'Assouan; nous
« sommes des hommes d'acier. — Notre dame est là
« devant nous, puisse-t-elle revoir son pays ! »

Antonio excelle dans la chanson arabe. Toute sa personne revêt un caractère de sauvage poésie, lorsque, debout à la proue, son large pantalon, sa veste brodée, son tarbousch se dessinant sur les eaux, il lance à voix vibrante les notes bizarrement modulées et que l'équipage entier, ces dix visages noirs à dents blanches, répond par de longues tenues à l'unisson.

Grrrrande découverte! A côté du village de Basti, — nom plus ou moins fabuleux pour la Nubie — deux grottes creusées dans le roc. Wilkinson n'en parle pas, Ruessegeur n'en parle pas, Prokesch n'en parle pas! Nous les avons trouvées, créées, éditées! Ces cavernes doivent remonter à la plus haute antiquité... Un examen superficiel suffit à démontrer qu'elles sont de quatre mille ans antérieures à la quinzième dynastie, la première dont on trouve trace quelconque sur les monuments connus! Un roi de cette dynastie, *un seul*, figure sous le nom d'Osirtasen Ier dans les grottes de Beni-Hassan.

Leur destination; tombeaux? — Non, c'est trop vulgaire. — Temple? — Allons donc, on ne voit que cela. — Trésors?... Prisons?... — Peut-être, nous verrons... — Sont-elles belles? — Pas le moins du monde. —

Curieuses? — Point. — Offrent-elles quelque intérêt historique? — Aucun, sauf leur antiquité... quatre mille ans avant la quinzième dynastie, c'est bien quelque chose... — Mais avez-vous des preuves? — Des preuves, nous, des preuves!... pour qui nous prenez-vous? Ce sont les ignares, les ânes, je dis les ânes bâtés qui prouvent; les savants *établissent*, nous établissons. — De plus, sur le vu d'un bout de vieux mur qui longe le Nil au-dessous de Basti : — un quai, à n'en pas douter, — nous fixons là l'emplacement contesté de l'antique Talmis. Nous compulsons carte en mains les documents de Ptolémée, de Pline, de Strabon; nous prenons un compas, nous mesurons consciencieusement, et, avec une grande enjambée de ce côté-ci, avec un petit coup de pouce par là, nous trouvons nos conjectures fondées, *archi* fondées, ULTRA fondées.

Basti! cavernes de quatre mille ans antérieures à la quinzième dynastie, découvertes, en 1848, par *l'armateur* du *Véloce*! — Position de l'antique Talmis, déterminée en suite d'un minutieux examen, par le même *illustre voyageur*.

Encore deux temples avalés hier au soir, un petit et un gros; tous deux à Kalabschi. Le gros est de l'époque romaine; il étonne par ses proportions. Une secousse violente a dû le détruire; les Propylées, les colonnes, les murs ont été jetés sur le sol d'un coup et dans la même direction. Un immense

Dromos dont on ne retrouve que le pavé conduisait au Pylône; de tous côtés on reconnaît la fondation des chapelles : on dirait plutôt une ville ruinée qu'un monument isolé. — Ici les naturels du pays deviennent plus fâcheux, ils respirent notre air, se collent à nous, se mouchent avec les doigts et puis touchent à nos vêtements. Ce grand pendard de jeune homme crie cinquante fois par minute : *Caavaja bakschich!* Cet autre nous fait pendiller devant les yeux, — pour nous séduire, nous autres femmes, — quatre ou cinq colliers de verre. On nous offre une épingle à châle, une pince d'acier, une canne de buis à tête de capucin, reliques de je ne sais quel voyageur.

Pendant que la *Camera lucida* fonctionne, que notre suite mauricaude s'amasse tout autour, pensant en voir sortir au moins un *dginn*; un rossignol caché dans les branches de quelque sycomore commence sa chanson; à mesure que la nuit tombe, les trilles s'en font plus éclatants : douce voix de la patrie!

Le petit temple, *Beil-oualli*, date du temps des Pharaons; il est creusé dans le roc et couvert de bas-reliefs d'un haut intérêt. Dans l'intérieur, des offrandes, des sacrifices humains, trois dieux assis dans chaque niche — peut-être des triades. — Sur les murs de l'Aréa, des batailles et des tributs. A droite, en sortant du temple, Sésostris, toujours gigantesque, reçoit, assis sur son trône, les députations de nègres qui lui apportent des singes, des oiseaux, des peaux de tigre, des giraffes, des barres d'or et des fruits étrangers. Le type nègre y est exactement reproduit. Une bataille suit cette scène, le grand Sésostris monté sur son char que conduit un cocher, à la façon des héros d'Homère, met en fuite un peuple de vaincus qui ne lui vont pas aux genoux.

A gauche, guerres orientales; le type change; les prisonniers, les fuyards et les suppliants ont la barbe pointue, le front haut et presque chauve. Sésostris attaque une citadelle qu'il dépasse du buste; les assiégés tombent à qui mieux mieux, la tête en bas, les pieds en haut, par-dessus les murs.

Les figures de l'intérieur ont cette esquisse délicatesse si remarquable dans la sculpture égyptienne: un caractère de noblesse fine, de tendresse, de grâce idéale dans le sourire et dans le regard.

Je ne sais si c'est esprit de contradiction, mais elles ne me semblent pas stéréotypées les unes sur les autres. La coiffure, les vêtements, l'attitude ne varient jamais; ce fait contribue à jeter une teinte d'uniformité sur la sculpture égyptienne; mais que de nuances dans les traits! Et si ces têtes étaient autrement accommodées, si ces vêtements, au lieu de se coller au corps, tombaient en plis moelleux; si ces bras cessaient de s'étendre invariablement vers le dieu à bec d'oiseau, placidement assis sur son trône ; si la vie enfin, avec ses divers accidents, venait animer ces figures, comme les différences ressortiraient !

Ce matin, le temple de Daboud, commencé au temps des Ptolémées, achevé sous les Romains ; il n'a rien de remarquable.

Nous ne menons plus la vie régulière de la montée ; de jour, de nuit, le cri : *un temple!* nous prend à l'improviste ; on jette ses livres, on laisse la phrase commencée, on saute à terre, on court sur le sable, on revient calciné par le soleil, hébété par les hurlements des naturels. A peine retrouve-t-on son assiette, qu'Antonio signale quelque nouveau Pylône. — La nuit, quand la rame et les clameurs de l'équipage nous laissent une heure de relâche ; — « M. le comte » ! — silence ! — « M. LE COMTE ! » — Rien. — M. LE COMTE ! — « Eh bien ! quoi » ? — « Voici *Tafah* !... voici *Gertassin* !... » Cette fois, nous les passons. Quatre temples par jour, cela suffit sans que la nuit s'en mêle.

Katerhérak nous montre une écorchure, nous y appliquons de l'arnica, — notre baume de fier-à-bras. — Tout l'équipage se retrouve d'anciennes blessures ; qui apporte sa jambe, et qui son bras. *Zanette!* crie à tue-tête *Tigre féroce*, en amenant ses camarades à Jeannette ; et *Zanette* trempe des compresses, pose des appareils, et l'équipage jouit délicieusement du plaisir de se faire droguer.

Enfants, en tout et toujours.

CHALAL.

Port de Chalal, immédiatement au-dessus de la première cataracte, sep'ième jour à partir de Ouadi-Alfa. Samedi 20 janvier 1848. — Le défilé s'élargit, les granits reparaissent; ils s'entassent en blocs énormes, noirs au contact de l'eau, rouges à la crête. Les tombeaux de Scheiks posés sur les pics, tachent de leurs dômes blancs le sombre chaos. L'île de Philé sort des eaux avec ses groupes de palmiers et ses deux temples. Nous errons sous la merveilleuse galerie du grand temple: celle qui longe le fleuve; elle aboutissait au grand escalier devant lequel s'arrêtaient les barques éthiopiennes. Le soleil est brûlant, mais la fraîcheur du Nil remonte sous le péristyle et le regard plonge dans les eaux avec délices. Chaque colonne soutient un chapiteau d'une merveilleuse richesse. La coupe du lotus s'arrondit ici, et là se renversent les palmes, pendant qu'à côté s'étale en éventail la large feuille du palmier thébain.

Le côté gauche du Dromos n'est pas achevé, les chapiteaux n'offrent à l'extrémité de la galerie qu'une raide ébauche. Les Pylônes, leurs Propylées viennent après, et puis l'Aréa. Le grand temple forme le fond de cette imposante masse d'architecture. Là on retrouve le sanctuaire, les chapelles, les corridors, les escaliers mystérieux. La première salle est prodigieuse; les colonnes, hautes de cinquante à soixante pieds, sortent du sol d'un seul jet et vont s'épanouir à la voûte en coupes de lotus. Tel quel, à demi ruiné, avec les proportions gigantesques qui lui conservent son caractère d'écrasante grandeur, ce temple satisfait mieux notre œil qu'il ne l'eût fait intact. La symétrie y manque totalement. Les Pylônes, les Propylées n'y sont pas en face les uns des autres; le Dromos va de travers. On explique les irrégularités du temple par les diverses époques de sa construction. — Ruesseguer attribue l'un des portiques à Nectanebo, dont le règne se place entre les deux invasions Perses; les principales constructions remontent aux Ptolémées; et les noms de quelques empereurs romains, gravés sur les murs, donnent à penser qu'eux aussi ont mis la main à l'œuvre.

Nous repassons devant l'inscription de Desaix. On en a effacé à coups de marteau le nom de *Buonaparte*, et les mots d'*Armée Française!* L'outrage est récent, le marteau britannique! — Je suis encore plus frappée de la sottise que de l'insulte.

A peine revenus à la barque, mon mari saute sur un pinceau, s'empare d'une bouteille de cirage, court au temple avec le bouillant Antonio. On entasse des tables, elles ne s'élèvent pas au quart de la hauteur; on roule bloc sur bloc, mon mari grimpe au faîte, et sur ce même mur dont une main pieuse enleva jadis tous les noms obscurs, en traçant cette ligne: *Une page de l'histoire ne doit pas être salie,* il rétablit les mots biffés, et puis écrit dessous: *Une page d'histoire ne s'efface pas.*

Voilà l'honneur national sauvé!...

L'orgueil britannique, — je ne parle pas de courtoisie — l'orgueil — car jalouser, c'est se reconnaître inférieur — ne devait-il pas respecter cette plaque de granit, sur laquelle a passé le doigt de la gloire!

Le *Henné* aux fleurs vertes, au suave parfum, fleurit dans l'île de Philé.

Un petit bateau nous ramène Reiss Hassan et son frère Ali. Ali, beau comme le jour, une écharpe rouge jetée sur l'épaule, s'élance le premier sur le *Véloce.* Nos mains, celles de Louis, celles de Jeannette sont baisées et rebaisées. Nous éprouvons un vrai plaisir à revoir nos vieux amis.

Le soir, contestation, avec cris et gestes frénétiques. Tout l'équipage veut se rendre à terre; Reiss Hassan consigne les deux matelots retardataires; *Melek Numr* jette sa tête à droite et à gauche, brandit sa massue, se drape dans sa robe brune. *Kater-*

hérac émet des sons à briser le tympan. Ali, dont on méconnait l'autorité, en appelle à son frère. « — Reiss Hassan ! viens et vois, — » on hurle une heure; après quoi tout s'arrange. L'équipage jure par sa tête qu'il sera de retour avant le lever du soleil; le Reiss jure par son tarbousch qu'il cassera aux gages quiconque ne tiendra pas son serment... Il est midi, pas un homme n'a reparu, pas un homme ne sera congédié, pas une tête ne sera coupée!

Une barque française! salut de pavillon, décharge d'artillerie, visite de deux compatriotes qui remontent vers Ouadi-Alfa. Entendre parler français, par des Français, c'est agréable en tout pays, mais surtout aux frontières de la Nubie!... Ces Messieurs ont loué leur barque au mois; de là, tours du Reiss, veille la nuit pour faire marcher l'équipage, prise d'armes le jour pour le faire travailler. Tout cela se passe gaiement, l'équipage n'y perd pas un bakschich, et nos compatriotes y gagnent de bons éclats de rire. — Dieu merci, les gens du pays commencent à se révolter contre les procédés inouïs de quelques voyageurs. Ces jours-ci un étranger s'est permis de battre ses matelots; demi-heure après, l'équipage avait disparu, et l'étranger se trouvait seul en face de lui-même. Bonne leçon à qui se dégrade, en outrageant la dignité humaine. — Nos compatriotes ont mis trois jours à franchir les trois rapides de la cataracte, trente-neuf à venir du Caire.

Contrat au mois, voilà de tes coups!

Nous sommes retenus ici par le vent... en réalité, quoiqu'on ne l'avoue pas, parce que le Reiss de la cataracte, assez mauvais drôle, attend que nous soyons trois barques au moins pour mettre sa troupe sur pied.

On ne remonte la cataracte que par le vent du Nord, on ne la redescend que par un calme plat.. Cela se dit ainsi, je n'en crois rien. Le Reiss, qui sait que la troisième barque arrivera ce soir, a mis dans sa tête de nous faire descendre demain Dimanche; nous avons mis dans la nôtre de n'y pas consentir; nous ne descendrons que Lundi, et nous perdons ainsi le bénéfice de notre rapidité dans le voyage de Nubie, mais nous le perdrons avec joie puisque c'est la volonté de Dieu.

Nous voici en face des granits: entassements prodigieux! les uns affectent la forme de colosses assis, les autres de sphinx dans la classique attitude; ceux-ci sont couverts de hiéroglyphes, ceux-là polis comme le marbre; l'eau s'étend en nappe ou glisse rapide entre eux. Au travers des échancrures des roches noires, on voit de larges vallées de sable; sous ce ciel qu'encadre la syennite, elles ressemblent à des pentes de neige salie par le voisinage des moraines.

Tout près de nous, le joli village de Chalal regarde le Nil par dessous ses palmiers.

Nous venons de traverser, pour nous rendre aux carrières antiques, la grande place entourée de maisons peintes, plantée de dattiers et de sycomores. Le mur en briques sèches qui bordait l'ancienne route, subsiste encore par places. La même route, les mêmes piles de granit ont vu passer Sésostris et son armée, lorsqu'il marchait à la conquête de l'Éthiopie. Un bloc, à droite, porte le nom de ce roi ; au-dessus, on le voit lui-même, tenant d'une main ses prisonniers par les cheveux, de l'autre un coutelas qui va s'abattre sur leur tête : — ce sacrifice s'accomplit en l'honneur du Dieu, impassible devant lui. Un second bas-relief reproduit la même scène, avec cette différence qu'il n'y a qu'une seule victime.

Je sais bien que bon nombre de savants nient le fait du sacrifice humain en Égypte. Ils ne permettent pas qu'on le retrouve, ni dans les bas-reliefs d'Abou-Simbel, ni dans ceux de Bedoualli; pour preuve, ils attestent Hérodote qui proteste contre l'accusation; pour explication d'images aussi significatives, ils donnent *les mythes!*.... une des plus belles découvertes de notre siècle : l'art de nier le jour en plein midi. — Sésostris n'immole pas ses prisonniers ; il fait acte de victoire !...

Cela peut être ; mais nous qui subissons les inconvénients de l'ignorance, nous usons de ses priviléges ; entre autres de celui de nous révolter contre les princes de la science, et de voir les choses comme elles sont... non, comme elles semblent être. — Ainsi, une idole assise sur un trône, un roi qui, debout devant elle, tient par leurs longues tresses quatre ou cinq misérables prosternés les mains jointes, pendant qu'il lève un glaive sur leurs têtes : ces trois traits nous crient et nous crieront toujours *sacrifices humains !*

— Mais Hérodote !

Hérodote écrivait mille ans après le règne de Sésostris, le seul roi que nous ayons vu figurer dans la représentation de ces hideux holocaustes. La coutume avait eu le temps de se perdre, même celui de s'oublier. — Après cela, l'amour est aveugle, et quiconque s'éprend de tendresse pour la sagesse, pour le culte, pour les dieux des Égyptiens, court grand risque de voir un peu trouble.

Une chose m'étonne seulement, c'est que les gens que scandalisent les *contradictions* de la Bible, la *tyrannie* de Moïse, l'*humanité* de Jéhovah, avalent sans efforts de gros morceaux comme le zodiaque de Denderah, exaltent les prêtres-rois, et s'extasient devant les dieux à tête de bélier, d'ibis ou de vache ! N'est-ce pas et trop de foi, et trop d'incrédulité ?

Nous arrivons aux carrières, elles semblent attendre les ouvriers partis d'hier. Voici les traces de l'airain, elles sont vives, brillantes, comme si le granit venait de se briser. Voici les trous où le mineur enfonçait un coin de bois qu'il humectait ensuite; le coin en se dilatant faisait éclater la pierre. Plus loin gît un obélisque énorme fendu par le milieu; la pièce est manquée, mais l'ouvrier profitera du bloc : ces profondes lignes tracées en travers vont recevoir les coins, il sortira de là des assises gigantesques. A chaque pas on trouve le projet de demain, suspendu depuis dix-huit siècles. Quelle vue, et comme elle donne à penser! — Un vieux cimetière s'étend dans ce val de granit : désolation sur désolation! Un tombeau de Santon se dresse sur la crête du rocher derrière lequel doit tourner le Nil; Assouan se cache à demi, sous un petit bois de palmiers au nord-ouest.

Ici finit la belle Nubie, si riche en scènes de la vie sauvage, si riche en souvenirs des temps antiques.

Que de montagnes ne traverse-t-on pas en Grèce pour un temple? Ici quatre, cinq, six temples par jour.

— Ils sont toujours la même chose, dira-t-on. toujours des Pylônes, des Propylées, des Dromos, des Aréa, des sanctuaires et des hiéroglyphes?...»

Et en Grèce!... toujours des colonnes, avec des frontons! Tantôt l'ordre dorique, tantôt le corinthien, tantôt l'ionique. Pas d'autre variante.

Ah! vive la noire Nubie avec ses montagnes brûlées, son fleuve de saphir, ses colosses taillés dans le roc! Vive la verte Égypte avec ses rives d'émeraude, son fleuve d'or, ses temples massifs et ses colonnes à fleur de lotus! Vive la cataracte nubienne, ses sombres basaltes, ses eaux unies, son grand désert! Vive la cataracte égyptienne, ses rouges pyramides, ses îles romantiques, ses rapides ondes..... Et vive aussi la Grèce! car il faut bien que tout le monde vive.

Ceci est méchanceté pure! — Oui, vis, Grèce austère et riante aussi, couronnée de tes temples qui se reflètent dans tes mers ou qui dominent tes fertiles vallées! Redresse fièrement tes montagnes de marbre, tout entourées à leurs pieds d'orangers en fleurs. Regarde les belles ondes de tes golfes se briser écumeuses contre tes écueils, s'arrondir vers tes rivages couverts de vignes. Respire l'agreste parfum de tes bruyères, suis tes longs troupeaux à la laine jaune, songe à ton passé qui est un grand passé,... et prépare-toi pour ton avenir, qui est un grand avenir.

Au-dessous de la première cataracte, lundi 31 janvier 1848. — Elle est franchie; cette fois, sans quitter la barque. S'il y a du danger, il est plus grand à la descente qu'à la montée. On prend un autre chenal, on se lance dans un rapide furieux. Point de cordes qui retiennent l'embarcation; la force des rames, la puissance et la justesse du gouvernail, font seuls triompher du courant.

A six heures du matin nous sommes prêts; il ne

reste plus de voyageurs à Chalal, plus à Assouan. Toute la compagnie des traîneurs et des rameurs de la cataracte s'abat sur nous, son unique proie. Soixante et dix hommes sautent dans le *Véloce*, ils se mettent cinq par banc, ils garnissent d'un cordon serré les bords de la cange, ils grimpent sur la cabine. Notre barque s'enfonce sous leur poids. Reiss Hassan empoigne son bâton recourbé, Antonio bondit sur sa courbache, le Reiss de la cataracte tape comme un sourd; les drôles alignés tout le long du bateau résistent un moment, puis l'argument du casse-tête les décide. Sauve qui peut général. — Nous croyons en être quittes; point : les rusés gaillards, chassés par la gauche, reviennent par la droite; la barque est prise en tête, en queue, de flanc, par-dessous, par-dessus, elle craque, elle plie.

— Ils vont nous faire couler dans le rapide!

Mais le fatalisme de Reiss Hassan l'emporte; d'ailleurs, les drôles ont déjà lancé la barque — *el markab*. — Le *Véloce* est littéralement couvert de visages noirs et de turbans blancs. Ils se touchent tous. Nous nous tenons debout, appuyés contre la cabine. — Le chant du retour, dit par soixante et dix voix, vibre avec ses grandes tenues. Un des hommes de l'équipage détache gravement la ceinture de Reiss Hassan. Il la roule autour de sa tête : ceci nous assure un passage heureux. La barque vole, nous voici au rapide le plus fort, le plus dangereux. L'eau bouillonne, se précipite dans le canal étroit ; une pile de granit en ferme aux deux tiers l'extrémité. Si nos trois pilotes à barbe blanche n'ont pas le coup d'œil juste, n'ont pas la main sûre; si le gouvernail ne résiste pas au bras du fleuve qui va se jeter sur lui, nous nous fracasserons contre cette masse. — Mais Dieu veille. L'équipage criait de ses soixante et dix voix — il se tait. Les rames se serrent, la barque tremble, elle se couche sur le flanc, elle glisse emportée, on dirait un boulet de canon. Trois fois la proue s'enfonce, trois fois elle remonte sur le flot, trois fois elle embarque une lame dans toute sa longueur et, *Hourra! Ou Allah! Ou Allah!...* le saut est franchi. — L'équipage hurle ! une fois le péril esquivé, chacun s'écrie comme si nous étions perdus. On vide l'eau sur le pont, à fond de cale; le Reiss de la cataracte parcourt les rangs, bâton en main ! Puis la barque se repose dans un lac tranquille parsemé d'îlots de syennite. Le Reiss fume, tous ceux qui possèdent une pipe fument; deux hommes s'emparent de deux durbakka, un vieux matelot au profil drolatique entonne des chansons. Je le vois encore, vêtu de sa chemise bleue, ses deux bras maigres tragiquement projetés en avant, avec sa grande bouche, sa dent unique, sa moustache de chat et son bonnet pointu, qui se profilent sur le ciel clair.

Le Reiss de la cataracte, qui a mécontenté mon

mari, nous regarde de son œil perçant; il entasse *salam* sur *salam*, bénédictions sur bénédictions; il offre sa pipe à mon mari, celui-ci la repousse; il m'adresse des sourires flatteurs, je soupire; il cherche à lire *bakschich* sur le front sévère du Franc.. Oui, tu l'auras, archi-finaud, tu l'auras ton bakschich, avec *une bonne savonnade*, comme disait François. — Encore un rapide anodin, et tout est fini. Pour nous, nous remercions Dieu d'avoir eu deux fois sous les yeux ce magique spectacle. La montée: le duel corps à corps contre une des puissances de la nature, la troupe des Berbères tirant la corde sur les roches, les vieux de la cataracte avec leurs exhortations patriarcales, la population nubienne sur les rouges granits; et puis la descente: l'assaut, le tumulte, tout l'intérêt, tous les personnages du drame sur la barque, et cet instant de silence, où nous sommes le jouet du fleuve, et cet écueil contre lequel nous allons nous briser, et ce flot blanchissant qui nous couvre de son écume, et cette immense clameur de victoire! — Ah cela est beau, cela exalte l'âme!

— Mais le péril! faut-il tenter Dieu?

Je persiste pour ma part à croire la cataracte plus effrayante que dangereuse. — Sans doute, si la corde cassait, si le gouvernail rompait, si le pilote perdait la tête, on s'irait fracasser contre la pile; à la descente, il serait difficile de se sauver. Mais n'y a-t-il pas des *si* partout? N'y en a-t-il pas sur les bateaux à vapeur, sur les chemins de fer, en chaise de poste, en diligence? *Si* un cheval s'emporte, *Si* un essieu rompt, *Si* la chaudière éclate, *Si* le mécanicien a des distractions!

Depuis bien des années il ne s'est brisé qu'une barque à la descente, celle que montait Méhemet Ali dans son dernier voyage au Sennâr. Le pacha, malgré son âge avancé, gagna les blocs de granit à la nage. C'est une véritable prouesse.

Hassanin s'est vu, lui, sa cuisine, son fond de cale, littéralement *sous l'eau*. A ce moment là, un rire *opiacé* a silencieusement découvert sa blanche mâchoire, tandis que ses yeux ronds regardaient fixement à trente pas devant lui.

Il nous semble, en arrivant à Assouan, rentrer dans le centre de la civilisation. — Que d'actions de grâce ne devons-nous pas à Dieu! Pas un secours humain dans toute la Nubie; lorsqu'on est malade, on s'entaille le front et les joues à coups de couteau; la plupart des figures sont ainsi balafrées: c'est là le remède unique. Je frissonne en pensant aux mortelles angoisses que nous aurait causées un accident! Mon Dieu, mon Sauveur! pourrons-nous jamais assez célébrer tes bienfaits?

Hier, journée délicieuse, paisible Dimanche passé à nourrir nos cœurs de la parole divine, et puis à à jouir des beautés jetées à profusion sur cette côte.

Le matin, distribution de livres aux Cophtes et aux Musulmans.

Le soir nous gravissons la montagne de granit contre laquelle s'appuie Chalal.

Tout ce que Chalal met au monde de petits garçons et de petites filles, ceux-là nus, celles-ci vêtues d'une ceinture de lanière de cuir, entourent la barque, criant, tendant la main, faisant mille singeries. Cette population est la plus délurée des rives du Nil. — Nous traversons la plage, escortés de cette sorte.

Hélas! partout où il y a des hommes, cruauté. Ici, vêtu d'une robe rouge, coiffé d'un turban cramoisi, à demi couché vers ses tapis et ses ballots, un Arabe aux traits longs et pâles, aux lèvres minces, au regard oblique, attend la barque qui va le transporter à Krùsco. Il se rend à Dongola pour son commerce : le commerce des esclaves. Plus loin, un enfant tient ataché par la patte un malheureux oiseau plumé vif. Derrière ces nattes qui entourent d'immenses tas de dattes, une autre marchandise : trois jeunes garçons nègres. Ceux-là courent avec les enfants de Chalal et rient à l'envi. Nous leur donnons un bakschich qu'ils remettent immédiatement à leur patron.

— *Gente selvatica* — nous crie de sa barque *Abou Nebout*. — Nous le retrouvons ici avec son maître; un de nos amis du Nil, jeune clergyman qui souffre de la poitrine et qu'Achmet désigne sous ce titre : *Il frate inglese*. — Gento selvatica ! ma, presi una volta : gento salvata ! Bisogna vendere, vendere come montoni !

Toujours la même justification ! Et les plus forts arguments : le droit, l'honneur, la conscience, n'y font rien : — *Monsieur, ces gens-là mangent du rat*. — C'est la raison péremptoire du Cophte. — Après cela, plus l'esclavage est doux, plus il est difficile d'en faire comprendre l'énormité. On l'a souvent dit : la conversion d'un honnête homme est plus miraculeuse que celle d'un brigand. Le brigand n'a qu'à jeter les yeux sur sa vie pour se reconnaître pécheur et perdu : de la connaissance du péché et de la damnation, à la connaissance du salut, il n'y a qu'un pas ! Mais l'honnête homme ! ses bonnes œuvres, ses vertus de père de famille chantent incessamment à ses oreilles un hymne d'orgueil. Comment voulez-vous qu'il entende la voix sévère qui lui crie : *Tes justices sont comme le linge le plus souillé ?* Comment voulez-vous qu'il comprenne cette tendre voix qui lui dit : « *Je suis venu sauver ce qui était perdu ?* »

L'esclavage qui entasse les nègres à fond de cale, l'esclavage qui fait mourir sous les coups, cet esclavage-là rougira plutôt de lui que l'esclavage honnête homme, que l'esclavage monté au ton de la paternité, et missionnaire avant tout : *Gente salvàta !*.

Salvata ! Il faut lire, dans *Lane*, ce que c'est que l'instruction religieuse donnée aux nègres : le nom de Dieu, celui du prophète sifflés comme à des merles ; de doctrine, point ; de dogme, encore moins ; ce qui n'empêche pas les nègres d'être les plus fanatiques des musulmans.

Quant au bonheur des esclaves, il est sans doute très réel... Je ne sais cependant si les jeunes filles qui, deshonorées, maltraitées par les marchands, se jettent dans le Nil à la descente ; je ne sais si ces infortunées créatures le sentent bien.

Nous grimpons de blocs en blocs. Ali, notre fidèle Ali nous accompagne. Pauvre Ali, il n'a point de bâton derrière lequel cacher sa rougeur ; seulement, quand je glisse sur la surface polie du granit, il me crie : *busch ! busch !...* tout juste ce qu'on dit aux chameaux et aux ânes pour les rassurer. Nous parvenons au sommet de la montagne. Quelle splendeur ! Le Nil s'arrondit en une large baie ; de tous côtés, granits, pyramides, entassement ; au milieu de la baie, Philé, Philé seule verte, seule riante avec ses palmiers qui se penchent sur les eaux, avec son temple aux colonnes élégantes et ses lourds Propylées ; à nos pieds une petite plage, et sur cette plage le romantique village de Bahr, adossé contre les masses couvertes de hiéroglyphes. Un vieux sycomore, quelques dattiers, quelques plantations de blé et de lupin se cachent derrière les rochers. Au nord, nous voyons la cataracte serpenter entre ses îlots de syennite. Nous redescendons sur le village, suivi de notre joyeuse escorte aux *bakschichs*. A peine la population nous a-t-elle signalés, que du hameau s'élève une perçante clameur : *bakschich! Salam bakschich!* — salut bakschich! — Femmes enfants, tout accourt; les hommes suivent en silence.

Une jeune femme se montre particulièrement importune. Elle s'assied, se lève, marche avec nous, me tire par ma robe « *Bakschich, Senora.* » Je lui montre ses bracelets d'argent, les colliers qui ornent son cou, les plaques de métal qui couvrent ses cheveux... Je lui montre mes mains et ma tête dépourvus de tout ornement. — « Toi riche, pas besoin de bakschich! » Puis je touche un de ses bracelets en disant à mon tour : *bakschich, bakschich!* La jeune femme me regarde d'un air résolu, détache le bracelet et me le présente : « *Ayouah! Enti, enti, eddini bakschich?* » — Oui... et toi, toi, donne bakschich. — Nous avons grand'peine à lui faire reprendre son bracelet. Celui-ci, comme tous les autres, est formé d'un large anneau de cuivre ou d'argent. Cet anneau, tantôt rond, tantôt aplati, ici tressé, là sculpté, reste ouvert et n'adhère au bras que par la force du ressort.

Nous revenons le long du fleuve, examinant les hiéroglyphes gravés sur les roches, et tournant par la base la montagne que nous venions d'attaquer par le sommet.

L'équipage du *Véloce* s'est accru... d'un homme? — non — d'un singe? — non — : d'un jeune minet gris fauve, le plus joli du monde. — Il est de Chalal, et Chalal restera son nom. Un matin, à déjeuner, il saute par la fenêtre dans la cabine. On croira peut-être qu'il reste interdit! pas du tout. Chalal visite le logement, flaire les coussins, nous regarde en face, secoue une patte, et miaule. — Cela fait, Chalal se croit chez lui. Il croque notre chasse dans le garde-manger, il s'assied en tiers lorsque nous faisons le kieff, il enfle son dos lorsque nous lui adressons la parole : parfaitement à l'aise, parfaitement gracieux, pénétré du sentiment des convenances... sauf lorsqu'il s'agit de pigeons.

Qu'y a-t-il de plus spirituel que la mine d'un chat, que cette tête coquettement penchée, que ces oreilles droites, que ces beaux yeux verts limpides comme l'aigue marine, que cette bouche fine sur laquelle un observateur attentif suit tous les mouvements du cœur? Quelle expression de dédain dans cette inflexion des lèvres, de colère dans ce frémissement des moustaches, de placide jouissance dans ces paupières demi-closes! Et quelles allures de tigre en miniature! Comme les souris doivent frissonner, quand de leurs trous, elles voient Chalal passer la tête pendante, en se dandinant, l'air miauvais; puis s'arrêter au détour d'une rame, d'une voile et darder son regard étincelant à fond de cale! Je ne parle pas des rats, les nôtres sont plus gros que Chalal, ils en feraient trois bouchées.

Oui, chats incompris, vous trouverez en moi... en nous — car j'ai été assez heureuse pour vous gagner un ami — vous trouverez en nous des abîmes de sympathie! On fait de vous des traîtres, des égoïstes, et quand on vous a accordé l'espièglerie, on croit s'être montré généreux envers vous. Nous vous reconnaissons l'esprit, l'intelligence, le tact; un trésor mille fois préférable : le cœur! Oui minets, vous êtes sensibles et vous êtes vertueux; vous avez des attachements dont la durée, dont la vivacité, couvriraient de gloire les chiens... ces rivaux justement aimés, injustement préférés. Je ne vous sais qu'un défaut : l'impatience. Quand vous avez bien témoigné par le froncement de vos sourcils, par le plissement de vos lèvres, qu'il vous déplaît d'être frottés à rebrousse-poils, soulevés par une patte ou tirés par la queue, vous griffez... et l'on crie à la trahison! Butors! que ne regardiez-vous à cette physionomie? Faudra-t-il que les chats parlent? — Un jour viendra, minets, où réparation vous sera faite. Il y a quatre mille ans, sous ce ciel, votre étoile brilla. Elle brillera encore : l'homme ne sera pas éternellement partial ou aveugle.

Quant à moi, j'ai dans mes souvenirs de quoi défrayer dix vies édifiantes de chats. Je ne parle pas du minet situé le plus près de notre cœur; de ce chat... qui est une chatte; noire comme le jais, l'âme plus blanche que la neige, Vénus de Médicis par la forme, séraphique par le cœur, qui jamais ne griffa, jamais ne mordit, qui supporte les épreuves de l'existence avec une douceur : la honte de l'humanité; qui de la tourterelle a les tendres affections, qui en a jusqu'au roucoulement harmonieux : *Mouni !...*

Ce nom fait vibrer une corde trop sensible; je m'arrête.

KOM OMBOS.

—◆—

Mardi, *1er février* 1848. — Hier au soir, le temple d'Ombos aux flambeaux. Magnifique!—A l'exception du vestibule, les sables enterrent l'édifice jusqu'aux combles. Celui-ci n'est enseveli qu'à la moitié; des colonnes s'élèvent de trente pieds au-dessus du sol. La travée des portes qui ouvrent sur l'Aréa et sur le sanctuaire est encore dégagée. Il règne tout autour un beau désordre de blocs; on suit à ras le sable, le dessin du temple. Les colonnes du vestibule ont dix-neuf à vingt pieds de circonférence.

Ce que je ne me lasse pas d'admirer, c'est la coupe si pure des chapiteaux, tous de la même famille et chacun gardant son individualité. C'est beaucoup moins fouillé, beaucoup moins classique que les chapiteaux grecs : cela charme bien mieux la pensée et le regard. Quelle fécondité d'invention, quelle variété de détails dans ces lignes toujours simples, toujours harmonieuses, qui conservent avec fidélité la physionomie égyptienne! — Nos Nubiens se promenaient là-dedans à l'incertaine lueur des torches; des reflets bizarres tombaient sur les colonnes, elles ressortaient blanches sur le fond obscur; l'effet était merveilleux.

Deux temples s'adossaient l'un à l'autre; cette construction à double est, je crois, la seule de son espèce; nous la vérifions tant bien que mal. Ce faisant, nous mesurons un bloc : la travée d'une porte latérale; il compte vingt et un pieds de long. Nous reconnaissons quelques peintures et quelques bas-reliefs passablement conservés : Osiris, Isis sous la forme d'Athor, Orus : la triade du Nil. Savakh, à tête de crocodile, auquel est consacré le temple. — Nous devinons le mur de briques qui entoure l'édifice, nous retrouvons les décombres du petit temple à demi détruit par le Nil, et nous revenons, regrettant vivement de ne pouvoir emporter une esquisse.

A peine avons-nous mis le pied sur le *Véloce* que le vent contraire se lève. Bon, nous attendrons ici le jour et nous dessinerons Kom-Ombos; ne faut-il pas que la collection soit complète? A minuit, le vent baisse, on part; à trois heures, il souffle de plus belle; il nous fait remonter le courant, c'est tout dire. Nous nous amarrons le long du rivage, ballotés, secoués à plaisir. Le jour vient, on se désole un peu. *Si nous avions su!* — éternel regret de l'homme.

— Voit-on le temple?

— Oui, tout là-bas, à ce détour du fleuve.

— Ne pourrions-nous pas y aller à pied?

— A pied! avec ces tourbillons de sable, sur ce sol mouvant, sous ce soleil brûlant! Non, je n'y vais pas!

Et j'y suis allée, comme font toujours les pauvres femmes; et je me suis lamentée, ce à quoi elles ne manquent jamais; et j'ai fait un croquis... acheté chèrement! — Vent à nous renverser, sable à nous aveugler, soleil à nous rôtir, sol fuyant; tout s'y trouvait et en règle.

Il faut en convenir, nous sommes nigauds. Nous le sommes par nature, et je crois vraiment aussi par réflexion.

Quoi de plus simple que de dire au Reiss : laissez-vous pousser. — En demi-heure nous arrivions à Ombos. — Mais non; refaire deux fois le même trajet, cela n'est pas possible! — Le Reiss en serait ennuyé, nous donnerions aux matelots la peine de redescendre. — Au lieu de cela nous marchons... et quelle marche! Une heure et cinquante minutes, à la montre. — Les cinquante minutes pour aller, l'heure pour revenir. — Après cela, les hommes, par ce fait qu'ils sont hommes, ne se doutent pas de *l'imbécillité* de notre sexe. Ils ressemblent à ces bons maîtres qui jettent leur épagneul chéri au milieu de la rivière, quitte à passer par toutes les transes d'une inquiétude dévorante, si le caniche fait mine de tourner l'œil; puis à le combler des marques de leur compassion, lorsqu'il arrive demi mort sur l'autre rive.

Et le vexant de l'affaire, c'est que nous autres, tout de même que le caniche, nous nous remettrons dix, vingt fois à l'eau sur un mot de nos seigneurs.

Pourtant, tels que les voilà, avec tous leurs vices, quand ils sont bons, ils valent cent fois mieux que nous... Mais ils le sont si rarement!

Nous savons d'où vient *Chalal*... *Chalal* dit *Bisi* — Bisi est son nom arabe. — *Chabal* dit *Bisi*, habitait la barque d'Abou-Nebout, mais n'y trouvant pas les égards dus à son espèce, s'y voyant réduit à se nourrir de souris — condition humiliante — ayant deviné sur notre mine que nous étions gens à chats, Bisi s'est immédiatement transporté chez nous et y a élu son domicile politique.

Il fallait, en effet, que *Bisi* fût traité bien pauvrement; car *Bisi* ne sait ce que c'est qu'une assiette; *Bisi* s'en effraye! Un chat sans vaisselle!... Va, *Bisi*, tu ne t'es pas trompé.

ESNEH.

Jeudi, 3 février 1848. — J'écris au milieu d'un nuage d'encens. — Avant-hier, des exhalaisons méphitiques ont rempli notre cabine, nous n'avons pu fermer l'œil; c'était l'aigre odeur d'une basse-cour ou d'une écurie à porcs. Le matin, recherche générale. — On ne trouve rien! — Nous ouvrons les vingt-quatre fenêtres de notre appartement, nous vivons dans ce courant d'air anathématisé par toutes les facultés de médecine, et particulièrement par celle d'Égypte; nous n'échappons pas aux miasmes. — A force de flairer de ci, de là, nous découvrons que la puanteur vient du fond de cale. On se glisse dans cet antre, et l'on y trouve un demi-pied d'eau corrompue, de limon fétide, d'ordures en décomposition. Nos trois lames de la cataracte séjournent là. On avait bien vidé l'entre-pont, mais on avait oublié le fond de cale, caché sous un faux plancher. On nettoie, on parfume; la fange remuée sent encore plus mauvais. Nous dormons fenêtres ouvertes, un grand plat de chlore dans l'appartement; la pestilentielle odeur n'en est pas vaincue. — Que faire? ceci compromet autant nos santés que notre odorat. Les fièvres pernicieuses des marais ne proviennent pas d'une autre cause : de l'eau croupissante, des matières animales ou végétales en putréfaction. — Enfin, une idée lumineuse traverse l'esprit d'Antonio. Pendant que nous visiterons Esneh, on videra, on lavera scrupuleusement le fond de cale, et l'on y versera du sable sec.

En attendant, le Reiss confus des incongruités de son *Markab*, se promène dessous, dessus, enveloppé de sa chemise bleue, l'air solennel, avec une pelle chargée de charbons ardents sur laquelle il jette de l'encens : on dirait le grand prêtre d'Isis.

Je soupçonne fort notre barque d'être d'un âge mûr; sans le vernis dont on venait de la peindre lorsque nous l'avons louée, vernis qui nous a empestés, tachés, nous aurions été assaillis par des légions d'insectes. Le voisinage des matelots nous en communique bien quelques-uns, des plus hideux même; mais ce n'est qu'une importation, et l'importation ne s'élève jamais au niveau de la production.

Tant y a, que ces miasmes infernaux ont fait fuir notre pauvre *Chalal*. *Chalal* s'est esquivé cette nuit sans tambour ni trompette, et ce matin, les plus douces appellations ont en vain retenti. Un temps nous nous sommes bercés d'espoir, *mais, belle Philis, on désepère...* — Ç'à été une vive mortification. Comment exiger aussi qu'un chat, le type de la *fashion*, supportât cette ignoble puanteur?

Nous voilà donc sans minet; la triade du *Véloce* est dépareillée, elle en gémira longtemps.

Hier, sur un îlot, trois crocodiles! Ils ne se dérangent pas pour nous; à peine deux d'entre eux se cachent-ils sous l'eau pour remonter au soleil dès que nous avons passé. De loin, on les prendrait pour un tas de terre; de près, leurs écailles laissent peu de doute : il n'en reste plus lorsqu'ils se meuvent gauchement sur leurs pattes plissées, et que leur longue gueule, leur vilaine queue tronquée se profilent sur le ciel.

Les embouchures des canaux sont garnies d'hommes, de femmes, pauvrement vêtus et l'air morne. De petites barques qui contiennent leurs provisions, les transportent d'un lieu à l'autre. Ce sont des ouvriers que le gouvernement saisit dans les villages, pour les employer au curage des canaux. Les agents arrivent, mettent la main sur tout ce qui peut porter un panier, gratter la terre, et dirigent ces escouades sur les points où doivent s'exécuter les travaux. Ceux-ci achevés, on laisse les pauvres gens retourner chez eux. Le salaire est d'une piastre par jour. Autrefois les agents payaient eux-mêmes. Les fellahs et le pacha en souffraient également.

Aux uns, on ne soldait guère qu'une partie de la dette; on se faisait compter par l'autre trois fois la somme déboursée. Maintenant, les fellahs qui reçoivent chacun un billet portant le nombre de journées qu'il a faites, vont en toucher le prix chez le trésorier de la ville... — Que là encore, il ne se pratique pas quelque escamotage aux dépens des ouvriers, c'est ce dont paraissent douter des gens qui connaissent l'Égypte mieux que moi.

Le mot *bakschich* a cessé de faire partie de la langue générale. Il n'est plus crié que par les petits enfants, ou par les guides de neuf à dix ans qui s'imposent aux voyageurs. Ces drôles ont une vivacité de répartie, une promptitude de perception étonnante. D'un coup d'œil ils saisissent votre idée, courent au devant de votre désir. Et quelle sollicitude théâtrale pour *leurs étrangers!* La main dans les mauvais pas, les regards de compassion sympathique, le bâton levé sur les importuns, l'indication des sculptures, avec des *ush!* d'admiration. Le tout terminé par l'éternel *bakschich Caavaja!*

— Demande à mon mari! Mon mari bon, très bon.

— *Lah!* répond le drôle. — *Enti bakschcih, enti! Lah, Goozi! Enti tayb!* — Non, toi bakschick, toi! pas mari, toi bonne!

Il a pourtant bien fallu que le finaud reconnût la toute-puissance, voire la toute-excellence du mari.

Nous retrouvons les femmes aux voiles bleus, aux

cheveux chargés de plaques de cuivre, un grand anneau pendu à la narine droite.

Nous retrouvons les horizons immenses, les plaines vertes, les bois de palmiers, les vols d'oiseaux de cent espèces, le chant mélancolique des puiseurs d'eau, et, dans le lointain, la chaîne Arabique avec ses belles couleurs violettes. Hier au soir, comme nous traversions les champs pour revenir d'Edfou, le soleil s'est couché : bande claire, pâle et lumineuse à l'occident; à l'orient zone bleue qui va se fondre dans un rose vif, chargé de vapeurs. — L'Égypte est bien belle.

Et les temples! — Celui d'Edfou, dédié au *bon démon*, habituellement représenté, je crois, sous la forme du globe ailé, est à demi enseveli. On ne voit plus rien de son sanctuaire, sur le toit duquel on a bâti un village. Les chèvres y bêlent, les enfants s'y roulent dans la poussière, les femmes y portent leurs urnes, les hommes y fument leurs chibouks. Restent l'Aréa, les Propylées et le Péristyle; mais le sol enterre aux trois quarts les colonnes de ce dernier. Tout cela est grandiose, magnifique d'architecture et de sculpture. — Je trace une esquisse au milieu des Arabes, des Cophtes, qui se pressent autour de l'étonnante machine; devant moi une grande figure reste immobile; quatre coups de crayon et je l'aurai... au troisième, les musulmans s'alarment, et la figure se cache derrière un turban. L'autre jour, à Chalal, il a suffi d'une feuille de papier et d'un crayon, pour mettre en fuite quatre Nubiens qui fumaient assis sur notre barque.

Cléopatre est représentée sur le temple d'Edfou. Nous pensons la retrouver dans une grande figure de femme, sculptée, avec les attributs d'Athor, sur la face extérieure de la tour de droite. Ses traits respirent cette sorte de joie glorieuse que donne la beauté. Les joues sont pleines, l'œil est largement ouvert, le nez noble sans dureté, les lèvres royalement épanouies. L'éclat du pouvoir, l'éclat de l'intelligence, l'éclat de la beauté; toutes les splendeurs rayonnent sur cette admirable tête. Près du grand temple, complétement enfoncé dans la terre, on retrouve le petit temple : le temple de l'Enfantement, érigé sur l'emplacement où la déesse était censée avoir mis au monde le troisième membre de la *triade*, le fils.

Ce matin de bonne heure nous arrivons devant Esneh. Nous traversons ses rues étroites, bordées de maisons hermétiquement fermées. Une porte seule donne sur la rue, quand elle est entr'ouverte, on voit une petite cour, quelque colonnes en briques de couleur, quelques fenêtres, et des femmes assises par terre. — Les porteurs d'eau, chargés de leur outre, arrosent les rues et transforment la poussière en boue : même procédé partout.

Le temple, situé au milieu de la ville, est enterré.

On en a déblayé le péristyle. Quatre rangs de colonnes s'élancent d'un jet, terminées par leurs convolvulus à la coupe évasée, par leurs feuilles de dattiers ou de palmiers thébains. Les murs, chargés de sculptures, me rappellent par la richesse du travail, les murs bien supérieurs, il est vrai, des chapelles Palermitaines : mosaïques de pierres dures, fouillées et relevées en bosse. On y voit la représentation des travaux de l'agriculture : la récolte du douhra; celle des plaisirs de la chasse et de la pêche : les oiseaux et les poissons pris au filet.

M. de Prokesch pense que ce temple, attribué au temps des Ptolémées, ne remonte pas au delà de l'époque romaine, — Deux choses nous le feraient croire : la position d'une figure, représentée les jambes croisées; et la robe rayée d'une déesse. Jamais les Grecs, imitateurs scrupuleux de l'art égyptien, ne se seraient permis de telles infractions aux règles de la sculpture sacrée.

THÈBES.

Vis-à-vis de Luqsor. Gourna, vendredi 4 février 1848.
— Journée fatigante, mais riche. — Nous arrivons
à dix heures du matin, nous nous mettons sur des
chevaux et sur des ânes enharnachés à la turque.
Tempête d'âniers. Il en arrive des quatre points cardinaux. « Celui-là *mauvais*, » en montrant le nôtre.
« Celui-ci, *kettir tayb*, » en montrant le leur. — Ils
nous suivent demi-heure, s'efforçant en vain de nous
faire descendre de nos ânes pour monter sur leurs
bêtes.

Champs de pois en fleurs et en gousses, champs
de bled vert et d'orge dorée; sur la rive orientale, les colonnades de Luqsor, la chaîne Arabique
que l'éloignement fait paraître sombre; de notre
côté, sur la rive occidentale, la chaîne Lybique,
craieuse, baignée de lumière et d'un rose chair !
— Des bouquets de palmiers, des touffes de mimosas
et de tamarisques jettent leur ombre sur le sol

battu. L'air est tout imprégné des frais parfums du printemps.

Nous arrivons au temple du vieux Gourna. Osireï, le père de Ramsès II — Sésostris — l'a commencé; son fils l'a terminé. L'architecture en est d'une antiquité reculée, mais les colonnes ont moins d'élégance que les autres. Ce ne sont plus des fleurs épanouies, c'est un faisceau de colonnettes un peu renflées vers la base, et coupées net au sommet qu'écrase un chapiteau carré! Nous longeons la montagne, nous traversons l'emplacement désolé du vieux Gourna. Une population de marchands d'antiquités se précipite vers nous: morceaux de caisses de momies, statuettes en terre bleue, pots cassés, amulettes, pieds, mains, ossements, on nous met tout cela sous le nez avec des cris de possédés et des sommations à rendre fou. Cependant ces pauvres gens sont plus intéressants que les Berbères: ils vendent, ils ne mendient pas; et puis ils remercient, ce qui nous semble miraculeux au sortir de la Nubie.

Courte visite à un marchand d'antiquités. *Il Signor Triandòfilo*, Grec de naissance. Sa maison est située dans une position admirable. Cinq momies rangées le long du mur de la cour font la grimace au voyageur. *Il signor Triandòfilo*, en tient de plus nobles en réserve. Celles-là dorment bien empaquetées dans leur double cercueil. Il a des scarabées en pierre dure, des rouleaux de papyrus; mais les momies ne nous touchent pas, et le seigneur *Triandòfilo* vend ses scarabées au poids de l'or. — Nous nous rabattons humblement sur des statuettes en terre cuite.

Longue station au Memnonium, palais et temple de Ramsès II. Nous y trouvons un magnifique mélange de chapiteaux en forme de tulipe fermée, et de convolvulus ouverts. Nous nous arrêtons sous ces colonnades, devant cette cour entourée de colosses, surtout devant cette gigantesque statue de Sésostris, brisée, renversée, dont il ne reste plus que la tête, une épaule, la poitrine, et qui, mutilée de la sorte, écrase encore l'imagination. Elle est de granit, d'un seul bloc; on reconnaît les bandes polies de la coiffure, la pose classique, le grand air de la statuaire égyptienne.

Memnonium n'est pas le vrai nom de l'édifice; les Grecs qui rapportaient tout à eux, ont vu le nom de leur Dieu *Memnon* dans celui de *Mayamoun*, épithète donnée à Sésostris, et peut-être aussi dans celui de *Memnonia*, nom des tombeaux.

Les mouches d'Égypte, sous forme de vendeurs *de pieds et de mains*, nous obsèdent de façon à ne pas nous laisser respirer. C'est une calamité : linges de momies, jaunes, puant le musc; colliers de momies, bagues de momies, rien n'y manque! — Et pourtant, Dieu retrouvera le germe de vie dans cette poussière!

Nous traversons des champs fleuris pour nous rendre aux deux Colosses de la plaine. — Les deux statues dominent l'étendue. Elles sont assises, les mains allongées sur les genoux. Leurs traits, mutilés par les siècles, leur pose, respirent cette impassibilité égyptienne qui s'harmonie merveilleusement avec le grand silence, avec les grandes lignes, avec les vastes horizons de l'Afrique. On dirait l'esprit de l'ancienne Égypte, planant immobile sur l'antique Thèbes. Le Nil coule lentement au loin, des senteurs printannières, suaves comme celles qui émanent de la vigne en fleur, pénètrent chaque souffle qui passe sur la prairie. Les colonnes du Memnonium se dressent au pied de la chaîne Lybique, les deux Colosses passent la montagne du buste entier. Dans les champs fleuris, à leurs pieds, paissent vingt troupeaux. Les femmes fellahs, voilées, accroupies, les gardent immobiles ; les chèvres broutent ici ; voici trois chevraux d'un jour couchés dans cette belle touffe verte ; les chameaux fourragent là, les buffles tout à côté, les vaches encore et les ânes.

Qu'il y a de paix dans cette scène, comme il fait bon s'étendre dans l'herbe, respirer à longs traits cet air embaumé, laisser perdre son regard au fond de ce ciel bleu, écouter le bêlement de ces brebis, caresser ces doux chevraux, se pénétrer de ce calme, et puis contempler ces deux figures dont l'ombre grandit sur le sol, toujours solennelles, toujours placides!

Le soleil se lève et le soleil se couche sans que tu vibres jamais plus, Colosse de Memnon ; mais que j'aime mieux ton silence ! que tu me dis de plus grandes choses en te taisant ainsi ! — Je donnerais dix temples, et, si l'on me pressait, j'en donnerais vingt, pour ces géants assis dans la plaine, avec ces horizons, ces couleurs, ces troupeaux, ces fellahs, cette page de la vie patriarcale ouverte devant moi.

Médinet Abou, temple et palais, nous a causé quelque déception. Il y a d'imposantes masses architecturales — deux temples et un palais réunis — l'Aréa du second temple est majestueux, à double rang de colonnes; le sol est jonché de débris. Mais Philé, Ombos, Edfou, Esneh rendent difficiles. — Les constructions de Medinet Abou sont fort enterrées, mal aisées à démêler; les ignorants, ceux qui voient avec les yeux plutôt qu'avec la science, ne trouvent rien là qui les émerveillent.

Qu'on s'approche des murs cependant, et l'on comprendra le caractère de Médinet Abou. — Ce caractère, qui le rend cher aux savants, est celui d'une richesse infinie. Richesse de peintures, de sculptures, de hiéroglyphes. Il n'y a pas une colonne, pas un pan de muraille, pas une corniche, pas un recoin, qui ne soit gravé, écrit, coloré. — On y retrouve des scènes de batailles. On y voit Sésostris, recevant et faisant soigneusement enregistrer par son secrétaire, quelques milliers de *mains coupées!* — Oh douces mœurs de l'ancienne Égypte! — On le voit tendre son arc, les pieds sur la tête de ses prisonniers. On le voit, monté sur son char, produire d'un jet de flèche, cet inconcevable chaos de corps, de jambes et de têtes, au moyen duquel les artistes de ce temps exprimaient une défaite. — L'histoire, les détails de la vie religieuse, ceux de la vie ordinaire, tout est là. — On pourrait passer huit jours, huit semaines, huit mois et peut-être huit années, à sonder les trésors de Médinet Abou, sans en trouver le fond.

Pour nous qui n'avons pas tant d'ambition, nous allons voir l'emplacement du lac, sur lequel passaient les morts qu'on transportait dans la vallée des tombeaux. — De là le Caron, la barque mythologique. — Le lac de Memphis s'appelle encore *Birket el Karoun.* Un champ de blé a remplacé les tristes ondes.

Des puits creusés vers la racine de la chaîne Lybique versent l'eau sur toute cette partie de la plaine. Nous la traversons, cette belle plaine, à l'heure du soir, heure des frais zéphirs, heure où les troupeaux regagnent le village. Nous repassons devant les deux colosses, ils regardent de leur œil éternellement fixe

Louqsor et ses vapeurs empourprées qui flottent à l'orient.

Vis-à-vis de Louqsor, Gourna, samedi 8 février 1848. — L'aurore enflamme l'horizon derrière Louqsor, ses colonnades se dessinent en silhouettes noires sur le ciel rouge; nous partons. Les hommes sur des chevaux, nous, femmes, sur de généreux petits ânes, notre monture favorite. Nous prenons la montagne vers le nord et nous entrons dans la vallée des sépulcres des rois. Pas un arbrisseau : des roches calcaires avec leurs teintes rosées, des silex, et des zones composées d'un mélange de sable et de pierres ! Cela est désolé, mais sous ce ciel éternellement serein, avec ces belles couleurs, cela ne parvient pas à être triste.

Là, dans cette large route creusée entre les rocs, passait le funèbre cortége des royales funérailles. Les prêtres, véritables souverains de l'Égypte, la cour, les officiers, le peuple.

Voici de grandes portes taillées dans le flanc de la montagne : ce sont les portes des tombeaux. Nous entrons dans celui d'Osireï, père de Sésostris.

Les rois se creusaient de leur vivant une demeure funèbre, corridors et salles se succédaient; le nombre s'en mesurait aux jours des monarques; celui-ci mort, on déposait la momie dans son ténébreux palais et le travail restait éternellement suspendu.

La grotte d'Osireï nous émerveille. Nous n'avons pas descendu cinq marches que la fraîcheur des peintures, leur netteté, cette blancheur satinée du fond, cet éclat des figures, ces richesses des hiéroglyphes et des sujets, nous arrachent un cri d'admiration. Nous restons deux heures sous ces voûtes, passant de chambre en chambre et de jouissances en jouissances. Les scènes mythologiques couvrent les murs : c'est Osireï reçu par Anubis à tête de chacal, — le dieu des enfers; — ce sont des offrandes, des déités contemplatives, des attributs, des groupes d'une grâce ravissante. Et ce n'est pas une chambre, une salle, un panneau qui offre ces merveilles : ce sont toutes les cellules, tous les corridors, toutes les salles, jusqu'à cette immense nef où l'on a trouvé solitaire, ensevelie dans son silence et dans son ombre, la momie d'Osireï. Cette salle contient des tableaux étonnants; nous y allumons un feu qui va frapper de ses clartés le plafond, les murs et les pilastres. Derrière s'ouvre une chambre inachevée; les sujets n'y sont qu'ébauchés: point de couleurs, point de relief, la mort a coupé l'œuvre.

Nous retrouvons dans la chambre située à droite de la grande salle, un sacrifice humain, ou ce que nous appelons un sacrifice humain. Voici le sujet : Un dieu assis, avec un serpent qui se recourbe en forme de dais sur sa tête, et qui darde sa langue contre quatre ou cinq malheureux corps décapités, agenouillés devant l'idole. A côté du dernier corps décapité, un homme debout, la hache levée; derrière lui, cinq prisonniers liés, couchés sur le sol : ils vont subir le même sort.

Cette tombe, que la fraîcheur de ses bas-reliefs colorés, que la beauté de l'exécution rend unique, a été abîmée. Par qui?... par les Anglais? — Non. — Par les Arabes? — Non... — Par les Perses, par les Turcs? — Non, mille fois non. — Par le savant, très savant *Lepsius*, qui n'a pas craint, pour satisfaire je ne sais quel égoïsme national, de déshonorer ces grottes séculaires. Il n'y reste pas un morceau intact. — C'est un pilier qui montre ses flancs entr'ouverts; c'est une tête dont on a pris le corps, ou un corps dont on a pris la tête; hiéroglyphes, figurines, scènes importantes pour la science ou pour l'histoire, tout a reçu les atteintes du fer sacrilége. Ce qui nous fâche, et avec nous les cent voyageurs qui ont couvert les écorchures d'anathèmes bien mérités, c'est l'inutilité, c'est la gaucherie de la plupart de ces blessures. — Qu'on enlève un groupe tout entier pour le transporter sous un ciel du Nord, pour l'appliquer contre les murs de quelque musée où il ne dira plus rien, c'est fâcheux, c'est coupable, mais cela se comprend. Qu'on prenne ici un bras, là un pied, plus loin une tête dont on laisse le bout du nez; qu'on partage par la moitié une procession; qu'on massacre à tort et à travers; qu'on impose la flétrissure de ses doigts inintelligents à ces pages que des milliers d'années n'ont pas osé ternir... voilà qui est impardonnable... et qui ne sera jamais pardonné, j'en réponds. — Si Lepsius entendait les clameurs qui s'élèvent contre lui de la vallée des tombeaux, il en frémirait jusqu'à la moelle des os.

Cette grotte porte le nom de *Belzoni*, qui l'a découverte... et qui ne l'a pas dégradée.

Nous passons à la tombe de Ramsès III, ouverte par Bruce. Les salles en sont moins imposantes, les peintures moins bien conservées; mais les sujets, qui retracent les habitudes de la vie privée, offrent un intérêt immense : l'une éblouit davantage, l'autre a peut-être plus à dire.

Des cellules creusées de chaque côté du corridor d'entrée, contiennent de curieuses révélations sur les mœurs égyptiennes. Les opérations de la cuisine revêtent les murs de celle-ci; sur ceux de celle-là, on voit des joueurs de harpe et des modèles d'instruments de musique; dans une autre des urnes, des fauteuils, des canapés tapissés de riches étoffes; dans une quatrième des armes, des épées larges et droites, des cimeterres recourbés, des drapeaux surmontés de l'image d'un dieu ou d'une déesse; une cinquième nous présente les scènes de la vie agricole : les semailles, le labour, les récoltes; enfin dans la dernière, on reconnaît les dahbiehs du Nil, avec des cabines presque semblables à la nôtre... sauf qu'il y brille un peu plus d'or et de pourpre. Nous retrouvons ici, comme dans le sépulcre d'Osireï, des processions où se discernent nettement le type juif et le type nègre.

On a voulu voir dans ces cellules, les sépulcres des officiers de la cour de Ramsès III ; les peintures qui ornent les murs, seraient les attributs des fonctions de ces dignitaires.

Dans mon ignorance, je ne puis croire à cette explication. Il n'y avait ici, comme dans toutes les grottes royales, qu'une seule momie : celle du souverain. Les Égyptiens, si rigides observateurs de la règle, y auraient-ils manqué cette fois? — Eux qui portaient les momies des reines dans une vallée spéciale, auraient-ils enseveli les officiers dans le sépulcre de leur maître? Cela est peu probable. — D'ailleurs, à moins d'expédier les officiers dans l'autre monde le jour même où trépassait leur souverain, je ne sais trop comment on aurait pu rouvrir la tombe à chaque décès. Et si le grand panetier, si le *ministre de la guerre*, si *le ministre de l'agriculture et du commerce* continuaient à remplir leurs fonctions sous le successeur de Ramsès III, — ce qui peut arriver, à la rigueur, — où mettre leurs momies? Appartiendront-elles aux grottes de Ramsès III?... appartiendront-elles aux grottes de Ramsès IV?...

Je m'imagine que les savants, à force de tirer le

fin du fin, voient parfois briller le soleil à minuit — et luire la lune à midi, — par compensation.

Nous passons au sépulcre de Ramsès V ; vulgairement appelé Tombeau de Memnon. La grotte d'Osireï nous a présenté les scènes du culte, celle de Ramsès III les scènes de la vie pratique; la tombe de Ramsès V nous montre les scènes de la mort : l'apprêt des momies, le passage dans la barque sépulcrale, le jugement des âmes, leurs transmigrations successives. — Ainsi, nous voyons l'une d'elles revenir au monde sous la forme d'un porc.

Les peintures sont bien conservées. De hideuses figures témoignent de la croyance égyptienne à la métempsycose. Tels sont les corps d'hommes à tête de serpent, de bouc ou d'oiseau.

Encore un sacrifice humain. Devant un Dieu assis, les victimes décollées, le bourreau à leur gauche; derrière elles, couchés sur le sol et liés, d'autres malheureux qui attendent le même sort. Au dire des savants, cette peinture ne représente qu'un châtiment infernal. Comment allier le fait d'un châtiment exercé après la mort, avec cet autre fait de la transmigration ? A quoi bon le châtiment, puisque c'est la transmigration même qui punit ou qui purifie?

Quatre heures s'écoulent en contemplation. La chaleur est étouffante dans les sépulcres; l'air y est vicié. Avant de remonter sur nos ânes, de repasser par la vallée incandescente à cette heure : midi, nous nous étendons à l'entrée de la grotte et nous déjeunons.

Déjeuner, ce n'est rien, mais boire! Il faut être suffoqué comme nous le sommes, il faut voir le soleil darder ses rayons dans ces rochers, sur cette route éblouissante, pour comprendre ce que c'est que *boire* et quelle grâce Dieu nous a faite quand il nous a donné l'eau.

Ceux qui viendront à moi n'auront jamais soif. Je les conduirai vers les vives fontaines. Ces paroles ont un sens profond, quand on se les rappelle à l'ardeur de midi, le palais desséché, le feu dans les veines.

Une heure et demie de marche au travers de la fournaise, et nous arrivons à la grotte d'*el Assassif*. On y a trouvé deux momies. Le nom du prêtre qui fit creuser ce tombeau — Petamùna — est gravé sur la porte de granit du petit temple de Medinet-Abou; honneur ambitionné, même par les rois. — Petamùna est donc un grand personnage. Son sépulcre n'a de remarquable que les dimensions, la puanteur et les chauves-souris. Salles après salles, corridors après corridors, puits sans fond qui s'ouvrent inopinément, ténèbres absolues, air pestilentiel!

Des milliers de chauves-souris volent à nos flambeaux et nous donnent de l'aile dans les yeux. Nous avons à peine,... j'ai à peine la force de me traîner jusqu'au fond,... mais je me traîne, comme à l'ordinaire, et je reviens quasi morte. Quant à la prudente Jeannette, elle reste à l'entrée, et fait bien.

Voici une tradition moderne du village de Gourna. Au temps de la domination française, les fellahs de la plaine refusèrent de payer les contributions; ils se réfugièrent dans la grotte d'*el Assassif*, d'où les Français ne parvinrent pas à les débusquer. Le père du scheick de Gourna, vieillard de *cent cinquante ans*, dont les sourcils blancs *retombent jusqu'au milieu de la joue*, dit notre guide Abdallah, était caché avec les autres. Abdallah prétend que c'est par la puissance des armes, que les fellahs ont tenu notre armée en échec : moi, je suis sûre que c'est par la puissance des chauves-souris. — Il n'y a que le touriste enragé qui puisse affronter une pareille asphyxie.

Près de là s'élèvent des constructions en briques, qui remontent, comme les tombeaux, à la dix-septième dynastie. On y trouve la *voûte*; les Égyptiens avaient donc ce secret d'architecture.

La base de la montagne est percée de puits à momies; les fellahs n'ont guère d'autre industrie que d'en déterrer les ossements. Nous sommes plus que jamais assaillis de jambes et de têtes.

Voilà un éloquent commentaire à la sentence : « Tu es poudre, tu retourneras en poudre. » — Ceux qui ont cherché à s'y soustraire, sont justement ceux qu'elle frappe de la manière la plus saisissante. — Les Égyptiens embaumaient les corps; ils mettaient entre leurs cadavres et la dent rongeante du temps, le rempart de la pierre, du bois et des ténèbres... et les momies de leurs rois pourrissent dans les musées d'Europe ; et les momies de leur peuple sont vendues membre après membre au voyageur insouciant : celui-ci emporte un bras et cet autre un crâne !...

Encore deux grottes. La fatigue, extrême ; la chaleur, presque insupportable, m'ont empêchée d'en bien apprécier le mérite.

Le sépulcre n° 35, long corridor qui va s'ouvrant en hauteur, comme un compas, contient la représentation des métiers : Ces deux parois en disent peut-être plus sur l'Égypte antique que la fameuse bibliothèque d'Alexandrie. Les sujets ne sont ni gravés, ni sculptés en relief ; ils sont peints.

La tombe n° 16 a d'admirables figures, une surtout, couleur bronze florentin, pure de lignes, empreinte de cet indicible charme dont les artistes de la bonne époque possèdent seuls le secret. La coiffure nous rappelle celle des femmes de la Nubie — nous l'avons souvent retrouvée. — Des statues colossales de prêtres sont assises dans les niches.

Comme nous reprenons haleine, un fellah s'approche et demande à Antonio, s'il est *musulman* ou s'il est de *Gourna*. La question est embarrassante. Antonio qui n'a d'option qu'entre les deux termes, répond qu'il est de Gourna. Un effort, quelques souffrances, et nous arrivons devant nos deux gigantesques statues de Memnon. Nous nous étendons dans l'herbe, à l'ombre des colosses, parmi les fleurs de pois aux robes roses, lamées de coups de pinceau d'un rouge vif.

Ah oui, je comprends qu'on mange de l'herbe, et nous en mangeons. L'herbe a ici une saveur inconnue en Europe! Je crois bien qu'en Europe les poires, les pommes, les pêches et les fraises lui font quelque peu tort; elle n'a pas ici de tels rivaux: les dattes, morceaux de liége sucré — et c'est tout. Aussi bêtes et gens broutent-ils. — Je ne sais pas si j'ose dire que de toute ma journée, c'est cette heure là, dans les champs de pois, vers les chevraux, avec la brise du soir aux fraîches haleines, qui m'a causé la plus vive jouissance. Non, ce ne serait pas tout à fait vrai. D'ailleurs, sans les tombeaux, sans la fournaise, sans la puanteur; la prairie, le vent du soir, les grandes ombres auraient-elles ces douceurs?

Il y aurait à voir pour une semaine de ce côté du fleuve, surtout dans la vallée des sépulcres. Il faudrait y planter sa tente, afin de s'épargner quatre heures de course par jour. Une fois établi là, on examinerait à l'aise salle après salle, on esquisserait les panneaux et l'on rapporterait des souvenirs exacts. Malheureusement, le temps nous manque.

Luqsor, dimanche 6 février 1848. — Nous avons traversé le fleuve hier soir. Des deux côtés, la rive est bordée de barques; les pavillons français, anglais, américains, espagnols, flottent au vent.

Nous voici donc au centre de l'antique Thèbes : Sur cette plage s'étendaient des quais populeux. Une rue garnie de colosses reliait les deux bords, Luqsor à Medinet-Abou. — Une autre, garnie de sphynx dont on trouve encore les débris, conduisait de Luqsor à Karnak.

Nous passons cette journée dans le calme, bénissant Dieu pour cette institution du Dimanche, merveilleusement adaptée aux besoins de notre âme et à la faiblesse de notre corps.

Achmet qui vient nous voir, cette fois dans un riche costume à la nizzan, entreprend de disculper son ancien patron, Lepsius. — « Lepsius! il n'a pris que les bons morceaux. Les autres voyageurs sont venus après, chacun a *levé* une pierre, et puis ils disent : Lepsius, Lepsius! — Avant Lepsius, c'était *Champignon*, « Tutto quello che si portava via, « era *Champignon! Sempre Champignon.* — Adesso « Lepsius! Sempre Lepsius. — Si leva un pezzo, poi « di sotto, si scrive Lepsius! Altra volta, mettevano « *Champignon !* »

— Champollion...

— *Champignon, Champignon !* rectifie Abou-Nebou; puis se tournant vers notre guide Abdallah, qui fume tranquillement sa pipe : — « Vous autres, vous coupez les bras, les têtes, les jambes ; vous détachez les cartouches pour les vendre, et après, vous criez Lepsius ! comme avant vous criiez *Champignon !*

Abdallah fait un geste d'horreur.

— Eh bien, si vous ne découpez plus rien, vous avez découpé pour le compte de Lepsius. Est-ce Lepsius qui prenait ? Non, Lepsius disait : enlevez-moi ça, je vous donnerai 5 piastres ; vous l'enleviez, et, à présent, vous criez *Allah !* devant chaque égratignure !

Abdallah s'enveloppe d'un nuage de fumée ; on voit rire ses dents blanches au travers.

Achmet blâme le fait même de la spoliation, il le blâme à cause de ces « poveri signori, che spendano « tanta moneta, della barche, e poi mangiare, e « poi bere, e faticare, per vedere quelle antichità « che *Champignion* et Lepsius hanno portato via ! » Mais Achmet ne peut s'empêcher d'excuser Lepsius, qui voulait construire *une antiquité à Berlin*, afin d'épargner à ses compatriotes, la peine d'en aller chercher d'autres en Égypte.

Luqsor, lundi 17 février 1848. — Hier au soir nous avons visité le temple et le palais de Luqsor ; il s'étend devant nous sur de larges proportions. On n'en suit pas bien le plan, tant les constructions modernes en altèrent les lignes. Les salles ornées de colonnes sont couvertes de sculptures. Quel peuple consciencieux — artistiquement parlant — que celui qui exécutait avec le même fini, un détail placé à quatre-vingt pieds du sol, qu'une ciselure à portée de l'œil!

Nous essayons de nous faire une idée de l'ensemble : impossible! cent familles ont bâti leurs cases là-dedans. On dirait des abeilles maçonnes. Partout où il y a un vide, une masure vient se nicher. L'immense vestibule reste dégagé; il est d'un grand effet. Le Pacha en a fait son magasin. Les tas de blé, d'orge, de douhra s'élèvent au tiers des colonnes. Les fellahs y apportent leurs contributions; un Arabe vêtu à la nizzan, armé de la courbache, reçoit l'impôt : il nous salue d'une voix douce, il a la meilleure figure du monde; mais, vis-à-vis de ces gros tas de blé et en face des chenils où vivent les fellahs, nous ne pouvons nous empêcher de le regarder de travers.

Voici le pylône flanqué de ses deux colonnes, avec son obélisque dépareillé. Hélas! pourquoi faut-il avoir ici encore à déplorer un vol? L'obélisque de la place de la Concorde est magnifiquement placé au centre des riches perspectives que lui ouvrent l'avenue des Champs-Élysées, l'allée des Tuileries, la rue Royale et le pont de la Chambre des députés; si le parti tiré de la chose volée pouvait excuser le vol, certainement celui-là serait absous : l'obélisque de Luqsor en venant à Paris n'a fait que changer de gloire... Celle qui le couronnait à Thèbes valait mieux. — Encore, si l'on n'avait fait que le prendre ; mais les Français chargés de cette expédition se sont établis dans les salles du temple, et par mesure d'hygiène, on ont revêtu les murs sculptés d'une épaisse couche de plâtre.

Tel qu'il pourrait être, Luqsor deviendrait après Karnak le plus beau monument de l'Égypte ; tel qu'il est, il laisse plus à désirer qu'il ne satisfait. Avec une fort petite somme, le Pacha s'immortaliserait. Il ne s'agirait en effet que de bâtir perpendiculairement à Luqsor, au fond de la plage, un village modèle ; d'y transporter les habitants, de détruire la briqueterie qui empâte le temple, et d'enlever la terre qui l'ensevelit : on retrouverait alors tout le développement des Pylônes, du vestibule et des colonnades.

Nous n'avons rien vu qui approchât de la misère de ces cases. J'ai compté cinq familles sur un espace de dix pieds sur dix : un avant-toit de briques sèches appliqué contre un pan d'architecture ; deux ou trois pots maçonnés qui servent de nids aux pigeons, d'abreuvoir aux poules ; un cône de terre creux en guise de four ; là-dessous, des femmes en haillons, les bras couverts de bracelets, le cou de colliers, des pendants aux oreilles et au nez ; des enfants, des chats, des chiens, des pigeons, des chèvres et l'âne à la porte. Dans cet espace on dort, on mange, on vit. — Mais le soleil brille sur ce réduit, la poule y pond ses œufs, la chèvre y donne son lait. La faim, le froid, l'obscurité, ces trois misères qui hantent le logis de nos pauvres, sont inconnus à Thèbes. — Il n'y a pas de lit ! — Mais qu'est-ce que le lit du plus riche arabe ? un matelas, des tapis étendus par-dessus. Le bey ne se déshabille pas plus que le fellah; il n'y a de différence que l'épaisseur de deux doigts de coton. Franchement, j'aime presque autant la douce terre d'Égypte. — La saleté ! — Il n'y en a pas beaucoup moins chez l'Arabe opulent, sur l'habit duquel, dit Lane, on voit courir des insectes que ma plume se refuse à nommer. — Non, je ne plains pas tant le peuple d'Égypte pour ses chétives demeures, que pour les exactions dont il est l'objet.

Ce matin a commencé la plus belle journée de notre voyage : Karnak. Nous partons de bonne heure à pied, nous traversons la plaine au soleil levant, pour entrer dans l'avenue de sphinx qui conduit au premier temple ou palais. — Les têtes des sphinx, têtes de bélier dont on retrouve quelques fragments à terre, ont été coupées par les Perses; l'effet reste majestueux. Un Pylône isolé termine cette allée, il est du haut en bas couvert de bas-reliefs. Nous montons sur le faîte du temple par un escalier qui pourrait encore servir d'épreuve aux initiés; il y a là une certaine enjambée par-dessus une ouverture de quarante pieds de profondeur, qui semble plus du domaine des cauchemars que du domaine de la vie réelle. — Devant nous, le grand temple, le plus vaste des monuments connus, avec ses cinq Pylônes aux extrémités, ses trois obélisques en tête, ses colonnades qu'on devine; et à droite, à gauche, d'autres temples, d'autres Pylônes, les lacs antiques. On saisit mal de si haut les véritables proportions de ces gigantesques ruines : — Nous nous hâtons de descendre. Une perspective telle que jamais nos yeux n'en virent, s'offre à nous : colonnes après colonnes, pylônes après pylônes, et les obélisques, et des pylônes encore, jusqu'au dernier qui n'encadre plus qu'un petit carré du ciel. — Cet aspect est une première révélation de la grandeur de Karnak. Nous nous arrêtons dans une belle salle entourée de colosses à demi enterrés : voici la même perspective, avec un trait de plus; une colonne isolée qui la coupe au quart, gravée dans toute sa hauteur; des restes de colosses en granit s'appuyent contre le pylône.

Mais la féerie, l'écrasante merveille, c'est la salle, c'est le monde, l'expression vaut mieux, qui vient après. Cent trente-quatre colonnes, debout, intactes sauf quelques écorchures, s'élancent à cinquante pieds au-dessus du sol, s'enfoncent de vingt par-dessous, s'épanouissent en coupe élégante, s'arrondissent comme le bouton fermé de la tulipe, portent légèrement dans les airs leurs architraves énormes, colossales de circonférence, couvertes de figures et d'hiéroglyphes! Tout autour, une muraille sculptée comme un joyau.

La rencontre avec le sublime produit une commotion électrique, elle fait vibrer l'âme. — Nous tournons autour de ces prodigieuses colonnes, nous regardons en haut, nous regardons en bas, nous allons voir cette perspective de lignes pures que termine une des géantes à demi renversées; nous allons contempler les obélisques encore et les pylônes, au bout de cette colonnade à perte de vue; nous passons, nous repassons, et nous revenons fatigués nous asseoir sur un bloc. Notre imagination n'était jamais allée jusque-là. — Plus tard, nous avons vu le reste : le sanctuaire de granit orné de têtes charmantes, de colosses dont Champollion a emporté les bustes, — impardonnable vandalisme — l'obélisque couché, poli comme du marbre ; la salle de Totmès III, à chapiteaux renversés; des temples à l'orient et à l'occident; d'autres avenues de sphinx. Cet examen nous fait mieux comprendre les dimensions, les richesses de Karnak. Mais la salle aux cent trente-quatre colonnes! Le reste se conçoit, ceci est surnaturel.

Nous y avons passé la journée, c'était le centre

vers lequel convergeaient tous les rayons de nos promenades.

A une heure, Antonio apparaît comme le génie de la lampe, portant avec lui ce bon dîner dont Aladin et sa mère se régalaient tous les trois mois. — Les plats ne sont pas d'argent, encore moins d'or, les tapis ne viennent pas de Perse..... mais quel joyeux établissement sur cette natte de paille ! Que cette salade, que ces radis sont frais et cette eau délectable, dont le filet jette en l'air ses notes cristallines, en tombant du col mince de la cruche de Kench. Un grand feu pétille près de nous. *Katerherac*, notre guide, les marchands d'antiquités s'accroupissent tout autour, *avec 35 degrés !* Hassanin seul manque à la fête, mais Hassanin l'a préparée; Hassanin, une fois le repas apprêté, après s'être interrogé, le doigt sur le front, pour savoir si le menu est au complet, Hassanin s'est écrié avec attendrissement : — Voilà un dîner de campagne ! voilà pourtant un dîner de campagne ! trouvez-moi un cuisinier capable, comme Hassanin, de faire un dîner de campagne !

Nous ne revenons que le soir, après avoir reconnu sur le mur de la salle : les conquêtes d'Osireï dans la terre de Canaan, et l'expédition du Sésac de la Bible, avec les prisonniers israélites. L'un des sujets occupe le côté extérieur Ouest du mur, l'autre le côté extérieur Est.

Encore des pylônes et de nouvelles avenues de sphynx. Nous nous arrêtons sur les bords des deux lacs, peuplés de canards sauvages ; nous errons longtemps au milieu des sphinx à têtes de chat et des colosses de syennite, restes du temple dédié à Typhon, le mauvais dieu, qui obtenait presque toujours une chapelle à côté des temples des dieux bienfaisants. Nous rentrons dans le *Véloce*, éblouis, remerciant le Seigneur de nous avoir accordé de si vives jouissances.

Et pourtant, pourrions-nous oublier que ces prodiges sont des marques de la puissance de Satan? Pourrions-nous oublier que des millions d'âmes ont adoré ces idoles révoltantes? Pourrions-nous oublier qu'elles ont été *déçues*, mot si triste lorsqu'il s'applique aux choses de ce monde, si effrayant lorsqu'il s'applique à l'éternité? — Ces âmes valaient autant, valaient mieux que les nôtres. Pourquoi nous dans la vérité, elles dans l'erreur? Ah Seigneur, à la rencontre de ces mystères, il fait bon se plonger dans ton insondable amour !

A demi enterré, Karnak surpasse les plus grandes beautés monumentales du monde. Que serait-ce lorsque ces colosses, ces avenues, ces colonnes, ces obélisques, ces constructions qui rayonnent deux lieues durant, apparaîtraient tout à coup à la lumière ! Il ne faudrait pour cela que gratter le sol.

Le *bakschich* fait ombre au tableau, c'est la plaie

de Thèbes. La demande se fait sur le ton le plus impérieux : il y a du *chien de chrétien* par dessous. Le diapason s'élève en raison de la distraction du voyageur : *bakschich*, BAKSCHICH, BAKSCHICH ! quand vous avez le tympan brisé, vous faites une distribution de parahs, et c'est à recommencer dix minutes après. — On ne voit ici que doigts coupés, yeux crevés pour échapper au service militaire. Le pacha commence, dit-on, à se lasser de la ruse. Il met la main sur les borgnes comme sur les mutilés. D'après Lane, ce sont des bohémiennes, danseuses de profession, qui vont de village en village opérer les enfants.

Les marchands d'antiquités nous sucent le peu de sang que nous laissent les gamins. Notre persécuteur d'aujourd'hui, est un Cophte à qui nous avons donné les Évangiles... ce qui ne l'empêche pas de demander six fois la valeur des objets qu'il nous offre. On ne se fait pas d'idée des intrigues qui se dépensent pour la vente d'un scarabée ; il passe de main en main, et vient se présenter à nous sous les auspices de quatre ou cinq drôles qui renchérissent l'un sur l'autre. Nous nous tenons cramponés à la raison. — Notre guide de la rive orientale est aussi serviable, aussi ignare que celui de la rive occidentale. —Tous deux ont *travaillé* avec Champollion, Belzoni, Lepsius... ce qui n'ôte rien à leur ânerie. — « Voici une porte ! » quand vous passez dessous. — « Voici un escalier! » quand vous en montez les marches. — « Voici une colonne! » quand vous vous heurtez contre. Leur science ne va pas au delà. Emplacements, distribution, connaissance des sujets de peinture ou de sculpture, ils s'en soucient comme de cela!..... Ils marchent devant vous, leur lance sur l'épaule: ne leur demandez rien de plus.

Dix barques sont amarrées au bord. La nuit est tombée, les étoiles brillent, une brise fraîche dissipe les ardeurs de la journée; la Zamarra, la durbakka, le tambourin à plaques de métal forment une musique plaintive. Nous allons respirer.

KÈNÈH.

Mercredi, 9 février 1848. — Ce matin, le Cophte aux scarabées vient encore nous tenter. — La figure des Cophtes, très fine, très régulière, nous rappelle bien plus le type juif que le type égyptien. On s'efforce de voir dans cette race, la race primitive du pays; mais ces lèvres minces, ce visage d'un ovale très allongé, ces yeux franchement ouverts, ne ressembleront jamais aux lèvres marquées, aux pommettes rebondies, aux yeux relevés des bas-reliefs égyptiens. — Est-ce fanatisme de la part des musulmans, est-ce abaissement de la part des chrétiens Cophtes? on traite ceux-ci fort à la légère; évidemment ils jouissent de peu de considération; leurs manières en contractent quelque chose de servile qui fait peine à voir.

Le pacha emploie quelques Albanais en guise de gendarmes. On est étonné de rencontrer tout à coup sur les rives du Nil, la fustanelle fièrement portée et la pompeuse démarche des Grecs. Ces gendarmes sont une plaie pour le fellah, dont ils rançonnent impitoyablement la basse-cour.

A peine mettons-nous le pied sur notre cange que le vent contraire se déclare. On ne rame plus, on se balance d'autant. La nuit est tumultueuse comme toutes les nuits de navigation. Antonio, qui croit pressentir un calme, réveille le Reiss, le Reiss réveille l'équipage. « — *Oh ! Hassan ! Ali ! Méhemet Ali ! Ali Abou Achmet !* » — Les Ali, les Hassan se frottent les yeux, répondent en gémissant l'un après l'autre ; on s'assied sur les bancs, on donne trois coups d'aviron : tout juste ce qu'il faut pour s'ensabler. Une fois pris, on pousse avec fracas les piques dans l'eau. — « Hé, hé ! — hé, hé ! — hé, hé ! — hé, hé ! » — Quand on a crié demi-heure comme si l'on rendait l'âme, *Hassan, Ali, Méhemet Ali, Ali Abou Achmet*, vont retrouver leurs couvertures et dorment en paix jusqu'au matin.

Le ciel est gris ; un ciel pareil, dans le nord, se fondrait en eau. Il fait froid, — 20 degrés ! — Avec le vent par-dessus. Faut-il que nous soyons gâtés ! Ces nuages, ces vingt degrés, ce vent, le 9 *février*, nous paraissent un temps détestable ; nous en avons l'âme noircie et nous gelons. Qu'on est vite accoutumé au mieux ! qu'il devient vite l'état normal !... Mais le moins bien ! Ah ! voilà de l'inouï.

De guerre lasse nous abordons. Il y a bientôt trente-six heures que nous sommes ballottés.

DENDÉRAH.

Jeudi, 10 février 1848. — Des lettres ! Nos parents et nos amis se portent bien; ils nous engagent à poursuivre notre voyage; ils espèrent que nous l'accomplirons intégralement. — Miséricorde, bonté de mon Sauveur ! tu ne te lasses pas de nous combler de tes grâces.

Au milieu de toute cette joie, la tristesse nous a saisis. En plongeant nos regards jusqu'au fond de ces cœurs si tendres; en voyant ces vies se dérouler, toutes actives, toutes utiles, nous nous sommes sentis humiliés. Voilà des frères, voilà des sœurs qui se consacrent au Seigneur, qui ont peu de joies extérieures, et qui, loin de nous envier nos biens, en remercient Dieu pour nous; voilà des âmes qui ne pensent aucun bien d'elles-mêmes, des âmes qui, de bonne foi, se mettent au-dessous des autres; voilà, dans le canton de Vaud, des pasteurs, leurs femmes, exposés à beaucoup de douleurs, et souffrant avec sérénité pour l'amour de Christ! Et nous, et nous! — Ah! misérable que je suis, qui me délivrera de ce corps de mort? Qui me délivrera de mes distractions quand je lis la Bible, de mes langueurs quand je prie, de ce regard complaisamment tourné sur moi, de cette préoccupation des choses de ce monde, de cet oubli de mon Sauveur? Comment se fait-il que je t'aime si peu, Toi qui nous as tant aimés!... pourquoi te reléguai-je si haut, que mes pensées habituelles ne vont pas jusqu'à toi? Je place ta parole sous mes yeux, je me mets à genoux; mais des journées entières s'écoulent sans que je t'aie ouvert mon cœur. Bien plus, je sens parfois dès le matin une rébellion latente, une sécheresse diabolique; je vais me cacher loin de ta face... et je puis vivre ainsi!

Mais tu as eu pitié et tu auras pitié; tu ne m'as pas soulevée hors de l'abîme pour m'y laisser retomber. Seigneur, encore une fois, mille fois encore, si ce voyage est malsain pour nos âmes, interromps-le! si notre place est ailleurs, mets-nous à notre place. Rappelle-toi, Seigneur, que tu dois nous conduire comme on mène les paralytiques: en nous portant.

Ce voyage me pèse parfois; il ne s'est fait que par la permisson de Dieu; un hiver dans les pays chauds était nécessaire à ma santé; rien de plus vrai. Mais quand je sens mes frères souffrir la persécution, quand je vois d'humbles chrétiens dont personne ne parle, servir jour par jour leur maître ; alors mon cœur se fond ; mon égoïsme se réfléchit devant moi comme en un miroir : je me déteste.

Si, au moins, ces expériences pouvaient m'apprendre à travailler avec joie !

Le fellah qui puise l'eau du Nil, chante pourtant ; à mesure que le seau monte, les notes sortent éclatantes de sa poitrine, elles se répandent comme un bel hymne par toute la campagne. — Oh ! que nous aussi, lorsque le jour des labeurs sera venu, que nous aussi, nous fassions entendre un hymne d'amour : plus de plaintes ; donnons-nous gaiement.

Cela dit, je sens aussi qu'il entre dans les plans de Dieu de nous accorder du relâche. L'utilitarisme comme le mysticisme, sont de fabrique humaine.

C'est l'homme qui a inventé de couper toutes les fleurs de la création, sous prétexte qu'elles ne servent à rien. Insensé ! sans les fleurs aurait-on les fruits ?

C'est l'homme qui a inventé de faire le vide dans le cœur d'abord, dans la vie après, pour que Jésus y régnât seul. Insensé ! Dieu est-il le Dieu des morts, ou le Dieu des vivants ? — Non, je ne veux être ni plus difficile, ni plus ambitieuse que le Seigneur ; je ne veux rien écraser, je veux tout soumettre. — Je me défierai toujours de la spiritualité du diable..... elle nous égare vite, nous autres chrétiens.

Dieu qui a fait les parfums, les couleurs, l'harmonie; Dieu qui pouvait créer l'homme seul et qui l'a créé deux; Dieu qui est beauté, qui est amour, en même temps qu'il est justice et puissance : Dieu n'établit pas sa souveraineté par la mutilation; Dieu ne nous retire pas d'une main ce qu'il nous tend de l'autre. Seigneur, tu règnes au plein soleil, tu veux que notre foi soit une naïve et aussi une robuste plante des champs, portant en sa saison des fruits savoureux, mûris par ta rosée, par tes beaux jours, par tes pluies d'orage. Tu ne veux pas que notre foi s'étiole en serre chaude, et qu'elle te produise des fruits hâtifs, colorés, enflés par une chaleur factice. Tu as fait la vie normale, ses joies et ses vicissitudes pour notre sanctification. Béni soit-tu de ce qu'en toutes choses tu es *Vérité*.

L'avenir de l'Europe se charge de tempêtes; la Suisse, radicale, communiste, est placée entre la France, l'Allemagne et l'Italie comme un charbon ardent sous une poudrière. L'édifice social me semble tout entier composé de poutres saines en apparence, rongées des vers par dedans [1].

Nous venons de voir Denderah au travers de ces préoccupations. Athor, Rhé, le Zodiaque lui-même,

[1] Je n'ai pas changé un mot, en relisant mon journal, à ces prévisions, qui du reste préoccupaient, je crois, toutes les âmes sérieuses.

faisaient une singulière figure, ainsi rapprochés de l'Europe au dix-neuvième siècle.

Denderah, récemment déblayé par le pacha, est unique de conservation. Il n'y manque pas une pierre. Le péristyle, le sanctuaire, les cellules obscures, les corridors ténébreux, les escaliers secrets, tout y est intact. Le temple date du règne des Ptolémées; Tibère l'a décoré d'un vestibule à vingt-quatre colonnes qui portent, pour corniches, la tête d'Athor encadrée de larges draperies. C'est d'un effet nouveau, riche, mais bien moins pur que la coupe du lotus. Du haut en bas, sculptures ! colonnes, murailles, parois des plus sombres réduits, pas un espace qui ne soit gravé. Cléopâtre, sous la figure d'Athor, prend ici rang parmi les divinités égyptiennes. Malheureusement, le marteau des chrétiens [1] a effacé les lignes. Ce qui en reste signale quelque décadence dans l'art : ce ne sont plus les traits délicats du temps de Sésostris. Cléopâtre, reproduite sur chaque pan du mur, rappelle les portraits de Mme de Maintenon : un peu grasse, l'œil en dessous et le regard doucereux. Je m'en tiens à ma Cléopâtre d'Edfou. On retrouve sur les murs de Denderah, comme sur ceux de Karnak, le roi saisissant les prisonniers par les cheveux, avec l'arme levée sur leur tête. Il ne peut

---

[1] Les chrétiens s'emparèrent à mesure, des temples qu'abandonnait le paganisme mourant.

être ici question de sacrifices humains, puisqu'ils n'existaient pas à l'époque grecque. — Voici mon explication : La sculpture égyptienne est toute de tradition, les sujets religieux se répètent identiques à eux-mêmes au travers des siècles : toujours les mêmes offrandes, présentées de la même manière, aux mêmes dieux, revêtus des mêmes attributs. Le sacrifice humain a été reproduit comme le reste : expression d'un fait sous Osireï, sous Sésostris; copie sous Ptolémée.

Il a plu quatre gouttes d'eau,—j'ai l'honneur d'en recevoir une dans la main; Louis, qui s'est longtemps tenu la tête renversée pour les guetter au passage, en attrape une autre sur le bout du nez. Mes jacinthes maintenant en fleurs ont absorbé les deux autres.

Pourtant il y a des gargouilles au temple de Denderah : quatre lions qui tiennent entre leurs pattes des conduits destinés à dégager le toit de l'édifice... donc il pleuvait...

Au-dessous de Denderah, vendredi 11 février 1848. — Froid, gris, 10 degrés. Cette teinte et cette température ne conviennent pas à la nature d'Égypte. Les montagnes deviennent blafardes, le Nil sale, les rives plat d'épinards; les lignes se noient dans l'horizon brumeux, tout se ratatine, y compris nos Nubiens, entortillés dans leurs draperies, et leurs chansons qui se traînent sur trois notes lamentables. — Antonio tue une oie sauvage, le second meurtre d'oie depuis notre départ du Caire. L'oie tombe dans le Nil; Reiss Hassan refuse de l'envoyer prendre par un de ses hommes, *à cause des crocodiles.* Nous rions de l'argument, mais dans le cours d'une heure nous voyons seize de ces beaux messieurs ; les uns zébrés de jaune et de vert, les autres noirs, qui dormant gueule ouverte, qui se traînant le long de la berge, qui plongeant, et qui mettant le museau à l'air. — Nous ne rions plus !

GIRGÉH.

Samedi, 12 février 1848. — Belle journée, passée tout entière au milieu d'une nature primitive.

Nous partons de bonne heure pour nous rendre au temple d'Abydos, — Arabat-el-Matfûn. — C'est une course qui nous prendra sept heures. Nous quittons notre barque à Bellianeh ; elle nous rejoindra à Girgeh. Nous montons un instant sur nos ânes, mais pour en redescendre bientôt ; le vent du nord souffle toujours, il fait froid, le thermomètre marque huit degrés. Nous sommes sur la rive occidentale, nous nous enfonçons dans la plaine, et nous marchons deux heures au travers des champs de blé, des champs de fèves, jusqu'au pied de la chaîne Lybique où se trouve le temple.

Le soleil monte, l'air s'échauffe, le vent du nord se transforme en une brise bienfaisante ; il court léger sur les fleurs des fèves, sur les grands blés dont les épis barbus se froissent en bruissant sous son haleine.

Que je me débarrasse vite de mon temple, pour retourner à ces merveilleux aspects.

Il est presque entièrement enseveli. — Ils *sont* vaut mieux, car il y en a deux. Le sable monte jusqu'aux entablements et comble les sanctuaires. On entre en rampant pour se voir vis-à-vis de quatre ou cinq chapiteaux enterrés; l'un des temples date d'Osireï, qui l'avait consacré à Osiris. Le vrai corps d'Osiris y était enfermé, selon la tradition; il se trouve ailleurs aussi, — comme la Madone de saint Luc qu'on montre dans tous les dômes d'Italie. — Le trait saillant de ce temple est une succession de voûtes, les seules qu'on rencontre dans les monuments de pierre. Mais si les voûtes y sont, le procédé n'y est pas : les blocs posés de champ sur un plan horizontal, forment une épaisseur dans laquelle l'architecte a creusé la voûte, comme on vide un melon. Il y a sur les parois de calcaire des sculptures d'une admirable finesse. Ce calcaire au grain serré, à la surface polie, rend la pensée de l'artiste avec toutes ses nuances; on lui doit en grande partie la pureté de trait qui distingue les bas-reliefs des tombeaux des rois.

La chaîne Lybique s'élève devant nous; le sable remplit ses gorges, couvre ses racines, s'étend vers la plaine; là il meurt, l'océan de verdure l'arrête : point de transition, le désert et la prairie se touchent de partout.

Je ne connais qu'un aspect semblable : les vergers de Chamouni côtoyant les glaces éternelles des Bossons. A Chamouni, les pruniers sauvages se penchent sur la bleue crevasse ; la pensée des champs montre sa tête riante à côté de la moraine frangée de neige. Au Grindelwald encore, les aulnes trempent leurs pieds dans l'eau que leur verse à quelques pas les urnes du glacier ; les chèvres quittent l'herbe pour rafraîchir leur museau dans la neige. — Ici, d'un côté, désolation : pas un oiseau, pas un insecte, pas un arbuste, pas même une seule de ces plantes épineuses qui croissent dans les sols arides ; de l'autre, tout ce que la main de Dieu peut répandre de parfums et de fraîcheur.

Voici un petit lac entouré de palmiers dont l'image tremble un peu sur la surface ridée. Voici un village couronné de ses pigeonniers, comme de châteaux-forts ; les huttes espacées ont chacune devant elles quelque place ombreuse sous le dôme du sycomore ou sous le panache du dattier.

Mais ce qui pénètre le cœur de sérénité, c'est cette campagne, ce sont ces blés, ces champs de fèves aux blanches fleurs lamées de velours noir, dont les têtes se balancent au-dessus des nôtres ; ce sont ces troupeaux, ces admirables troupeaux parsemés dans la plaine. Partout où il y a un coin de trèfle, il y a un troupeau. La mère chèvre broute ici, pendant que ses biquets, établis dans le monde comme si le monde était à eux, la regardent, mollement couchés au milieu de la touffe la plus friande. Les moutons avancent pas à pas dans la prairie en secouant leur grosse perruque barbarine. Les vaches rouges, blanches, tachetées, savourent avec lenteur la plante qui craque sous leur dent. Les chevaux, entravés, tondent à ras le morceau de pré qui leur est dévolu, pendant que leurs poulains caracolent sur l'herbe. Le buffle, à la robe noire, aux cornes couchées, médite en ruminant. Le chameau promène sa petite tête, qui domine les lointains horizons. L'oiseau pâtre, bel oiseau blanc, se pose sur le dos du buffle où pait avec le troupeau. — Près de chaque morceau de trèfle, quelque cabane de paille abrite la famille du fellah. Quand le trèfle sera mangé, la hutte et les troupeaux iront s'établir un peu plus loin. Mais pour qu'il soit consciencieusement brouté, chaque bête est attachée à un pieu, et l'on ne plante le pieu plus avant, que lorsqu'il ne reste pas un brin vert dans son rayon. Le matin on se régale, on va tondant en tous sens la largeur de sa langue. Mais le soir... ah! le soir vient la disette; il faut se mettre sur ses genoux alors, tirer la corde, tendre le museau, user d'industrie, et encore pour quelque tige dépouillée. — Sont-ils les seuls à brouter ainsi?... à gâter le meilleur pour devoir se contenter du pire?

Comparez l'existence de l'ouvrier de nos villes

avec celle du fellah? Comparez l'existence de ce maçon, qui se lève l'hiver avant cinq heures du matin, qui se rend à l'atelier par un temps froid, pauvrement vêtu, pauvrement nourri; qui travaille tout le jour dans la boue, sous la pluie; qui rentre le soir dans un taudis glacé; comparez cette existence avec celle du paysan d'Égypte, tirant gaiement les seaux de sa shaddouff en plein air, sous le ciel bleu, paissant ses buffles et ses chameaux dans les gras pâturages, au milieu des horizons immenses, et dites lequel est le plus à plaindre.

Je ne fais jamais cinq pas dans Paris sans avoir le cœur serré : c'est cette femme à peine couverte qui se glisse le long des murs, un pain de quatre livres sous le bras; c'est cet enfant chétif qui sort de cette petite porte noire; c'est ce malheureux, vêtu *en Monsieur*, qui grelotte sous sa redingote râpée; c'est toujours quelque chose de tendu, de contre-nature, qui vous saisit et vous empêche de respirer. Voici bientôt deux mois que nous voyageons en Égypte, et je n'ai pas encore rencontré sur une seule figure l'expression du malheur.

Après cela, si nous parlons *dignité humaine*, la question change de face. Ici elle est tout entière à créer : et cependant il y a de l'honneur mondain; la *vendetta* règne de village à village, perpétuée de siècle en siècle. — Dix ans d'une administration éclairée, et l'on verrait des miracles.

Jamais l'Égypte ne m'a paru aussi belle qu'aujourd'hui, avec ses contreforts de montagnes, ses orges jaunissantes, ces scènes d'Eden, ce mois de Juin au milieu de Février. — Terre, tu es faite pour porter une robe d'herbe et de moissons, non pour étouffer sous un amas de cailloux ! — Avec l'herbe : les troupeaux, les cabanes, le bonheur. Avec les cailloux... les cailloux... qu'ils s'appellent Paris ou Londres, peu importe.

Au-dessous de Girgeh, lundi 17 février 1848. — Nous avons passé notre dimanche dans une crique. Soit mauvaise volonté de la part du Reiss, soit difficulté réelle à se laisser couler sans ramer, au milieu des bancs de sable que met à nu la rapide décroissance du Nil, l'équipage du *Véloce* faisait forces d'avirons.

« *L'el barra !* » — à terre ! — On s'est amarré, et la journée s'est écoulée dans le repos ; je voudrais pouvoir dire dans une intime communion avec Dieu. Quelle grâce qu'une telle union ! Les préoccupations religieuses n'en tiendront jamais lieu. Notre cœur aime à s'y tromper, il aime à mettre l'idée à la place du sentiment, le principe mort à la place du fait vivant : cela engage moins, on est lié de moins près. Mais qu'on reste pauvre aussi, qu'on est deshérité de joie, qu'on éprouve bien l'action débilitante de l'isolement ! Aussi longtemps que Jésus sera pour moi *quelque chose* et non *quelqu'un*, mon âme restera languissante; je professerai le christianisme, je n'appartiendrai pas à Christ. Voilà le mot de tant de prières extérieures, de tant de lectures durant lesquelles les yeux sont attachés à la lettre, pendant que l'esprit court le monde.

A mesure que nous descendons, le Nil s'anime. Des barques marchandes, quelques barques de voyageurs côtoient ou dépassent la nôtre. Hier, pendant notre arrêt, nous avons été rattrapés par un homme aimable et bon que nous avions rencontré au Caire; il voyage seul, crainte des ennuis d'un mariage de deux mois avec un prochain quelconque. Il faut savoir ce que c'est que le côte-à-côte de la barque, pour comprendre à quel point il a raison. — Dans ce moment, trois malheureux Anglais descendent le Nil sans se dire un mot, sans mettre pied à terre, emprisonnés dans leur cange, et chacun en soi-même. Cela dure depuis Assouan. Ils passent comme la flèche devant Edfou, devant Esneh, devant Thèbes; et n'ont qu'un but : arriver au Caire, pour y prendre une barque et revenir visiter Thèbes, Esneh, Edfou. Le premier est chasseur, le second archéologue, le troisième est peintre; celui-ci tire à *dia*, celui-là tire à *yû*, et cet autre profite de l'occasion, pour emmener le drogman et passer vingt-quatre heures à la poursuite des chacals. — De là, l'enfer qu'on peut imaginer.

Notre visiteur d'hier a été témoin d'un fait curieux :

La sucrerie de Farshout appartient à Ibrahim-Pacha. *Muss Effendi* la dirige. Pendant que M*** causait avec ce dernier, une femme fellah accourt en pleurant, elle demande justice. Son mari travaille en qualité de matelot sur une des barques de la manufacture; le Reiss, nègre, vient d'appliquer à cet infortuné un coup de bâton qui lui a cassé le genou. Muss Effendi ordonne qu'on lui apporte le blessé, qu'on lui amène le nègre. M*** descend sur la plage, pour voir comment on s'y prendra pour faire franchir à un homme dont le genou est brisé, une berge à pic de vingt pieds d'élévation. Les matelots prennent leur camarade avec adresse, l'enlèvent légèrement, montent sans secousse, et déposent le malade sur la terre, devant Muss Effendi. Un médecin français se trouvait là : Muss Effendi le prie d'examiner le genou. — Y a-t-il fracture? — L'arrêt contre le nègre, dépendra de sa décision. La responsabilité est grande, le genou est très enflé. Le docteur pense que l'os est brisé, mais il ne peut l'affirmer. Enfin, l'on songe au remède : deux planches, ou mieux, deux troncs à peine équarris, entre lesquels on étend et serre la jambe avec des cordes d'écorce de palmiers, liées à nu sur le pauvre corps. Le patient est pâle, ses traits se contractent, il ne laisse pas échapper un soupir.

Vient le tour du nègre.

— Pourquoi l'as-tu frappé si brutalement?

— Parce qu'il était paresseux.

— On ne t'a pas donné l'ordre de rompre les os de tes hommes; — tu travailleras vingt ans dans la sucrerie, les fers aux pieds.

Le nègre hausse les épaules. — Cela m'amusera de travailler ainsi!

Il ôte ses vêtements et présente, l'une après l'autre, ses jambes au forgeron qui rive les anneaux. Ces anneaux ne sont pas lourds, mais ils gênent la marche et obligent l'homme à procéder par sauts, comme un cheval entravé.

Muss Effendi se retourne vers M***. — Je l'ai condamné à vingt ans de fers, parce que c'est le seul châtiment qu'il sente. Deux cents coups de bâtons l'auraient laissé plus froid que cette montagne.

Ceci se passait il y a un mois et demi. M*** rencontre l'autre jour Muss Effendi; l'homme au genou brisé se *porte bien*; il a repris ses travaux de matelot, il demande la grâce de son bourreau. Mais le directeur de la sucrerie, qui a droit de punition, qui pouvait aussi bien faire mourir son Reiss sous le bâton, qu'il a pu le condamner à vingt ans de fers; le directeur n'a pas le droit de pardonner; il vient d'écrire à Ibrahim : Ibrahim décidera.

Quelle révélation, et sur l'administration, et sur le caractère du fellah! Un directeur de fabrique qui exerce le jugement le plus arbitraire! Un fellah qui pratique la charité chrétienne la plus élevée!

Notre visiteur d'hier a vu dans un petit temple au-dessus de Thèbes, quelques malheureux enchaînés par le cou, au fond du sanctuaire qui sert de prison. Ils portaient chacun une chaîne pesante, et toutes les chaînes, passant par un trou de la porte, s'allaient réunir autour d'un pieu fiché en terre. — Il y avait là, côte à côte, condamné à la même peine, un homme qui a tué son frère, et un homme qui a volé au scheik deux mesures de froment. — Le véritable malheur de ce pays, c'est l'arbitraire, c'est le caprice, c'est l'immoralité.

Elle est partout; en haut, en bas; dans les fabriques, dans les ateliers de travaux publics.

Le payement des ouvriers se fait en nature; de là des leurres qu'on peut imaginer. On promet nominalement vingt parahs à l'ouvrier; mais ces vingt parahs, on les lui solde en mélasse; cette mélasse, on l'évalue haut; le fellah la vend à bas prix, de plus il en supporte le déchet, souvent il manque d'acquéreur, et la mange ou la laisse perdre. — Il est sensé recevoir vingt parahs, il en reçoit dix au plus.

De même, pour les étoffes provenant des fabriques du Pacha : étoffes inférieures à celles d'Europe, qu'on vend cher au fellah, le contraignant de les prendre en échange de son travail. Faut-il s'étonner après cela si, pour obtenir des travailleurs, le pacha est obligé de faire main basse sur les habitants de tel ou tel village? — Le pis est que personne ne s'étonne du mal.

La maison d'un homme se trouve sur l'alignement d'une rue du Caire; rien de plus simple, on va l'évaluer, la payer, tout sera dit. — Il n'en va pas de la sorte. Cadeau à l'ingénieur, pour qu'il estime la maison à sa valeur; cadeau au Cadi, pour en obtenir arrêt; l'arrêt donné, trois ans d'attente pour recevoir le montant de l'immeuble; les trois ans écoulés, cadeau au trésorier pour obtenir l'ordre de solder la somme en question. Perte sur l'escompte, perte sur les monnaies, perte sur tout. Le malheureux propriétaire vend son droit à mépris. En attendant, la maison est depuis longtemps démolie. Tout calcul fait, il lui reste dans les mains *quarante pour cent* du prix fixé; il le trouve tout simple, et je le répète, c'est le plus fâcheux de l'affaire.

La tromperie circule comme le sang dans les veines de ce peuple. Notre équipage ne vaut pas moins qu'un autre : eh bien, notre équipage ment en gros, ment en détail, et vole d'autant. La fausseté lui arrive aux lèvres plus facilement que la vérité. Depuis le Reiss, qui n'a jamais voyagé avec Mme la marquise de la Rochedragon, et qui s'était approprié, pour nous séduire, le certificat de cette dame; jusqu'au moindre matelot, qui dit *oui* quand c'est non, *non* quand c'est oui, sans avoir l'apparence de confusion, lorsque les faits le démentent.

Les barques marchandes qui chargent le blé dans la Haute-Égypte, en mangent, en vendent tout le long du Nil, et puis l'arrosent avec soin, de façon à ce que les grains gonflés remplissent le même nombre de mesures au Caire qu'à Girgeh. On le sait si bien dans le commerce, qu'on évalue ce déchet à vingt pour cent.

S'agit-il de procès? Les marchés se font au grand jour. La salle où s'achètent les faux témoins, ouvre sur la salle où se vend la justice.

Entrez dans une boutique, entrez dans vingt, on vous demandera les deux tiers en sus, de la valeur réelle de l'objet que vous voulez acquérir. Si vous êtes assez novice pour donner la somme, on la prendra; si vous en offrez le prix juste, on l'acceptera sans honte. — Et qu'on vienne après cela s'extasier sur l'intégrité musulmane, l'opposer à la mauvaise foi chrétienne! — Nous ne connaissons, il est vrai, que l'intégrité *arabe*; peut-être l'intégrité turque vaut elle mieux : mais les Arabes sont musulmans aussi, et c'est le mahométisme que dans cette question, l'on a toujours mis en regard du christianisme.

S'agit-il de mœurs? C'est bien une autre affaire! Il n'y a qu'à consulter Lane, Clot-bey, les ouvrages spéciaux; il n'y a qu'à jeter un coup d'œil sur ces danses qu'on trouve étranges tant qu'on ne les comprend pas, qu'on ne peut plus regarder dès qu'on en a saisi le sens, et que la population entière d'Égypte; d'Assouan à la Méditerranée; hommes, femmes, enfants, contemplent sans sourciller!

Au fait, que demander de plus à notre cœur? qu'en attendre de mieux? Si, renouvelé par le Saint-Esprit, il retourne habituellement au péché, ne s'y vautrera-t-il pas lorsqu'il est encore le *vieux cœur?* Les formes de la piété mises à la place du fond, chez ceux qui pratiquent; le fanatisme mis à la place de tout culte, de toute pensée religieuse chez ceux qui ne pratiquent pas, pourront-ils soulever un brin de paille mis en travers de la conscience?

Il paraît avéré que le pays paye le double de ce que reçoit le Pacha. Il sort *cent* de la poche des fellahs, il entre *cinquante* dans le trésor de Méhemet-Ali. La source se perd en passant dans les canaux. Au moins si les filets fertilisaient le sol!

Autre cause de misère et de découragement. — Tous les paysans d'un même village sont solidaires. *Ali* vient d'acquitter sa dette, mais *Hassan* ne peut la payer qu'au quart : *Ali* comblera le déficit d'*Hassan*. La même règle est appliquée aux gens de métier. Les âniers du Caire, les joailliers, les maçons, les boulangers sont groupés par corporations que gouvernent des scheiks. Le scheik de la corporation des cordonniers doit trouver la somme de... Il l'obtient par les moyens qu'il juge convenable. Le gouvernement, qui n'entre pas dans ces détails, se borne à la recevoir des mains du scheik, et à le bâtonner s'il y manque une piastre. Il en résulte, de la part des administrés, une défiance extrême. Le marchand qui a gagné quelque argent se hâte de le convertir en pierreries; il affecte les dehors de la misère pour échapper aux regards investigateurs de son scheik et à l'accroissement des charges. Tout reste stagnant : l'état du peuple, l'état de l'industrie et l'état des coffres du Pacha.

Avec un pareil système, trouvez-moi des gens qui aient cœur à l'ouvrage. Autant vaudrait un coup de massue sur les quatre membres. — Vive le communisme à toutes les puissances, pour développer l'industrie et la prospérité !

Il serait injuste d'accuser le Pacha de touts les maux de l'Égypte. Le Pacha est turc; le Pacha à quarante ans apprenait à lire; le pacha a respiré toute sa vie dans l'arbitraire. Pour être impartial il faut partir du règne des mameluks en Égypte, et non pas du règne de Louis-Philippe en France, ou de celui de Victoria en Angleterre.

Sous les mameluks, gens rudes, barbares, ne tenant au pays par aucune attache du cœur, par aucun lien de famille, — leur corps se composait d'esclaves et se recrutaient au marché; le climat de l'Égypte dévorait leurs enfants. — Sous les mameluks, le pays était au pillage, il était aux fers; il avait la tête sous le sabre, et le sabre tombait vingt fois le jour. Tyrannie, cruauté, insécurité, tout se réunissait pour faire de l'Égypte une terre de désolation. Les progrès sont immenses. Le Pacha a constamment marché vers le mieux. On peut regretter la lenteur des pas, leur hésitation; mais la direction est bonne.

Il y a dans la vie du Pacha des pages à jamais déplorables; encore une fois, faisons tomber sur elles la lumière de l'Orient — qui n'est pas la plus claire — et non celle de l'Occident; elle projetterait sur de tels faits un jour faux.

Et puis, de l'intention à l'exécution, quelle enjambée! Si nous autres d'Europe, si nous autres chrétiens, nous tombons habituellement sur le nez à ce rude passage, exigerons-nous qu'on le franchisse d'un saut en Afrique? Pour preuve de la difficulté, je prends cette fabrique de coton que vient d'établir ici près le Pacha. — Les machines sont anglaises; acier, cuivre, fer admirables; rouages compliqués, perfectionnés, polis, précis : un bijou. — Pourquoi cette machine, qui, à Liverpool, fabrique un fil fin comme un cheveu et fort comme un cable; sur les bords du Nil, donne-t-elle une espèce de ficelle mal tordue, tantôt éraillée, tantôt enflée en bourrelet? Est-ce la faute du coton? Mais le coton d'Égypte est le premier des cotons. Est-ce là la faute du mécanisme? Mais il est irréprochable. De qui est-ce la faute?... Le voici :

A Liverpool on mesure le coton, on le pèse; on ôte, on remet un brin avec le scrupule anglais; on ne livre à la machine que juste la quantité voulue. En Égypte, on pose le coton sur un plateau de bois attaché par quatre cordes au balancier; de l'autre côté on met un gros caillou, deux gros cailloux, trois gros cailloux, suivant l'occurence : une livre ou deux de plus, faut-il s'embarrasser pour si peu? Et les cardes surchargées, font bévues sur bévues.

A Liverpool, le souffle de la vapeur réglé par trente-six engins, imprime un mouvement toujours égal aux rouages. — En Égypte, la machine est mise en jeu par un système pareil à celui des sakekiehs. Point d'engrenages multiples qui se communiquent l'impulsion, et se la communiquant, en atténuent les irrégularités : une seule roue, tournée par une paire de bœufs. — Encore si la roue avait toutes ses dents! mais le râtelier est incomplet. Trois dents manquent de ce côté, quatre de celui-là. Arrivés au vide, les bœufs tirent; les voilà qui font dix pas à bride abattue : bon!... trois fils cassés dans l'atelier. Les bœufs retrouvent la portion saine du râtelier; étonnés de la résistance, ils s'arrêtent net : quatre fils cassés. Le fellah qui les conduit leur allonge un grand coup de fouet; saut en avant : douze fils rompus. — Ainsi de suite.

Ne dirait-on pas, à voir cette bizarre association, quelque *miss* bien rose, bien blanche, bien droite, mariée tout à coup à ce Bédouin cuivré, tanné, grossier? Mort s'en suivra. L'union pouvait se faire, mais il fallait mettre le Bédouin au collége et le savonner quelque peu.

C'est la brusque juxta position du civilisé à l'incivilisé, sans éducation préparatoire, sans un plan réfléchi, qui anéantit l'effet des bonnes intentions. C'est l'éternelle erreur de procédé, exprimée par ces cinq mots vulgaires : *La charrue avant les bœufs*. — Après cela, la fable du meûnier, de son fils et l'âne — qui est bien vraie aussi — me revient en mémoire. Laissons gouverner l'Égypte..... aux Turcs.

OSSIOUT.

Mardi, 15 février 1848. — Nous redescendons avec rapidité. Il n'y a plus d'antiquités à voir, les journées reprennent leur cours paisible. Nous nous laissons glisser en lisant, les yeux plus souvent sur les deux rives que sur la page. Ce matin, un champ de pavots rouges et blancs nous sourit du bord; les pavots déplissent leurs rouges corolles, ouvrent leur beau cœur noir aux premiers rayons du soleil. Des myriades d'oiseaux se rangent le long des îlots où bâille le crocodile; la vie est partout, et cependant un calme profond plane sur ces scènes. Ah! que la poussière, que les fumées de la vie des cités sont loin de nous.

Je viens d'achever le consciencieux ouvrage de Lane; il sert de clef aux énigmes de l'existence orientale. Je lui emprunte quelques détails sur les cérémonies du mariage au Caire.

Le fait de la polygamie donné, le mariage ne peut

jouer qu'un petit rôle dans la vie de l'homme. On le regarde pourtant ici comme nécessaire, comme indispensable. Le Musulman doit avoir, ou une femme, ou une esclave. L'une vaut l'autre aux yeux des mahométans. Crainte des querelles, de la dépense, les hommes de la classe moyenne se bornent à une femme; plusieurs même n'ont que des esclaves. Le divorce remédie à l'apparent assujétissement qu'impose l'union avec une seule femme.

Il ne peut être question d'inclination dans le mariage; ni le fiancé, ni la fiancée ne se voient avant la fin des cérémonies. Des femmes, nommées *katbi*, parcourent les harems, informent le jeune homme des partis qui s'y trouvent, et les jeunes filles des hommes dont elles disposent. Auprès de ceux-là elles exagèrent la beauté de la vierge, de la veuve, ou de la femme divorcée qu'il s'agit de placer; auprès de celles-ci, la richesse, le bon air, les dispositions favorables de celui qui la recherche. Les parentes du mari futur se rendent dans le harem indiqué pour vérifier le rapport de la *katbi*; elles règlent les conditions de la dot, allouée par l'époux.

Si la jeune fille est encore une enfant, son père décide pour elle; si elle est en âge de raison, elle accepte ou refuse sans contrainte. Elle choisit alors un représentant, et la célébration religieuse du mariage se fait entre celui-ci et l'époux. Huit jours après on conduit la fiancée au bain, on lui teint les mains avec le henné, on la mène en grande pompe à la maison de son mari, qui pendant ce temps s'est rendu à la mosquée et qui revient lentement chez lui — l'empressement serait ici du plus mauvais ton. — C'est alors que pour la première fois les époux se voient. L'époux monte auprès de sa femme, et lève le voile de cachemire qui l'enveloppe. Elle y oppose quelque résistance. En le soulevant il prononce ces mots : — « Au nom du Dieu de compassion et de miséricorde. » — Elle répond par une bénédiction. Ces paroles auraient une solennité pénétrante, si elles ne revenaient à chaque instant dans la vie mahométane.

Dès qu'il a vu sa femme, l'époux redescend auprès de ses amis. Si elle lui déplaît, il attend une semaine pour la renvoyer. La dot, dont les deux tiers remis à la fiancée servent à payer son trousseau, quelques meubles, la chaise, entre autres, sur laquelle le mari dépose son turban; la dot s'élève pour les classes riches à six ou sept cents francs, pour les classes ordinaires à quelques piastres. Le dernier tiers n'est payé qu'en cas de veuvage ou de divorce.

Souvent dans les classes pauvres, toujours lorsqu'il s'agit de veuves ou de femmes divorcées, la cérémonie du mariage se borne à ces mots dits sans témoins : — « Je me donne à toi ! »

Le divorce est habituel, facile; la formule en est

simple : *Tu es divorcée !* Cela suffit. On peut faire divorce deux fois, et deux fois reprendre sa femme. Après la troisième, ou bien encore si la sentence du *triple divorce* a été prononcée par le mari, celui-ci ne peut reprendre sa femme avant qu'elle n'ait été mariée à un autre homme, et séparée de lui par la voie du divorce. Dans ce cas, il arrive que le mari achète un esclave et le marie à la femme divorcée ; l'union une fois consacrée, le premier mari, auquel appartient l'esclave, en fait don à sa femme ; et comme le Koran ne permet pas à une femme d'être l'épouse de son propre esclave, le divorce, par ce seul fait, est prononcé ; l'union ne reste valide que si la femme affranchit son nouvel époux.

Le divorce est tellement ancré dans les habitudes musulmanes, qu'on voit des hommes épouser, en dix ans, vingt à trente femmes. Beaucoup de femmes ont à leur tour épousé douze à vingt hommes dans le cours de leur vie.

La première femme épousée conserve toujours de hautes prérogatives dans le harem ; la jeune fille que demande un homme déjà marié, sollicite pour cette cause, et obtient fréquemment le renvoi de la première femme.

Pour quinze piastres et moins, on trouve dans la classe pauvre, des femmes qui ne demandent pas mieux que d'être épousées, puis répudiées au bout de quelques jours ; elles en font métier.

Le cœur, *désespérément malin* partout, a été habile à tirer d'une loi déjà bien relâchée, la satisfaction la plus naïve et la moins coûteuse de ses passions.

Il est gênant d'avoir plusieurs femmes à la fois, les esclaves sont à un prix élevé, le changement deviendrait ruineux : on tourne la difficulté, on épouse, et l'on renvoie pour épouser encore. — Lane parle d'un homme qui renouvelle sa femme tous les mois.

Et l'impureté du cœur n'est pas rassasiée! Avant un édit du pacha qui a exilé les femmes de mauvaise vie dans la Haute-Égypte, ces dernières formaient le dixième de la population du Caire. Elles étaient classées en tribus. Dans les solennités religieuses, elles dressaient leurs tentes au milieu des rues et des places, et y exécutaient leurs danses infâmes : point de bonnes fêtes sans elles; elles étaient aussi bien que les derviches, un des caractères du culte.

La poligamie ne se maintient que par la dégradation des femmes; on ne dégradera jamais la moitié du genre humain, sans que l'autre moitié ne s'avilisse d'autant.

Les femmes, incapables de plaire par l'instruction, qu'elles n'ont pas; par les talents, qu'on leur interdit; par le cœur, qui est étouffé; par l'association aux mêmes intérêts, dont elles sont bannies;

les femmes en sont réduites à ne charmer que par ce qu'il y a de plus extérieur en elles. Le spirituel effacé de partout, il ne reste que le matériel, et ce qui est matière devient bientôt grossièreté.

On a ôté à la femme sa place d'amie de l'homme, on lui a ôté celle de reine de l'intérieur, on lui ôte du même coup celle de mère.

Les enfants pour elle, sont avant tout un moyen de puissance; elle *s'en sert*, mot horrible ! ils deviennent en ses mains un *instrument* : de là, perversion de l'éducation. La déchéance profonde du caractère maternel amène la déchéance de l'homme. Les fils, d'ailleurs, sortent du harem à huit ans; les filles sont mariées à douze ou à treize.

Les femmes emploient la journée à se baigner, à manger des confitures, à boire du café, à se peindre, à se peigner, parfois à broder quelque écharpe qu'elles envoient vendre dans d'autres harems!..... Et il y a là des âmes!.. — Comme il arrive toutes les fois qu'on rabaisse l'honnêteté au fait, l'esprit et le cœur prennent carrière. Le fait de la fidélité existe; il existe par force, mais l'imagination y échappe et la vie quand on peut. Ces femmes voilées, gardées, qui n'ont jamais laissé voir leur visage qu'à un mari, qu'à un père ou qu'à un frère, font venir des conteuses dont les histoires effaroucheraient les oreilles d'un Européen, font venir des danseuses dont les attitudes révolteraient nos marchandes des halles.—

Et les auteurs qui nous informent de ces détails —
j'en excepte Lane — poussent l'audace jusqu'à vanter la chasteté de ces maisons *quasi monacales*, où
l'on appelle les almées, où l'on se fait enseigner l'art
le plus déhonté de séduire, où la conversation habituelle roule sur des sujets impossibles à nommer,
où l'on ne songe qu'à échapper à la surveillance pour
nouer quelque intrigue avec le premier venu ! — Les
mille et une nuits, ces peintures d'un vice effréné,
sont de l'aveu de tous la peinture exacte de la vie
des harems. Et, en présence d'une corruption qui
a tout gagné, fond et formes, on ose faire de la
poésie ! — Je ne parle pas des douleurs, qu'on
nie en principe et qu'on avoue en fait; de la jalousie
dévorante, des haines de femme à esclave, d'enfants de celle-ci à enfants de celle-là ! Je ne parle
pas des menées, des ruses diaboliques pour établir
son influence sur un mari ! Je ne parle pas du vide
de ces âmes chez lesquelles la vague croyance en
Dieu, au prophète, la récitation de quelques prières,
tiennent lieu de foi, partant de consolation et de
force !

On a dit que la polygamie était une nécessité du
climat : cela n'est pas vrai. Je ne croirai jamais pour
ma part, que Dieu se soit joué de l'homme; que d'un
côté, Il ait écrit une loi dans la Bible, que de l'autre,
Il ait écrit une loi contraire dans les conditions de
la vie.

L'antique Égypte ne connaissait pas la polygamie. Une femme, un homme; aux mêmes lieux, sous le même ciel. — Les femmes jouissaient de la considération, plusieurs ont régné.

On appuie la polygamie par l'exemple des patriarches. — De ce que quelques-uns ont eu deux femmes, on en tire cette conclusion que *les patriarches étaient polygames*, que la polygamie était pleinement autorisée par l'Éternel. Celui qui au commencement a fait un homme et une femme, Celui dont il est dit : « Il n'en a fait qu'un, et néanmoins il y avait en lui « abondance d'esprit [1], » Celui-là peut-il se contredire? — Supporter, oui; approuver, non.

J'ai bien envie d'examiner à quoi se réduit la polygamie des patriarches. Je ne parle ni des Israélites sous les juges, ni des Israélites sous les rois; leurs relations avec les nations païennes, avaient altéré chez eux la pureté des mœurs comme la pureté des convictions.

Caïn n'a qu'une femme.

Lémec, un de ses descendants, est le premier qui en prenne deux.

Noé n'a qu'une femme.

Ses trois fils n'ont chacun qu'une femme. « En ce jour-là, Noé, Sem, Cham et Japhet entrèrent dans l'arche, et les *trois femmes* de ses fils avec eux [2]. »

[1] Malachie II, 15. — [2] Genèse VIII, 13.

Lot n'a qu'une femme... « Lève-toi, prends ta femme et les deux filles[1]. »

Abraham, tant cité, n'est pas polygame. Abraham n'a épousé que Sara; c'est Sara qui l'entraîne au mal. Si la polygamie avait été en usage au temps d'Abraham, Abraham aurait-il hésité, lui, privé d'enfants, à épouser d'autres femmes. Cette pensée, pensée si naturelle, si simple dès que la polygamie est permise, n'aborde pas même son esprit. Sara, dévorée de honte, conçoit seule une telle idée: c'est un fruit de l'incrédulité. Abraham *obéit à la parole de Sara*; Agar après, lui reste étrangère, elle ne devient sa compagne à aucun titre, elle n'a qu'un fils. Abraham épouse plus tard Kéthura, mais il l'épouse après la mort de Sara.

Isaac n'a qu'une femme, Rébecca.

Esaü en a plusieurs, mais il est en dehors de l'alliance, ses femmes font le désespoir de sa mère.

Isaac ordonne à Jacob d'aller prendre en Padam Aram *une femme*, et non pas *des femmes*. — C'est subjugué par son amour, c'est déçu par la ruse de Laban, que Jacob consent à recevoir les deux sœurs: il ne voulait que Rachel, il ne travaillait que pour elle. Ce n'est pas non plus de son propre mouvement qu'il prend les servantes de ses femmes: quoi de plus naturel pourtant si la polygamie eût fait partie des mœurs des Israélites? L'orgueil de Rachel lui

[1] Genèse XIX, 15.

impose Bilha, l'envie de Léa lui impose Zilpa; le mal enfante le mal, la polygamie crée la polygamie, et la Bible, qui dans sa partie historique ne se fait pas censeur, mais reste simplement narrateur, nous retrace fidèlement la dégradation de l'union ainsi modifiée.

Joseph n'a qu'une femme, Ascenath, fille de Potipherah [1].

Moïse n'en a qu'une, Séphora [2].

« Alors Marie et Aaron parlèrent contre Moïse à l'occasion de la femme qu'il avait prise, parce que cette femme était éthiopienne [3]. » Quelques personnes ont voulu voir là un indice de polygamie; mais où est-il dit que Séphora, fille de Jéthro, ne fût pas de race éthiopienne? La civilisation orientale rendait les communications faciles, et du Nil à la mer Rouge, de la mer Rouge en Horeb, il n'y a pas si loin [4]. D'ailleurs, c'est quand Jéthro ramène Séphora à son mari, qu'Aaron et Marie parlent pour la première fois *contre la femme* de Moïse. Si Moïse en

---

[1] Genèse XLVII, 20. — [2] Exode II, 21. — [3] Nombres XII, 1.

[4] La présence de plusieurs nègres parmi les Bédouins de la Péninsule, m'a depuis confirmée dans l'opinion que Séphora, femme de Moïse, devait être Éthiopienne. Ces nègres, échappés aux caravanes qui viennent du Darfour ou du Sennâr, traversent le bras de la mer Rouge, se donnent à quelque tribu, qui les adopte et les traite sur le pied d'égalité. Nous en avions un dans notre caravane : ce pauvre homme, découragé par le passage du Tih, nous quitta pour courir après son chameau, qui, lui aussi, avait perdu courage. Arraché à son pays par les vendeurs d'hommes, il s'était échappé, il avait gagné la Péninsule et pris une femme parmi les Taouarahs, qui le considéraient comme un frère.

avait épousé une autre, Marie et Aaron auraient-ils attendu à ce moment pour parler contre elle? N'est-ce pas, au contraire, l'arrivée de Séphora, la place qu'elle prend auprès de Moïse, l'influence de Jéthro son beau-père, qui les irrite, eux jusqu'à cette heure les seuls confidents, les seuls amis du prophète? — Voilà pour l'histoire.

Prenons la loi.

Dans la loi, il n'est fait qu'une seule fois allusion à la polygamie. « Quand un homme aura deux femmes, l'une aimée, l'autre haïe, et qu'elles lui auront enfanté des enfants, tant celle qui est aimée que celle qui est haïe[1]... » — Et ici, il s'agit de femmes prises à la guerre, de prisonnières esclaves, nullement de femmes libres. Le législateur ne s'occupe en aucune manière du mariage, il s'applique uniquement à réfréner la licence de l'armée.

Je trouve dans le Deutéronome une loi qui contredit, je ne dirais pas l'autorisation de la polygamie, mais le fait même, au temps de Moïse. C'est la loi qui ordonne au frère d'un homme mort, d'épouser *sa* veuve pour susciter des enfants au défunt. Si la polygamie avait été en usage alors, la loi se serait-elle formulée en ces termes? N'aurait-elle pas prescrit au frère d'épouser, non la femme, mais *les femmes*, tout au moins *telle* ou *telle* femme du défunt? — Et

---

[1] Deut. XII, 15.

cette loi est une loi générale, loi d'application journalière, basée sur l'état réel de la société juive. Comment admettre qu'elle ait été écrite en dehors d'un fait, qui seul l'aurait modifiée jusqu'au fond?

Je saute à l'Évangile, et j'y trouve un épisode qui contredit péremptoirement le fait de la polygamie au temps du Seigneur : l'interrogatoire de Jésus par les Sadducéens, au sujet de la résurrection. Ils arrivent devant le Christ, et lui proposent le cas d'une femme veuve, qui a successivement épousé cinq maris. — Duquel sera-t-elle la femme au siècle à venir? — Si la polygamie eût été pleinement autorisée, si elle eût librement régné, n'eût-il pas été plus naturel de présenter au Seigneur le cas d'un polygame; d'un homme, l'époux de cinq, de six, de dix femmes, et de dire au Seigneur : de laquelle de ces dix femmes sera-t-il le mari dans la vie éternelle? — Peut on croire que Jésus, que Jésus qui s'écriait : Dieu a fait *un* homme et *une* femme, que Jésus qui foudroyait le divorce et ses conséquences, eût laissé sous ses yeux subsister la polygamie sans y faire une seule fois allusion? — Peut-on croire que les Scribes et les Pharisiens qui venaient à chaque instant lui poser des questions subtiles : — « faut-il payer le tribut à César ?... qui est mon prochain?... et celle du divorce justement; eussent laissé passer le fait énorme de la polygamie sans l'exposer au maître?

Je retourne à l'économie mosaïque. — Les Nombres, le Lévitique, l'Exode, qui contiennent tous des ordonnances relatives au mariage, ne disent pas un mot de la polygamie. Cette expression *sa* femme, *ta* femme, *la* femme, revient sans cesse ; jamais celle-ci : *ses* femmes, *tes* femmes, *les* femmes. — De même dans les Proverbes, ce livre qui s'occupe de tous les détails pratiques de la vie.

Un chrétien dont j'honore profondément la science, voit l'autorisation de la polygamie dans une parole de Nathan à David. — Nathan est enflammé de colère contre David, qui vient de faire mourir Urie pour s'emparer de Bathséba. Il éclate en reproches : « Je t'ai *donné* la maison de ton Seigneur et les femmes de ton Seigneur en ton sein, et je t'ai donné la maison d'Israël et de Juda, et si c'est encore peu, je t'eusse ajouté telle et telle chose. » — Ce mot *donné* sur lequel notre ami appuie son opinion, exprime ici bien moins un libre mouvement de la volonté de Dieu, qu'il n'exprime la *conséquence* des victoires accordées à David. Ce qui le prouve, c'est que ce même mot *donné*, se rencontre quelques lignes plus bas, appliqué de la même manière au crime infâme d'Absalon ; voici comment : — J'enlèverai tes femmes de devant tes yeux, je les *donnerai* à un homme sortant de ta maison... tu l'as fait en secret, moi *je le ferai* en la présence d'Israël et devant le soleil. » Admettra-t-on que l'Éternel prépare ici l'adultère d'Absalon, qu'Il l'autorise, qu'Il s'y complaise?... Il le faut pourtant, si l'on conserve au terme *donner* sa signification toute spéciale, au lieu de ne voir en lui que le simple énoncé d'un fait.

Pour moi, je reste après examen, dans cette persuasion intime, que si l'Éternel a supporté la polygamie, Il ne l'a pas plus permise qu'Il n'a permis tant d'autres péchés, qu'Il a pourtant soufferts.

De ce que Dieu est patient, tardif à la colère, ne concluons pas qu'Il est inconséquent.

Au Caire, les hommes de la basse classe ont plusieurs femmes, tandis que les hommes de la classe élevée n'en ont qu'une. La raison en est simple. Pour celui-ci la polygamie est un luxe dispendieux, il y supplée par le divorce; pour celui-là elle est un moyen d'existence : ses femmes le nourrissent par leur travail. — Un boulanger a besoin d'une servante, il se marie; son débit augmente, il prend une seconde femme, il en prend trois, il en prend quatre, suivant les exigences de son industrie.

D'après Lane, la femme du fellah serait plus durement assujettie que celle du citadin. Elle ne mangerait pas avec son mari, honneur parfois accordé aux femmes du Caire. Les informations que nous prenons chemin faisant, le peu que nous voyons, semble démentir ces assertions.

La femme fellah jouit d'une grande influence sur

son mari. Elle est bien plus son aide que son esclave, elle partage ses travaux, elle s'associe à ses intérêts, elle est souvent sa seule épouse. Tout dans sa démarche, tout dans son air, annonce une sorte de liberté qui parle en faveur de sa situation.

Le Koran ne décrète pas la peine de mort contre l'épouse adultère: il la condamne à la dégradation, et ne l'y condamne que sur la déposition de deux témoins.

Ici, comme dans beaucoup d'autres cas, les sectateurs de Mahomet se soustraient à ses ordres.

Les Cophtes, qui n'ont qu'une femme, suivent à peu près le cérémonial musulman dans la célébration du mariage. Les femmes Cophtes ne sortent que voilées. La *Katbi* procure au jeune homme une fiancée qu'il ne voit pas avant le jour des noces. On la mène au bain, on lui teint les mains avec le henné, on la conduit chez son mari, tout de même qu'on le fait pour les mahométanes. Le divorce n'est autorisé qu'en cas d'adultère de la part de la femme.

Un grand nombre de Cophtes se sont faits musulmans, à la suite des terribles persécutions qui ont fondu sur eux à diverses époques. Les Écritures leur sont enseignées dans des écoles, ouvertes seulement aux garçons. On reproche aux Cophtes le mensonge et l'amour du gain ; mais ce sont des vices communs à toutes les races qui peuplent l'Égypte.

Les Juifs, ici comme dans les contrées si diverses

où les a dispersés la colère de Dieu, conservent leur individualité. Leurs femmes se voilent il est vrai dans les rues, mais elles déposent dans l'intérieur le harnais musulman, et paraissent à visage découvert devant les hommes de la maison, devant les parents ou les amis de la famille.

J'ai été curieuse de rechercher dans nos Saints livres, quelques détails de mœurs relatifs à la position des femmes juives aux temps de la splendeur d'Israël. — Cette position, qui ressemble par beaucoup de points à celle que nous a faite le christianisme, diffère absolument de l'état que crée le mahométisme à ses sectatrices.

Sous l'économie Juive, les femmes tiennent leur place dans la société. Elles comptent au nombre des êtres raisonnables. La Bible parle d'elles avec estime, elle leur consacre des chapitres entiers, elle en nomme plusieurs qui jouent un grand rôle dans l'histoire des Israélites.

Les femmes sont prophétesses : Marie. — Elles jugent Israël : Débora. — Elles administrent le pays comme régentes : Mahaca, mère d'Asa [1]. — Elles gouvernent le peuple comme reines : Atalia [2].

Les femmes prennent part au culte : Anne monte chaque année à Jérusalem avec Elkanna, son mari [3]. Marie y monte avec Joseph. La sœur d'Aaron célèbre

[1] I Rois, XV. — [2] II Rois, XI. — [3] I Samuel.

avec toutes les femmes la délivrance de son peuple¹. Moïse donne la loi aux femmes comme aux hommes. Esdras la lit devant la grande assemblée composée d'hommes et de femmes². Les femmes et les filles d'Israël *adhèrent* et prêtent serment avec exécration, jurant marcher dans les commandements de Dieu³.

Les actions des femmes pèsent devant l'Éternel : — « Avez-vous oublié les crimes des rois de Juda et les crimes de *leurs femmes*, vos propres crimes et les crimes de *vos femmes*⁴ ? » — Et ces mêmes femmes, rassemblées avec leurs maris en *grande compagnie*, répondaient au prophète : « Nous ne t'écouterons point. Quand nous faisions des encensements à la Reine des cieux, et quand nous lui faisions ensemble des aspersions, lui avons-nous offert à l'insu de nos maris, des gâteaux sur lesquels elle était représentée?⁵ »

Les Israélites engagent il est vrai, pour du pain, jusqu'à leurs femmes. Cela se faisait au temps de Néhémie, qui mit fin à un tel désordre⁶. Les Israélites peuvent vendre leurs filles, mais cette vente, qui se résilie comme toutes les autres à la fin de chaque semaine d'années, n'a guère que la valeur d'un contrat de servage. Elle est d'ailleurs entourée de toutes les garanties qui sauvegardent l'honneur et la dignité féminine. Le mépris d'une seule de

---

¹ Exode, XV. — ² Néhémie, VII. — ³ *Ibid.*, X. — ⁴ Jérémie, XLIV. — ⁵ *Ibid.* — ⁶ Néhémie, V.

ces conditions, rend la jeune israélite à son indépendance[1].

Le vœu de la femme mariée et de la jeune fille, n'est valable qu'avec le consentement ou le silence volontaire de l'époux ou du père. Celui de la veuve et de la femme répudiée l'est toujours[2].

L'influence de la femme Juive est évidente; elle est reconnue. — Sara soumise à Abraham, lui impose pourtant Agar par la force de la persuasion; plus tard elle lui impose le renvoi de l'esclave et de son fils, le fils d'Abraham[3].

Rébecca conseille à Jacob de tromper son père, et Jacob obéit[4]. Même action sur son époux : « — Si Jacob prend pour femme quelqu'une de ces Hétiennes comme sont les femmes de ce pays, à quoi me sert la vie? » — et Isaac ordonne à son fils d'aller chercher une épouse dans le pays de Rébecca[5].

Rachel et Léa, par leur influence, favorisent en Israël la polygamie qu'y avait introduite l'influence de Sara, la faiblesse de Jacob.

Lorsqu'il s'agit d'une résolution à prendre, Jacob consulte ses femmes. Après l'affaire des troupeaux, il envoie aux champs chercher Rachel et Léa, il leur expose la conduite de leur père Laban; elles l'engagent à partir, et il part[6].

La mère de Samson remplit auprès de son fils et

---

[1] Exode, XXI. — [2] Nombres, XXX. — [3] Genèse, XXI. — [4] Ibid. XXVII. — [5] Genèse, XXVII et XXVIII. — [6] Ibid. XXXI.

de son mari, le rôle qu'elle remplirait de nos jours : elle adresse des représentations à son fils, elle descend avec son époux au pays des Philistins pour voir la jeune fille dont Samson est épris.

L'influence d'Isebel sur Achab nous est présentée comme détestable, non comme très extraordinaire. Cette influence va si loin qu'Isebel laisse vivre ou fait mourir à son gré les prophètes de Dieu, et qu'elle écrit elle-même au nom du roi des lettres aux anciens et aux magistrats, leur donnant des ordres qu'ils exécutent [1].

La Sunamite exerce la sienne d'une façon plus douce. Elle conseille à son mari de faire dans leur maison une petite chambre haute pour le prophète Élisée : on fait la chambre [2].

La Bible, qui tient compte de cette puissante action de la femme, nous donne comme une tacite explication de leur conduite les noms des mères des rois, et souvent celui de leurs femmes : « — Joram suivit le train des rois d'Israël, *car la fille d'Achab était sa femme* [3]. »

La parole d'une mère pèse : « — N'abandonne point l'enseignement de ta mère, — » s'écrie Salomon [4].

Le mépris d'une femme est accablant : « — La vierge fille de Sion t'a méprisée, et s'est moquée de toi ; la fille de Jérusalem a branlé la tête après toi, — » dit Esaïe [5].

L'union avec les filles idolâtres est constamment

[1] I Rois, XVIII, XXI. — [2] II Rois, IV. — [3] *Ibid.* VIII. — [4] Proverbes, V. — [5] Esaïe, XXXVII.

présentée comme la cause des infidélités du peuple; elle est interdite à plusieurs reprises, et sous Esdras, les enfants d'Israël reconnaissant que les égarements de la nation remontent à ces alliances, renvoient toutes les femmes étrangères qu'ils avaient prises pour épouses [1].

Les femmes jouissent d'une certaine liberté d'action. — Rébecca est libre d'accepter ou de refuser Isaac : « — Appelons la fille et demandons lui une réponse de sa propre bouche. — Ils appelèrent donc Rébecca et lui dirent : Veux-tu aller avec cet homme ? Et elle répondit : J'irai [2]. »

Elles réclament leurs droits : — Les filles de Tsélophcad demandent un héritage parmi les Israélites : « — Pourquoi le nom de notre père serait-il retranché de sa famille, parce qu'il n'a point de fils [3] ? »

La Sunamite, qui avait été passer dans le pays des Philistins les sept années de famine prédites par Élisée, trouve, lorsqu'elle revient, ses possessions en d'autres mains ; elle va demander au roi ses champs et sa maison ; et le roi les lui rend [4]. »

Les femmes fondent des villes. « — Séera, fille d'Ephraïm, bâtit la basse et la haute Beth-Horon et Usen-Séera [5]. »

Les filles de Sallum réparent de leurs mains tout un pan de la muraille de Jérusalem [6].

[1] Esdras, X. — [2] Genèse, XXIV. — [3] Nombres, XXVII. — [4] II Rois, VIII. — [5] I Chroniques, VII. — [6] Néhémie, III.

Elles vendent et elles achètent. — La femme forte des Proverbes considère un champ et l'acquiert ; elle plante une vigne du fruit de ses mains ; elle vend du linge, elle vend des ceintures, et ce fait même *qu'elle tend ses mains aux nécessiteux,* montre une certaine indépendance intérieure [1].

Abigaïl prend deux cents pains, deux outres de vin, cinq moutons tout prêts, cinq mesures de grain rôti ; elle fait passer ses gens devant elle, elle se jette aux pieds de David dont elle apaise la colère au moyen de cette offrande [2] : encore de l'indépendance, encore de l'autorité domestique.

Les veuves possèdent, elles exercent l'hospitalité : la veuve de Sarepta reçoit Élisée dans sa maison [3].

Dans bien des circonstances, la femme et l'homme sont sur un pied d'égalité morale. — Les femmes comptent dans les dénombrements : Marie monte à Bethléem avec Joseph son époux [4]. Elles comptent dans les distributions : David, à l'occasion du retour de l'arche, fait donner à la multitude d'Israël, tant aux hommes qu'aux femmes, un gâteau, une pièce de chair et une bouteille de vin [5].

Les femmes ne sont pas renfermées, bien au contraire, elles vont et viennent dans le pays. — La Sunamite monte sur son âne et va chercher Élisée au Carmel [6]. Jéroboam envoie sa femme consulter le

---

[1] Proverbes, XXXI. — [2] I Samuel, XXV. — [3] I Rois, XVII. — [4] Luc, II. — [5] II Samuel, VI. — [6] II Rois, IV.

prophète Ahija qui est à Silo[1]. — Marie, mère du Seigneur, se lève et se rend aux montagnes de Juda chez sa cousine Élisabeth[2]. — Et que de femmes ne sont pas venues au devant de Jésus, avec les troupes, le long de la mer de Tibériade, dans les bourgades de la Galilée, à Jérusalem, quand le Seigneur y montait pour les fêtes!

Elles figurent dans les cérémonies publiques : Marie et ses compagnes, sur les bords de la mer Rouge[3]; la fille de Jephté, à la rencontre de son père[4]; toutes les femmes d'Israël, au devant de Saül, et de David qui vient de tuer Goliath[5]; Mical, à la rencontre de son époux, qui rentre avec l'Arche[6]. — Nous les voyons autour des puits quand elles abreuvent leurs troupeaux, aux champs quand elles moissonnent ou qu'elles glanent.

Il règne entre les hommes et les femmes une sainte liberté, fruit de la pureté des mœurs. Ils se voient, ils se parlent : le serviteur d'Abraham s'entretient avec la sœur de Laban vers le puits de Padam-Haram; Jacob avec Rachel vers le même puits; Moïse avec les filles de Réhuel; Saül avec les jeunes filles qui sortent de Ramah pour puiser l'eau; Ruth glane au milieu des ouvriers de Booz. Mical *aime* David[7]; elle l'a donc vu, elle a entendu le son de sa voix... Et que d'autres exemples! — Jésus en-

---

[1] I Rois, XIV. — [2] Luc, I. — [3] Exode, XV. — [4] Juges, XI. — [5] I Samuel XVIII. — [6] II Samuel, VI. — [7] I Samuel, XVIII.

tre chez la belle-mère de Pierre; il s'assied à la table de Lazare et de ses sœurs; Marie vient chez Simon le lépreux répandre le parfum sur la tête de Christ. — Ces relations familières entre les deux sexes ressortent de partout : les salutations des bergers, l'adoration des mages, les noces de Cana, les conversations du Seigneur avec la Samaritaine, avec la Syrophénicienne; tous les détails de l'Ancien et du Nouveau Testament en font foi.

Les femmes se livrent aux travaux les plus simples. Elles accommodent elles-mêmes les mets: Sara pétrit les gâteaux : « Hâte-toi, prends trois mesures de fine farine, pétris-les et fais des gâteaux[1]. » Rébecca apprête pour Isaac des *viandes d'appétit comme Isaac les aime*[2]. Les femmes puisent l'eau, elles le font encore aujourd'hui dans tout l'Orient. Que de scènes touchantes au bord des fontaines, vers la margelle des puits! Rébecca sort de la ville la *cruche sur son épaule,* comme cette fille d'Égypte que je vois remonter la berge du Nil. — Rien ne change dans ces pays antiques. — Les femmes vont moudre le blé au moulin[3]. Elles travaillent de leurs doigts, filant la pourpre, l'écarlate, le cramoisi, le fin lin et le poil de chèvre[4].

Elles vaquent à la bonne administration de leur maison,[5]

---

[1] Genèse, XVIII. — [2] *Ibid.* XXVII. — [3] Matth. XXIV. — [4] Exode, XXXV. — [5] Proverbes, XXXI.

Quant au costume, nous en savons peu de chose. Les ornements y jouaient un grand rôle. Les dames Juives se paraient de bracelets, de colliers, de bagues sur le front et de pendants d'oreilles; leur chaussure était de peau de couleur de jacinthe. Elles se servaient de broderies, d'habillements de soie, de fin lin et d'écarlate[1]. Esaïe parle des sonnettes, des petites boîtes, des agrafes, des chaînettes, des papillottes, des rubans, des bagues à senteur, des mantelets, des capes, des voiles — portés comme parure, car les juives ne se cachaient pas la figure — des miroirs, crêpes, tiares, couvre-chefs; avec vingt etc...[2] Le prophète s'indigne contre les filles de Sion qui marchent *en faisant signe des yeux, la gorge découverte, avec une fière démarche, faisant du bruit avec les pieds*[3].

Les dames Juives ne se cachaient pas le visage. Le voile baissé sur la figure semble avoir été l'attribut des femmes de mauvaise vie[4].

Sara n'était pas voilée : — « Il arrivera que lorsque les Égyptiens t'auront *vue*, ils diront : C'est la femme de cet homme et ils me tueront... Les Égyptiens *virent* que cette femme était fort belle; les principaux de la cour de Pharaon *la virent aussi*[5]. » — Abimélec dit à Sara, d'Abraham son époux : — « *Voici, il t'est une couverture d'yeux envers tous* ceux qui sont avec toi[6].

[1] Ézéchiel, XVI; II Samuel, I. — [2] Ésaïe, III. — [3] *Ibid.*, *id.* — [4] Genèse, XXXVIII. — [5] *Ibid.* XI. — [6] *Ib.* XX.

Rébecca s'avançait à visage découvert au milieu de la caravane, ce n'est qu'en apercevant Isaac qu'elle prend un voile et s'en couvre, probablement en signe de respect[1].

Dina sort pour visiter les filles du pays; Sichem fils d'Hénor *la voit* et l'enlève[2].

Dès qu'Élisée aperçoit la femme de Sunem qui vient le chercher pour ressusciter son fils, il s'écrie : — « Voilà la Sunamite! » — Elle n'est donc pas voilée[3].

Isebel *farde son visage*, orne sa tête et regarde par la fenêtre. Jéhu lève la tête et *la voit*[4].

A en juger d'après les peintures et les bas-reliefs, les femmes de l'antique Égypte marchaient le visage découvert. Nous n'avons pas trouvé une seule figure voilée.

Les femmes, de même que les hommes, portaient le deuil avec le sac et la cendre! — « Fille de mon peuple, ceins-toi d'un sac et te vautre dans la cendre. Mène deuil comme sur un fils unique[5].

Il leur est défendu de revêtir les habits d'un autre sexe[6].

Les filles d'Israël n'héritaient de leur père qu'à défaut d'enfant mâle. Cette loi fut promulguée à l'occasion des réclamations des filles de Tselophcad. « — Quand quelqu'un mourra sans avoir de fils, vous ferez passer son héritage à sa fille[7]. »

---

[1] Genèse, XXIV. — [2] *Ibid.* XXX. — [3] II Rois, IV. — [4] *Ibid.* IX. — [5] Jérémie, VI. — [6] Deutéronome, XXII. — [7] Nombres, XXVII.

Dans ce cas, la jeune fille ne peut choisir un mari que dans la tribu de son père[1].

Job seul fait exception à la règle; il est vrai qu'il appartient au pays de Huts. « Il ne se trouva point dans tous le pays de si belles femmes que les filles de Job, et leur père leur donna héritage entre leurs frères[2]. »

La question de la dot est plus obscure. Il ressort de certains faits que c'est le mari qui la donne; il ressort d'autres faits que c'est l'époux qui paie une somme, ou qui offre des cadeaux au père.

Éliézer, serviteur d'Abraham, tira des bagues d'argent et d'or, et des habits, et les donna à Rébecca. Il donna aussi des présents exquis à son frère et à sa mère[3].

Jacob sert sept ans pour obtenir Rachel, sept ans pour Léa : — « Je t'ai servi ces vingt ans passés, quatorze ans pour tes deux filles, et six ans pour tes troupeaux[4]. »

Sichem dit à Jacob, père de Dina : — « Demandez-moi telle dot et tel présent que vous voudrez, et je les donnerai comme vous me direz, et donnez-moi la jeune fille pour femme[5]. »

L'homme qui a séduit une jeune fille, doit l'épouser et payer une amende au père. Mais si le père refuse de lui donner la jeune fille, le suborneur

---

[1] Nombres, XXXVI. — [2] Ibid. XXI. — [3] Genèse, XXIV. — [4] Ibid. XXXI. — [5] Ibid. XXXIV.

lui comptera autant d'argent qu'on en donne pour la *dot des vierges*[1].

Il est dit de plus, à propos de la jeune fille vendue par son père à un Israélite : s'il l'a fiancée à son fils, il fera pour elle selon *le droit des filles*[2]. Les filles avaient donc un droit dans la maison de leur père, outre les présents que faisait l'époux.

La fille de Caleb reçoit de son père une dot. Au moment de quitter la maison paternelle, elle descend impétueusement de son âne : — « Puisque tu m'as donné une terre sèche, donne-moi aussi des sources d'eau [3]. »

Le père donne toujours des servantes ou des esclaves à sa fille : Laban en donne à Rébecca. « Rébecca se leva avec ses servantes, et elles montèrent sur les chameaux [4]. » — Il en donne à Rachel et à Léa [5].

La peine de mort était décrétée contre l'adultère ; elle frappait les deux coupables, l'homme comme la femme [6].

Le nouveau marié était exempté pendant une année d'aller à la guerre [7].

Je me suis occupée ailleurs de la question du divorce. Un mot pourtant. — Le second mariage, en cas de divorce, ne me semble pas plus autorisé par la Loi que par l'Évangile : — « Quand un

---

[1] Exode, XXII. — [2] *Ibid.* XXI. — [3] *Josué*, XV. — [4] *Genèse*, XXIV. — [5] *Ibid.* XXIX. — [6] Lévit. XX. — [7] Deut. XXIV.

homme aura répudié sa femme lui donnant la lettre de divorce entre les mains, et que celle-ci, après *avoir épousé* un *autre mari* sera devenue *veuve*, son premier mari, qui l'avait renvoyée, ne pourra pas la reprendre pour sa femme, après avoir *été cause qu'elle s'est souillée;* car c'est *une abomination devant l'Éternel* [1]. » — Le sacrificateur n'épousera ni une femme déshonorée, ni une femme *répudiée* [2]. — Voilà tout ce que contient la loi mosaïque sur la question du divorce.

Les docteurs qui consultent Jésus me paraissent, eux aussi, n'envisager le divorce qu'au point de vue de la séparation : — ils ne demandent pas si l'homme, si la femme qui ont fait divorce, peuvent se remarier à d'autres; ils demandent s'il est permis à un homme de répudier sa femme *pour quelque cause que ce soit.* « — Ce que Dieu a joint, que l'homme ne le sépare point, répond Jésus : C'est à cause de la dureté de votre cœur que Moïse vous a permis de répudier vos femmes; mais au commencement il n'en était pas ainsi... *Quiconque répudiera sa femme si ce n'est pour cause d'adultère, et se mariera à une autre, commet un adultère.....* Celui qui sera marié à celle qui est répudiée, commet un adultère* [3]. »

Le Seigneur ne touche qu'incidemment la ques-

---

[1] Deut. XXIV. — [2] Lév. XXI. — [3] Matth. XIX.

tion du second mariage. C'est celle de la séparation qui lui est soumise; c'est celle-là qu'il traite.

Maintenant, essayons d'en finir avec nos mahométans.

Au milieu du grand naufrage qu'ont fait chez eux les affections naturelles, les relations de père et de fils sont restées debout, dit-on. On parle avec enthousiasme de l'attachement des fils pour les pères. Je crois au respect dans les formes; je crois qu'au Caire, un fils ne mange pas avec son père, ne fume pas devant lui; mais je ne crois guère à l'amitié. — Comment le fils de cette femme délaissée pour quelque esclave; comment ce fils, objet du sentiment passionné de sa mère, qui l'aime de tout l'amour dédaigné par un époux; comment ce fils spectateur des larmes qu'elle verse, des fureurs qui l'agitent, concevra-t-il, nourrira-t-il une affection confiante pour son père, pour ce père, le père de bien d'autres détestés, dont la naissance est une injure à sa mère? — L'histoire de l'Orient ne nous montre pas beaucoup plus de fils tendres que de bons pères : nous n'y voyons qu'assassinats de famille.

Dans la campagne, les enfants secouent vite le joug des parents. Mal élevés ou point élevés, dès qu'ils sont dans l'âge de la force, ils n'obéissent plus qu'à eux-mêmes. Dès lors, ni respect, ni amour. Des renseignements pris sur les lieux nous apportent cette triste conviction: que l'indifférence filiale va presque toujours jusqu'à l'ingratitude, souvent jusqu'à la violence. Il n'est pas rare de voir un fils lever la main sur sa mère; il n'est pas rare de le voir, lui riche, laisser son père dans la pauvreté.

Le père du Reiss de la cataracte mendie, aveugle et mal vêtu, pendant que son fils s'enveloppe dans une robe de soie. — Le père de notre Reiss, vieillard aux cheveux blancs, à peine couvert de guenilles, ramait à Assouan sur notre barque, pendant que son fils lui fumait au nez, faisait passer par lui sa pipe à d'autres, et lui donnait des ordres comme au dernier des matelots.

Les musulmans ont le désir passionné de posséder des fils. Est-ce besoin du cœur? n'est-ce pas bien plutôt orgueil de famille?... et les souhaits ardents d'une postérité, en Afrique comme en Europe, naissent-ils toujours de la tendresse paternelle?

Je n'ai jamais vu les faits mentir aux principes. — L'édifice de la famille n'est formé que d'un bloc; impossible d'en ruiner un côté sans que l'autre ne s'éboule.

MONFALOUT.

―•―

Mercredi, 16 février 1848. — Hier, les rochers de la chaîne Arabique, percés de trous autour desquels volaient des nuées de pigeons, plongeaient à pic dans les eaux.

Le soir nous nous sommes fait mettre à terre. — La nuit vient sans transition; au lieu de se dérouler plis après plis, le voile tombe tout entier; mais le croissant de la lune luit au ciel. Ali, un Nubien que nous ramenons au Caire, nous accompagnent. Ali, vêtu de sa chemise bleue; le grand noir à traits nobles, à gestes héroïques, drapé dans sa tunique et dans son écharpe blanches. Il a été baptisé sur le *Véloce* : GRAND MAGNIFIQUE.

Depuis notre passage, le Nil a laissé vingt-cinq pieds de terre à découvert; les cultures s'y établissent. — Le vent contraire retarde notre barque, nous allons l'attendre à l'issue du défilé de la montagne : l'obscurité est complète. Ali nous fait presser le pas vers une petite embarcation amarrée au rivage. — « Fellahs, much tayb ! » — Fellahs, pas bons. — Il brandit son bâton avec une énergie mêlée de peur. Arrivés auprès des pêcheurs, le *grand magnifique* étend son écharpe sur la terre ; je sais bien que s'y asseoir c'est courir les dangers d'une invasion, mais faut-il blesser ce brave homme ? — Nous voilà donc accroupis devant une page à la Rembrandt. Les pêcheurs dans leur cange, éclairés par la flamme d'un feu de cannes, échangent quelques monosyllabes et nous jettent de longs regards ; les barques à la remonte glissent devant nous comme des ombres ; les rochers se dressent en noires murailles ; Ali et son compagnon nous gardent, l'un à droite, l'autre à gauche, silencieusement appuyés sur leurs lances. — Les fellahs de cette localité passent pour de francs vauriens ; ils inspirent une véritable terreur aux équipages des barques, qui ne consentiraient pas à passer ici la nuit dans une crique solitaire. — Voici le *Véloce* ; — « *Takale ehti !* » — toi viens ! — dit le grand noir, et nous rentrons dans notre paisible cabine.

Si elle est tranquille, le pont ne l'est guère. De nuit, de jour, on y crie à plein gosier. Nos gens s'abandonnent au premier mouvement, avec la fougue de natures indomptées. La moindre contestation s'élève en un instant à la taille de querelle ; pas un effort pour se vaincre ; des paroles aux injures, des injures aux coups, il n'y a que le temps de respirer... En cas de taloches, le Reiss lève son bâton patriarcalement recourbé, et tape sur tout ce qui se présente.

Notre équipage n'est pas pieux, et il est fanatique. Il me rappelle ces protestants dont on dit avec éloge, en Languedoc : « *Lé métchan par sa réligioun;* » il est méchant pour sa religion. — protestants, dont tout le protestantisme consiste à détester les catholiques... et *vice versâ.* — Quant à l'indifférence religieuse, elle est générale. Nous n'avons pas vu, dans toute notre navigation, un seul fellah faire ses ablutions ou réciter ses prières.

Voici les deux embouchures du *Bar Juseph*, canal attribué par la tradition au Joseph de la Bible, creusé probablement par *Saladin Joseph*, et qui porte les eaux du Nil dans le Fayoum. Il a maintenant la bouche à dix pieds au-dessus du niveau du fleuve, et, de même que les grands canaux, sert moins à l'arrosement régulier, qu'au transport de l'inondation sur des terres qu'elle n'atteint pas par elle-même.

GROTTES DE BENI HASSAN.

Jeudi, 17 février 1848. — Hier matin, notre barque s'est vue tout à coup enveloppée d'une nuée d'oiseaux blancs qui perçaient l'air de leurs cris impérieux. Les matelots se précipitent, jettent du pain à l'eau, les oiseaux fondent dessus, piquent les morceaux, *les avalent*; ce qui n'empêche pas la tradition mahométane de rester sur ses jambes. La voici : Un Santon, mort depuis des siècles habitait une caverne du rocher que nous côtoyons; les oiseaux le nourrissaient, et le nourrissent encore tout mort qu'il est, en mendiant pour lui. Antonio leur lance un biscuit : ils ont peur d'une aussi grosse bouchée; puis ils s'approchent en traçant leurs grands orbes, les plus intrépides l'effleurent du bec, en vient un qui le soulève; il le porte à grand' peine en rasant l'onde; la troupe s'amasse, le biscuit est pris, repris; nous les avons laissés se disputant la proie. Ces quêteurs de profession perçoivent leur tribut sur toutes les barques à la descente.

Visite à la sucrerie de *Roda*, vis-à-vis de *Scheik Abadeh*. Cette fabrique appartient à Ibrahim pacha; les machines à vapeur y sont introduites.

Une caravane de chameaux apporte les faisceaux de cannes que les fellahs rangent sous les cylindres; la mélasse s'en échappe et court dans les chaudières où elle est mise en ébullition; elle va de là remplir les moules et se faire pain de sucre. Le résidu, distillé, produit le rhum. — Les directeurs étaient absents; nous ne trouvons que des agents subalternes dont nous tirons ce que nous pouvons. La fabrique produit journellement de onze à douze cents pains de sucre brut, chacun pesant environ vingt-cinq livres; plus, huit à sept cents livres de rhum. La livre de sucre brut est estimée cinq sous à la fabrique; après avoir passé par les raffineries du Caire, elle se vend huit sous sur le marché. La canne est magnifique, le jus abondant. Nous ne parvenons pas à éclaircir une question importante : la durée des plantations. — Faut-il replanter chaque année? le même champ, au contraire, fournit-il à plusieurs récoltes? les employés n'en savent rien. — La chaleur des salles est étouffante, l'atmosphère pestilentielle. Sept cents ouvriers fellahs, à moitié nus, travaillent là par escouades; le bâton retentit à chaque instant sur leurs épaules.

— Quelle est leur paie?

— Une piastre par jour. — Un vague sourire

passe sur les lèvres de l'agent; il baisse les yeux au regard que lui jette mon mari.

— Cette *piastre* est-elle comptée *en argent?*

— Non. — L'employé montre le ruisseau de mélasse qui coule à nos pieds.

— Ah! c'est cela; en sirop! — L'employé fait signe que oui.

— Ces gens viennent-ils ici volontairement?

— Non!

On les prend de force : tant d'hommes par village, et les travaux durent cinq mois. Chaque scheik doit fournir vingt ouvriers. Comment et qui, cela le regarde, l'autorité ne s'en embarrasse pas. Les riches se rachètent, les pauvres marchent; ils marchent cette année, ils marcheront l'année prochaine; adieu les prés, adieu les troupeaux, adieu le bon air; mais en revanche, on boit du sirop, on en mange... on ne mange guère que cela.

Nous voyons un homme enchaîné par les pieds.

— Qu'a-t-il fait?

— Il s'est échappé!

— Restera-t-il entravé longtemps?

— Deux jours.

Dieu le veuille. Je crois qu'une sorte de honte commençait à saisir notre cornac.

Entre la sucrerie de Roda et les travaux forcés, je ne vois pas trop la différence.

A l'exception des émoluments des employés, Ibrahim pacha ne débourse pas un sou pour faire aller son usine. Les cannes croissent chez lui, ses domaines sont immenses.

— Combien a-t-il de villages?

— *Mille!* répond sans hésiter l'agent; rabattons-en les deux tiers, il en reste assez pour alimenter les fourneaux.

Les ouvriers sont payés en mélasse et les machines se chauffent au moyen des débris de la canne.

Nous avons ici un échantillon de l'insouciance mahométane. On nous mène dans un recoin obscur, où coule le rhum. Au fond, deux Arabes accroupis fument leur chibouk en contemplant cette fontaine de paradis. D'un côté, à ras la terre, une cuve vide; de l'autre, des dalles de pierres brutes qu'encadre une margelle. Par un mouvement irraisonné, nous suivons tous la margelle; en marchant, l'un de nous appuie son bâton sur les dalles; le bâton enfonce. — Ces dalles ne sont autre chose qu'une seconde cuve pleine de rhum bouillant, couvert d'une croûte à la surface; ni le conducteur, ni les Arabes en contemplation ne nous avaient avertis. Sans la Providence de Dieu qui veille sur les aveugles, nous disparaissions dans cette boue sucrée, et un *Allah ou Allah!* aurait fait toute notre affaire.

De retour à Scheik Abadeh, je prends une esquisse; la population entière s'amasse derrière moi.

L'un des spectateurs pousse un profond soupir, puis s'adressant à Antonio :

— Vous êtes heureux, vous! vos femmes savent écrire! — Ceci fait l'éloge de mon dessin. — Les nôtres ne savent pas même allumer du feu! — *L'écriture* terminée, nous visitons les ruines d'Antinoë. Ce sont des fondations, des murs de briques qui s'étendent du Nil à la montagne, et quelques colonnes de granit, restes des avenues prodigieuses qui traversaient la ville.

Ibrahim, qui a bâti une bonne partie de sa fabrique avec les débris d'Antinoë — la seule ville romaine dont il reste des traces en Égypte — fait dans ce moment scier quelques derniers chapiteaux pour les employer à la construction d'une seconde usine.

Les peaux s'éclaircissent graduellement, nous les trouvons blanches, elles sont chocolat clair; les cheveux redeviennent soyeux.

Nous revenons des grottes sépulcrales de Beni-Hassan, presque toutes ornées de colonnes polygonales ou d'ordre dorique. Cette forme grecque étonne dans une architecture qui remonte au règne d'Osirtasen Ier, le contemporain de Joseph. Peut-être les Grecs l'ont-ils empruntée aux Égyptiens avec tant d'autres choses! — Les cavernes creusées dans le roc, voûtées, éclairées par la porte, contiennent des peintures intéressantes, mais fort altérées.

Les artistes égyptiens n'entendaient pas le mouvement : les traits sont bien; dès qu'il s'agit de faire remuer un bras ou un pied, cela devient hideux. Les fresques de Béni Hassan représentent des scènes de lutte, divers métiers qui annoncent une civilisation avancée; en outre, la bastonnade appliquée en règle, par-devant un commissaire qui enregistre le nombre des coups. Des milliers d'années ont foulé le sol de l'Égypte, et la bastonnade y règne encore, immuable comme le soleil.

Quelques colonnes portent un stuc qui imite le granit.

Une de ces cavernes, inachevée, nous met au fait du procédé qu'on employait pour les creuser. Le rocher est coupé par bandes qu'on enlevait l'une après l'autre, et qui faisaient le vide.

Quelques savants prétendent reconnaître dans une des peintures de Beni Hassan, l'arrivée des frères de Joseph en Égypte. En effet, les figures sont juives, du moins elles ne sont pas égyptiennes; les hommes ont la barbe fournie, les femmes portent des robes bigarrées, un âne chargé de deux enfants marche au milieu; mais ce qui semblerait donner à cette procession le caractère d'un payement de tribut, et non celui de l'arrivée d'hommes riches, libres, frères du puissant Joseph, ce sont les autruches qu'amènent les derniers personnages du sujet. — Je crois d'ailleurs qu'on a déchiffré le mot *captif* dans les hiéroglyphes qui accompagnent ce pan de mur.

Des puits profonds, marqués sur deux côtés d'entailles qui servaient de marches, s'ouvrent dans chaque grotte et sur le flanc de la montagne. On y entassait des momies d'animaux. — Les admirateurs passionnés de l'antique Égypte ne veulent voir qu'une mesure de police sanitaire dans ce signe d'idolâtrie : la *momification* des bêtes.

Les prêtres embaumaient, dit-on, les animaux, pour obvier à la décomposition des corps, funeste sous ce climat brûlant. — Mais n'était-il pas bien plus simple, bien moins coûteux de les ensevelir?

Et puis on a trouvé des momies de singes, de loups, de chats, de crocodiles; pas une appartenant au gros bétail : quelques rares têtes de bœufs sans le corps; ni buffles, ni chevaux, ni ânes, ni chameaux. — Si les prêtres n'avaient eu pour but que de préserver l'atmosphère des miasmes pestilentiels de la putréfaction, ils auraient avant tout embaumé les animaux les plus gros et les plus nombreux, ceux justement dont les momies n'existent nulle part.

Encore une preuve. On ne rencontre pas *partout* des momies de *tous* les animaux, ce qui arriverait si l'embaumement avait eu un but d'utilité publique. Les puits ou catacombes de chaque localité ne contiennent que les corps des animaux adorés dans cette localité : les loups à Lycopolis, les crocodiles dans le Fayoum, les chats à Bubastis.

Au bord du rocher qui surplombe, deux vautours se tiennent immobiles, leurs cous décharnés tendus sur le précipice.

De l'entrée des cavernes rangées en ligne horizontale à mi-hauteur de la montagne, nous voyons les champs de colza jaune d'or, le Nil qui serpente et va baigner tantôt cette prairie, tantôt cet îlot de sable avec ses huit crocodiles. Oui, ses *huit crocodiles*, dormant du sommeil des justes, les hypocrites, la gueule ouverte, avec deux rangées de dents à faire trembler. Nous montons dans la barque pour les voir de plus près. Antonio, au lieu de les réveiller poliment en leur grattant le dessous des pattes, à la façon musulmane, leur tire à brûle-pourpoint un coup de fusil qui ébranle horriblement leur système nerveux.

Nous allons bientôt en finir avec les lectures spéciales; il n'y a rien qui hébète comme cela : Égypte le matin, Égypte le soir, toujours les mêmes idées, prises en tête, prises en queue! L'intelligence, à force de tourner dans ce *tread mil*, gagne le vertige et se laisse choir.

La spécialité, si l'on veut l'exclusisme, tue l'homme. S'il ne le tue pas, il le mutile. — L'homme *spécial* n'est plus un *homme :* cette création harmonieuse et complète, que Dieu fit pour répondre à tous les besoins de tout ce qui se meut autour de lui, pour en comprendre toutes les beautés; il est *l'homme* d'une idée, il est *l'homme* d'un projet, il est *l'homme* des plantes sèches, des chemins de fer, de la Chambre, de la Bourse, de ce que vous voudrez; mais de cela seulement : sourd, aveugle, pierre pour tout ce qui n'est pas *son affaire*.

Une femme, des enfants, la vie; respirer, jouir, s'émouvoir, s'attrister... qu'est-ce que cela? Temps perdu! — Et de même que dans ce corps dont on développerait un membre aux dépens des autres, l'accord serait détruit, le résultat serait contre nature; de même ici l'équilibre est détruit, la conséquence est contre nature. On a, dans l'ordre moral, des bossus, des manchots, des borgnes et des boiteux; on a des têtes qui vont sur deux pieds, sans buste et sans cœur! — Hélas! c'est ainsi que sont faits les savants et les artistes, et les industriels, et les politiques, et même les chrétiens, et tout notre siècle qui va courant en forcené à la rencontre de je ne sais quoi, et qui écrase dans sa course tout ce que Dieu avait mis devant lui de bon et de beau.

L'homme spécial est égoïste, il est cruel sans le savoir. — Sans le savoir... je crois qu'il le sait bien, mais il est du nombre de ces pires sourds dont parle le proverbe. Sa pauvre femme soupire après quelques moments d'entretien. Elle ne s'est guère mariée que pour avoir un mari; il se trouve qu'elle a la chaîne, les devoirs, le cadre sans le tableau.

Ses enfants livrés à des mains étrangères s'élèvent loin de lui qu'ils auraient bien envie de connaître; ses vieux parents seraient heureux, eux aussi, de se réchauffer à ce beau soleil de la plénitude des facultés qui éclate dans l'homme fait!... Mais l'homme, cet homme pour lequel ils se sont dévoués, auquel ils se sont donnés, cet homme responsable, se doute-t-il seulement que leur cœur a faim et soif? — N'a-t-il pas sa *spécialité?* tout besoin qui ose parler n'est-il pas, par cela seul qu'il parle, un embarras, un ennemi! On mendie; il se fâche — il y a beaucoup de riches qui font ainsi. — S'il est naturellement bon, il décharge sa conscience par un soupir; il dit : je voudrais bien!... et passe son chemin — il y a encore beaucoup de riches qui font de la sorte. Je ne sais si Dieu absoudra plus ceux-ci que ceux-là.

M. de Balzac qui a fait une grande quantité de mauvais livres admirables, en a fait un bon, plus admirable que les mauvais : la *Recherche de l'absolu*. — On y voit un homme intelligent, généreux, sensible, bon et beau : l'idéal de nos rêves. Cet homme a une femme, création idéale aussi, qu'il aime de toute la force de son grand cœur; cet homme a des enfants qu'il enveloppe de sa sérieuse affection de père; cet homme a de magnifiques facultés, cet homme a des trésors immenses. — Eh bien, la femme de cet homme meurt à petit feu, rongée par ces tortures qui dévorent, parce qu'elles ne permettent pas au supplicié de crier. De quoi elle meurt?... de faim et de soif. Elle plonge comme Tantale dans une source qui fuit ses lèvres, elle voit pendre sur sa tête des fruits qui fuient ses mains. Les enfants de cet homme souffrent, et sans M. de Balzac, qui leur sert de père, ils tomberaient dans tous les piéges qui brisent les orphelins. — Les facultés de cet homme s'éteignent une à une, sa beauté se change en laideur, son cœur s'atrophie, sa fortune croule. En voulez-vous le secret? Venez là, au fond de la maison déserte, dans cet antre, où il fait noir, sale, et qui sent mauvais — c'est un laboratoire de chimie. Claës y cherche l'absolu : *changer le charbon en diamant!* Après, il appartiendra à sa femme, à ses enfants; il leur rendra au centuple, en sollicitude, en amour, ce que sa spécialité leur a coûté! — Hélas! tous ses diamants à lui, cette ange qui est doucement expirée, pliée dans sa muette douleur; l'amour de ses enfants, l'individualité que Dieu lui avait faite; tout est devenu charbon. Et le désolant, c'est que rien ne l'a réveillé: ni les coups de marteau sur le cercueil de sa femme, ni les cris de ses enfants, ni les pierres de sa maison qui tombent l'une après l'autre!

Combien il y en a, de ces cruautés innocentes! Combien de ces grands enfants qui plument en riant l'oiseau palpitant sous leur main!

Si la spécialité s'appelle *devoir*, c'est encore pis. La porte de la conscience restait entrebâillée; les verroux se tirent, plus d'espoir. C'est bien alors, quand l'homme a décoré sa spécialité d'un nom sacré, quand il l'appelle vocation, mission, que sais-je? c'est bien alors qu'il brise les autres, et qu'il se bronze sans remords.

— Une heure, s'il vous plaît, un quart d'heure! Ce quart d'heure que vous accordez à l'imprévu, aux nouvelles, au premier venu qui tire le cordon de la sonnette!...

Pour toute réponse, un appel à votre conscience.
— Quel devoir voulez-vous que je néglige *pour vous?* A quel ordre de mon Dieu faudra-t-il répondre : *non!*

Posée ainsi, la question se résout d'elle-même :— Ne *sacrifiez rien*; obéissez. — Et puis on se tourne vers Dieu et on lui dit : Seigneur, j'avais une idole, tu la renverses; je me donne à toi! — Mais l'on se donne mal, parce qu'on se donne par désespoir; mais l'on se donne à Dieu en s'ôtant à l'homme, ce que Dieu ne veut pas; et l'on a des moines et des nonnes dans le mariage!

Les moines et les nonnes! voilà le triomphe de la spécialité. Cette spécialité-là était belle, il en faut convenir : la lecture de la Parole de Dieu et la prière! On ne pouvait s'y livrer exclusivement dans les conditions de la vie normale. Les femmes, les enfants, les maris, les pères : autant d'obstacles à la méditation continuelle, à la continuelle oraison. « — Laissons là ce qui entrave notre vol vers les cieux... N'appartenons qu'à Dieu. — » Le résultat, chacun le sait.—En a-t-on mieux appartenu à Dieu? je ne crois pas. On s'est plus appartenu à soi, cela est sûr. On a détruit l'équilibre, on a donné dans le faux, on y a roulé jusqu'au fond; c'est tout simple : il n'y avait plus de garde-fous le long de la route. A force de mutiler et d'écraser, on est parvenu à changer les sentiments du cœur en rouages de machine : *un bâton dans la main!* Dernier mot de l'esprit monastique, chef-d'œuvre de la spécialité.

Et que de moines dans notre pauvre monde ! — Hommes de foi, hommes d'État, hommes de science, hommes d'industrie : moines !

Moines encore et nonnes, les ouvriers, les ouvrières de nos cités : moines maçons, moines tisserands; nonnes plieuses, nonnes brocheuses, tout ce qu'on voudra. Si bien moines et nonnes qu'ils ne sont plus ni pères, ni mères, et que la société pieuse — l'abbé supérieur — pour aider à la vocation, leur prend encore ce qui leur reste d'humain : leurs enfants à la mamelle. Il les leur nourrit, il les leur élève et va les nourrir eux-mêmes en bloc, à cette fin que l'individu soit, une bonne fois pour toutes, débarrassé de son individualité. Chacun alors, comme dans les musiques russes, chacun fera sa note : à vous *l'ut*, à moi le *la*. Nous n'en ferons qu'une, c'est vrai, mais que nous la ferons bien ! Plus d'âme, j'en conviens, plus d'initiative, plus de cette flamme subtile qui court et embrase tout l'orchestre ; mais nous irons avec la précision d'un pendule.

L'esprit monastique, qui prétendait sauvegarder la foi, a été plus fatal à la foi qu'il ne l'a été au monde ; et c'est dire beaucoup. La spécialité, qui sacrifie tout à son objet, est plus fatale à cet objet qu'elle ne l'est à la famille.

Tout est dans tout. Oui, l'élément le plus étranger à votre sujet lui apporte pourtant son tribut, et s'il ne le lui apporte pas, votre sujet s'en appauvrit d'autant. — Cette œuvre que vous poursuivez, se compose, comme le miel, du suc de cent fleurs. — Vous estimeriez insensée l'abeille qui se renfermerait dans la ruche, déclarant que, pour sa part, elle n'a pas le loisir de voler de ci de là ! — Insensée encore celle qui dirait que, pour elle, elle ne se posera que sur les fleurs d'une certaine espèce ! — Que faisons-nous d'autre ?... Et voilà pourquoi notre miel n'a qu'une saveur nauséabonde, voilà pourquoi il ne nourrit pas.

Tout est dans tout. Une alimentation uniforme débilite et fausse nos facultés.

Elle les débilite. — L'homme auquel on ne donne à manger que du bouillon gras meurt vite, le fait est patent. Ce fruit que vous croquez pour votre plaisir, concourt aussi bien à vous maintenir en santé, que ce morceau de pain ou que ce morceau de viande que vous mangez là. Ce moment de causerie, cette promenade au grand air, cette leçon que vous donnez à votre enfant, cette heure que vous sacrifiez à votre père, à votre femme, fortifient mieux, éclairent plus votre esprit qu'une consécration absolue, cruelle, à votre spécialité.

Elle les fausse. — Vous voyez faux, vous agissez faux, vous raisonnez faux, parce que votre instrument vous trompe; il vous trompe parce qu'il n'est jamais contrôlé; il n'est pas contrôlé parce que vous l'avez isolé. Ne vous en prenez qu'à vous. Mauvais jardinier, vous avez si bien soustrait votre plante au soleil de midi, aux rosées du soir, à la pluie, aux brises des beaux jours, que vous en avez fait un monstre. Elle vous produit ou des fruits démesurés et sans goût, ou des fruits raccornis et sans pulpe. Tant pis pour vous et tant pis pour le jardin.

Tant pis pour les hommes et tant pis pour le monde.

Après cette excursion, je prends mon élan, et d'un saut me revoilà dans le *Véloce*.

Eh bien, nous avions un volume de Racine, M. Tœpffer, je ne sais pas quoi d'autre encore en dehors de la spécialité égyptienne; tout cela est fini, et nous allons nous abrutissant à vue d'œil.

Cependant nos convictions ont été fortifiées par ces sèches études. On avait tiré de l'Égypte les arguments les plus spécieux contre l'autorité de la Bible. Les états du ciel constatés par les zodiaques, les dynasties fabuleuses contenues dans les écrits de Manéton — écrits dont on ne possède que des extraits *incomplets,* plus ou moins altérés — s'élevaient, avec toute la force d'un fait, contre les assertions de la Genèse. L'âge qu'elles attribuaient au monde surpassait, de plusieurs milliers d'années, l'âge que lui assigne la Bible. Mais *rien de faux comme un fait...* surtout lorsque le fait est faux ; la science, après de longues promenades à travers les erreurs, en est revenue à la vérité révélée. Les zodiaques contradicteurs de la Bible, ne contenaient que des figures d'astrologie ; les hiéroglyphes gravés sur les plus antiques monuments, ne mentionnent pas un seul nom au-dessus de la quatorzième dynastie, tandis que *Sésac* gravé sur les murs de Karnak, avec ses prisonniers juifs, et la légende qui l'accompagne, témoignent positivement de la vérité des saints livres sur un point commun à l'histoire des deux peuples.

Ali se querelle avec son frère Reiss Hassan. — Voilà la troisième fois : Ali ne veut pas obéir. Ali, naguère le ferme appui de l'autorité, devient un moteur de révolte. La raison en est simple : Ali, à la montée, ne tirait pas la corde, il réservait son ardeur pour quelques vigoureuses poussées de pique ;

à la descente il faut qu'Ali rame comme les autres; de là, exaspération. Reiss Hassan lui communique ses ordres au moyen du gourdin; Ali met son manteau sur l'épaule et descend à terre; Antonio va le chercher, le prend par la main et le ramène; Ali, le cœur oppressé de colère, s'assied à l'écart pour pleurer, puis il se lève, jette son écharpe, saisit sa chemise et la déchire jusqu'à la ceinture. Après ce *sfogo*, il rentre dans l'état normal.

MINIEH.

Vendredi, 10 février 1848. — Nous quittons la Haute-Égypte et ses crocodiles. Le Nil se couvre de barques; nous retrouvons le voyageur archi-couleur locale, qui *croit devoir* fumer son chibouck, vêtu à l'orientale, assis les jambes croisées, perdu dans ses gigantesques pantalons, à côté du pilote, sur le toit de sa cabine.

Un troupeau de buffles traversait ce matin le fleuve à la nage : dernier reflet de la lointaine Nubie.

Une noce fellah côtoie le Nil. Quelques femmes marchent en avant les bras élevés, frappant de leurs doigts sur le tambourin garni de plaques de métal; deux chameaux viennent après, l'un porte la mariée et ses compagnes ensevelies sous leurs voiles, le second un modeste trousseau et quelques jeunes filles encore; d'autres femmes suivent : de temps en temps elles jettent un cri perlé, inimitable, trill de cristal aussi limpide que le ciel bleu.

Dans quelques jours nous serons au Caire. Je me sens effrayée de tout ce que nous avons à y voir. Conscience du voyageur, que tu es impitoyable! Et toi, conscience de l'écriveur de journal, que tu es fastidieuse! Vous aussi, vous *croyez devoir*. Toi, tu crois devoir courir après des monuments dont tu ne te soucies pas, après des souvenirs dont tu n'as que faire; et toi, tu crois devoir, parce que tu t'es ennuyée en plein air, t'ennuyer sur le papier. On ne t'a fait grâce ni d'une colonne ni d'un morceau de pierre, tu n'en feras pas grâce non plus à cette misérable page qui se laisse noircir! l'imbécile! — Que de devoirs mal entendus!!!

Ah! dans ce monde, tout, tout, excepté le service de Dieu; tout, même le plaisir, tout est rongement d'esprit. L'homme ne sait pas jouir tranquillement; il est tellement fait pour le mors et pour la bride, que si le conducteur souverain les lui retire une heure, il s'en forge à l'instant de plus rudes. — Le cheval que son maître met au vert, broute devant lui, il ne tourne la tête que pour boire dans le ruisseau, il ne lève le museau que pour humer l'air. Mettez l'homme au vert : « — Je suis au vert! Fais-je bien d'y être?... » Ce point éclairci : — « Examinons un peu cette plante, disséquons un peu cette fleur, analysons cette eau!... » — Eh broute, triple sot; ton herbe se flétrit sous la loupe; broute, tu analyseras après.

Parmi tant de recherches sèches, il en est une qui brille dans ma journée comme un rayon de soleil : l'étude de la carte de Syrie faite la Bible à la main. Après les fausses sagesses et les faux dieux, qu'il fait bon se retrouver en face de l'Éternel! Hélas! les hommes y ont mis du leur, non dans la Bible, mais sur les cartes. Je n'en veux pour preuve que ce plan de Jérusalem, où l'on trouve la maison qu'habitait le *mauvais riche*, celle qu'habitait le *Lazare de la parabole;* la maison de saint Jean, celle de saint Joseph, l'endroit où Jésus *rencontra* Marie et saint Jean, *les grottes où se cachèrent les apôtres* pendant la passion; vingt autres belles choses qui toutes portent le cachet de Rome. — Rome a plus ajouté à la Bible qu'elle ne lui a ôté. On va très vite et très loin dans ce sens. Retrancher quelque chose du livre, c'est aux yeux de tous un sacrilége! Y ajouter ne nous effraye pas tant. Le diable qui nous connaît, prend par là les armes délicates. Qu'il leur parle de désobéir *en deçà* du commandement, elles se bouchent les oreilles; qu'il leur parle de désobéir *au delà*, elles écoutent. La sainteté monastique, les mérites surérogatoires, l'assujettissement à l'homme : tout cela est *du plus* non *du moins.* « — En faisant moins que Dieu ne me demande, je me perdrais; mais en faisant plus!... » Et l'on fait plus, et l'on se perd, parce que la vérité est unique, et que dans une mer profonde au milieu de laquelle s'élève un seul rocher, tout ce qui n'est pas ce rocher est abîme.

L'obéissance ne consiste pas à obéir à Dieu comme nous l'entendons, mais comme il l'entend; cela est simple. Je crois que c'est justement parce qu'elle est simple, que cette leçon a tant de peine à entrer dans nos cœurs.

Nous ne sommes pas simples parce que nous ne sommes pas humbles. Quand Dieu a fermé toute issue à notre orgueil du côté de la vanité, nous nous tournons du côté de l'humilité même, et notre orgueil trouve jour par là. Nous rêvons alors le *supra* détachement, le *super* amour; et pendant ce temps notre rôti brûle et notre lait va au feu. Oh! mettons dans les cieux plutôt notre cœur que notre tête! semons dans notre planète, pour recueillir dans l'autre.

Les brebis qui suivent le pasteur au fond de l'herbeuse vallée marchent côte à côte; elles ne vont pas monter sur quelque colline solitaire pour se rapprocher du ciel, elles savent très bien qu'une motte de terre lancée par la houlette du pâtre, les avertirait de revenir au trèfle et au serpolet de tous les jours. Serpolet, devoirs vulgaires, obéissance d'aujourd'hui qui étiez l'obéissance d'hier et qui serez l'obéissance de demain; communion avec le Seigneur au milieu des obligations communes et par ces obligations mêmes; que vous êtes aimables, que vous me convenez bien; comme je soupire après vous, moi, qui dans cette séparation d'avec vous, pourrais me nourrir d'aspirations! Jamais je n'ai mieux senti la tromperie du mysticisme que dans cette terre classique du mysticisme. Jamais je n'ai mieux désiré être bonne femme, bonne ménagère, bonne servante de Christ, chrétienne *pot-au-feu*; qu'en face de ces roches percées où les solitaires s'absorbaient... en Dieu? Non : dans leurs propres rêveries. — Viande creuse, citernes crevassées, séduirez-vous toujours les chrétiens? Voudront-ils toujours aimer Christ à leur façon, au lieu de l'aimer à la sienne?

Ces graves questions rentrent dans un autre plan. En attendant, quelques petites bouffées soulagent le cœur.

Nous avons eu hier au soir le bonheur de faire une ample distribution de livres. Le divan du gouverneur était gravement assis devant la porte de Minieh. Un Cophte, probablement le secrétaire, écrivait sur une feuille qu'il tenait à la main, pendant que le divan fumait et s'occupait des affaires. Cela nous rappelle les mœurs bibliques. « Toute la porte de mon peuple, dit Booz à Ruth, sait que tu es une femme vertueuse. » C'est à la porte de Bethléem où il fait asseoir avec lui dix hommes, anciens de la ville, que le parent du mari de Ruth cède à Booz ses droits sur elle.

Mon mari demande au Cophte s'il sait lire? non

seulement il sait lire, mais il sort de l'institut de M. Lieder, missionnaire au Caire. Nous lui remettons quelques volumes; le gouverneur en prend un, en parcourt deux ou trois pages et le rend au Cophte. L'Uléma — directeur de la religion — demande s'ils sont à vendre? — « Non, je les donne, et de bon cœur. » — L'Uléma porte la main à son front et s'empare d'un livre. C'est un gros homme à l'air jovial. Bientôt la rive se couvre de robes et de turbans noirs. — « Des livres, des livres! » — Il vient aussi des musulmans; les Cophtes écartent la main de mon mari qui s'étend vers ceux-ci: — « Moslem! moslem! » s'écrient-ils avec horreur. — « Eh! c'est justement pour cela! » — Les moslem — musulmans — qui sollicitent des livres en obtiennent. Nous plaçons plus de trente exemplaires de divers ouvrages, y compris le Nouveau Testament.

Tigre féroce préside à la distribution avec sa magnanimité princière; il décide qui sait lire, qui ne sait pas, et repousse les ignorants à coups de poings. Notez qu'il ne distinguerait pas une lettre d'avec un obélisque.

Un derviche en haillons, son bâton à la main, son inculte et longue chevelure tombant sur les épaules, regarde d'un œil sombre cette muette prédication.

Mais la lune se lève, elle inonde le Nil de ses clartés blanches, pendant que les derniers rayons du soleil dorent la rive opposée. Le vent s'apaise, nous partons.

BENISOUEFF.

Samedi, 19 février 1848. — Quelques notes que j'avais prises l'année dernière en lisant Joinville, me tombent sous la main. Cette entrevue avec un esprit plein d'idées, tant fausses que justes, mais toutes prime-sautières, me fait du bien. Vive le subjectif, quand le sujet est Joinville.

Joinville, qui n'est ni savant ni pédant, ne résiste pourtant pas à faire un petit bout d'érudition à propos du Nil; ce bout est délicieux. « Ici convient parler du fleuve qui passe par le païs d'Égypte, et vient de paradis terrestre..... Les habitants tendent des filets au travers du fleuve et au matin souvent y trouvent et y prennent les espiceries qu'on vend en ces parties de par de ça bien chièrement et au pois, comme cannelle, gingembre, rubarbe, girofle, lignum aloës et plusieurs *bonnes chouses*. Et dit-on ou païs que ces choses-là viennent de paradis terrestre, et que le vent les abat des bounes arbres qui sont en paradis terrestre; ainsi comme le vent abat ès forestzs de ce pays le bois sec, et ce qui chiet en ce fleuve l'eaüe amène, et les marchans le recuillent, qui le vous vendent au pois. »

Les hommes de ce temps-là avaient des individualités comme on n'en trouve plus. Notre siècle fabricant tient un pinceau qu'il trempe dans je ne sais quelle couleur uniforme; il en a déjà badigeonné les hommes, il commence à le promener sur les choses. — Au temps de Joinville, on lisait peu, on n'allait pas au collége, on ne voyageait guère, on croissait dans les champs, on était du matin au soir en contact avec la nature, et l'on avait un caractère à soi.

J'aime tout dans les mémoires du Sénéchal, et par-dessus tout le contraste que forment ces deux figures : Saint Louis, Joinville; — Saint Louis, noble nature, âme régénérée, à qui il ne manque plus que la joie d'un salut gratuitement acquis; Joinville, l'homme naturel par excellence, ne se faisant pas meilleur qu'il n'est, se faisant souvent pire, aimant fort et ferme ce monde, ayant parfois grand'peur de ces terribles Sarrasins qui tombaient sur les pauvres croisés et leur venaient nuitamment *couper les têtes*; détestant de tout son cœur les moines; prosaïque avec ingénuité, et marchant sur terre, tandis que saint Louis plane dans le ciel. — Entre ces deux hommes si différents, il y a une harmonie qui fait valoir leurs traits distinctifs : tous deux sont braves, tous deux sont simples, et puis ils s'aiment.

Saint Louis, qui sermone Joinville, provoque tant qu'il peut ses saillies, quitte à le gronder après. — Joinville, qui ne se pique pas d'une piété bien délicate, vénère la foi de saint Louis; il en subit graduellement l'action; ce n'est pas en vain que le royal ami s'est montré fidèle envers cette âme.

Je n'ai pas rencontré d'homme plus complet que saint Louis. Sa conviction est passionnée, elle est raisonnée, et elle est tendre. Rome n'a pu lui ravir la sainte intimité avec son Christ; elle n'a pu l'empêcher d'aller droit à Jésus, de lui parler librement, de le sommer, en quelque sorte, de lui faire *justice des païens*. — Sur la fin de sa vie, le catholicisme semble reprendre ses droits; la piété du roi devient sombre, il est inquiet, il fonde des couvents, il se veut faire moine; moine! lui qui jadis se défiait à si juste titre de l'esprit monastique; lui qui tenait son clergé d'une main si ferme; lui qui lâchait si à propos la bride à Joinville, lorsque le Sénéchal, pour compléter le payement de la rançon du comte de Poitiers, frère du roi, allait prendre de vive force en la nef des templiers, les trente mille livres que ceux-ci refusaient de prêter de bonne grâce.—« Sire! s'écrie le maréchal du Temple, laissez-en paix les noises, et tenzons du sire de Joinville et de notre commandeur... Et saichez que le sennéchal vous dit mal, de vous conseiller, que si ne vous en baillons, que vous en preignez; nonobstant que vous en ferez à vostre voulenté. Mais si vous le faites, *nous nous dédomagerons bien sur le vostre* ! *que avez en cure.* »

— Sainte humilité monastique ! — « Et quant j'eus entendu, reprend Joinville, la menasse qu'ilz faisoient au roy, je lui dis que j'en yrois quérir s'il vouloit. Et il me commanda ainsi le faire. Et tantoust m'en allay a une des gallées du temple, et vins a ung coffre dont on ne me voulait bailler les clefz : et o une congnée que trouvay, je voulu faire ouverture de par le Roy. Et ce voiant le mareschal du temple, il me fist bailler les clefz du coffre, lequel je ouvry et y pris de l'argent assez : et l'apporte au Roy, qui moult fut joieux de ma venue. »

Hélas! les années vont resserrant le filet que l'Église romaine jette sur les âmes. Dans la jeunesse, elle le laisser flotter, elle sait bien que pour vouloir enfermer de trop près la proie, les mailles rompraient; l'essentiel, c'est que l'âme reste dans le filet, pour lâche soit-il; à mesure que vient l'âge, que s'en vont les forces, Rome tire la ficelle, et au moment de la mort, l'âme est prise.

La foi de saint Louis est missionnaire. Il se préoccupe de l'avenir éternel de ses amis; il les amène à Dieu tout comme il y va lui-même.

On connaît ce passage : « Autre demande vous foys-je, savoir : lequel vous aimeriez mieulx estre mezeau et ladre, ou avoir commis et commettre un un peschié mortel! » et la réponse admirablement naturelle de Joinville : « J'aimerois mieux avoir fait *trante* péchés mortels que estre mezeau ; » et la délicatesse avec laquelle saint Louis, qui s'était tu devant les *frères* présents à la discussion, le rappelle *tout seul*, et le fait asseoir à ses pieds, et avec une chrétienne tendresse : « Ah! foul musart, musart, vous y estes deceu. Car vous scavez que nulle si laide mezellerie n'est comme de estre en peschié mortel ; et l'ame qui y est, est semblabe au deable d'enfer... Pourtant vous prie, fut-il que pour l'amour de Dieu premier, puis pour l'amour de moy, vous reteignez ce dict en vostre cœur! »

Saint Louis, qui est sage, est chevaleresque plus que pas un. Qu'il fait beau le voir, avant que sa galère n'ait touché le bord, s'élancer le bouclier au cou, dans l'eau jusqu'à la poitrine, au-devant des Sarrasins rangés en bataille sur le rivage. « Vous prometz, dit Joinville, que oncques si bel homme armé ne veis. »

Et quelle grâce dans ce noble esprit! — Il soutient Pierre de Sorbonne contre Joinville. Il le soutient contre sa propre opinion, parce qu'il le voyait « si très esbahy qu'il avoit assez mestier que lui secourusse et aidasse. » Mais après, comme il revient vite

à son sentiment toujours juste, toujours poétique!
Il s'agissait d'habits; Pierre de Sorbonne les voulait
mesquins, Joinville les voulait magnifiques, et le
roi : — « On se doit vestir bien honnestement, *afin
d'estre mieux aimé de sa femme*, et aussi que voz
genz vous en priseront plus! »

Partout vrai! partout grand. De grosses larmes
lui tombent des yeux sur le champ de bataille de
la Massoure; mais sous le sabre du Sarrasin, en
présence de la torture, son beau visage rayonne de
dignité royale.

Après cela, saint Louis entendait un peu à la façon de son temps, les questions de liberté religieuse.
« Aussi vous dy-je, me fit le Roi, que nul, s'il n'est
grant clerc et théologien parfait, ne doit disputer
aux Juifs. Mais doit l'homme lay, quand il oist mesdire de la foy chrestienne, défendre la chose non
pas seulement de parolles, mais à *bonne espée tranchant* et en frapper les mesdisants et mescréans à
travers corps, tant qu'elle y pourra entrer. » Voilà comment le bon roi expliquait *l'article V de la charte*...
sans se douter qu'il était, en cette affaire, du même
avis que Mahomet, lequel avait coutume de dire :
« Vaut mieux tuer que disputer. »

Mais voici, en retour, quel conseil de christianisme pratique il adressait à son fils. « S'il te donne
prospérité, si l'en remercie très humblement, et
gardes que pour ce tu n'en soyes pas pire par or-

gueil ne autrement ; *car l'on ne doit pas guerroier Dieu de ses dons qu'il nous fait.* » — Viennent les terreurs. Le roi au lit de mort s'écrie : « Et te supply, mon enfant, que en ma fin tu ayes de moi souvenance, et de ma *pouvre âme*, et me secoures par messes, oraisons, prières, aumosnes et bienfaits, par tout ton royaume. Et me otroye part et portion en tout tes bienfaits que tu feras. » C'est bien le miracle de Rome, que d'avoir ôté à cette âme la pleine confiance au pardon absolu ; que d'avoir remplacé la joie triomphante du racheté qui monte vers son Sauveur, par la tristesse résignée de la *pouvre âme* qui descend en purgatoire !

Il y aurait tant à dire sur l'amour de saint Louis pour Marguerite, sur la tendresse passionnée de la naïve épouse, sur la jalousie de Blanche, la reine passionnée aussi, politique, dominatrice.... que je ne dis plus rien.

Un petit mot seulement sur la science biblique de Joinville. Saint Louis, débarqué à Hyères, entend prêcher un cordelier, frère Hugues, qui tonne tout d'abord sur les gens de religion, « *dont il y avoit grant foison en la compagnie du Roy*, et disait : qu'ils n'estoient pas en estat d'eulx sauver, ou que les Saintes Escriptures mentoient ce qui n'estait vray ; car les Saintes Escriptures *disent que u.g religieux ne peut vivre hors de son cloaistre sans cheoir en plusieurs péchez mortels : non plus que le poisson ne sauroit vivre hors de l'eauä sans mourir......* et disoit frère Hugues : qu'il avoit *leu la Bible et les autres livres de l'Escripture Sainte.* »

Certes il ne leur sera pas redemandé au delà de ce qu'ils ont reçu. Mais que penser des ministres, que penser de l'Église, qui citent de la sorte *la parole de Dieu* !

Le charme des mémoires de Joinville vient d'un parfait oubli de soi. Celui-là *ne croit pas devoir*. Il voit au travers d'un milieu clair, il dit ce qu'il sent, les premiers mots venus sont les meilleurs : un chat est un chat; point de ces images banales qui font bâiller celui qui écrit, avant de faire pester celui qui lit : *le timon* de l'État, *la roue* de la fortune, et les trente-six mille figures fades qui se rangent en bataille devant notre pensée, devant notre plume pour mieux dire, car c'est justement en l'absence de la pensée, que la plume donne en oie qu'elle est dans tous ces panneaux.

De saint Louis, je passe à la fabrique de coton de Benisoueff. Les machines n'en sont pas mises en mouvement par des bœufs, mais par des chevaux. La roue a toutes ses dents. Les ouvriers, au nombre de mille, payés à *la tâche*, en argent, viennent d'eux-mêmes offrir leur travail à *Malta*. — C'est le nom de la fabrique — Malta appartient au pacha, le coton qu'on y nettoie, qu'on y carde et qu'on y tisse, sort tout entier de ses possessions. Les premières préparations se font au moyen de machines; les autres : le tissage et le filage, se font à la main. Il sort de là une toile inégale qui peut servir de doublure, mais qui n'est ni assez forte pour faire des chemises grossières, ni assez unie pour en faire de fines. Le pacha va remplacer le travail manuel par la vapeur; les produits deviendront à l'instant supérieurs. En attendant, l'atmosphère qui règne dans le vaste bâtiment est pure, et si elle convient moins à la toile que la température humide et chaude des manufactures anglaises, elle convient mieux à la poitrine; ce n'est pas nous qui nous en plaindrons.

Les ouvriers ont l'air heureux. Plus de bâton, plus de corvée. Cette expérience encouragera Méhemet-Ali. — Comment ne pas admirer le progrès, lorsqu'il se manifeste chez un homme dont la moitié de la vie s'est écoulée dans l'ignorance de notre civilisation, au milieu de luttes politiques; lorsqu'il se développe au moment même de l'existence où d'ordinaire, l'on repousse en ennemie, toute idée de changement. Il y a beaucoup à déplorer en Égypte, il n'y a guère à blâmer, il y a tout à espérer : rien ne rend injuste comme d'oublier le point de départ.

Benisoueff a de beaux acacias, d'élégants tamarisques; et le long du fleuve, quelques jolies habitations de style arabe. Une troupe d'enfants porte sur la tête des paniers pleins de terre. Elle chante d'une voix douce : *Allah Lah Lah! Allah Lah Lah!* Toujours la chanson, mélancolique ou joyeuse.

Dimanche, 20 *février* 1848. — Nous sommes frappés du grand rôle que joue l'Égypte dans l'histoire du peuple de Dieu.

Aux premiers temps, Abram qui fuit devant la famine descend de Canaan, et vient séjourner en Égypte. Le jour que l'Éternel traite alliance avec Abram, il donne à sa postérité le pays depuis *le grand fleuve d'Égypte* jusqu'à l'Euphrate [1]. — Le fils du petit-fils d'Abraham, Joseph, vendu aux marchands Ismaélites qui portaient en Égypte des drogues, du baume et de la myrrhe, vit longtemps comme esclave dans cet empire qu'il va gouverner presque en roi. — Jacob, chargé de ces jours qui ont été longs et mauvais, arrive en Égypte suivi de ses fils et de ses troupeaux. Memphis que nous visiterons demain, a vu passer le patriarche, sa tribu, ses caravanes de chameaux et ses chariots. — Ici, l'oppression s'est appesantie sur les Juifs. — Ici, Moïse a choisi, par la foi, plutôt d'être affligé avec le peuple de Dieu, que de jouir pour un peu de temps des délices du péché [2]. — Ici, ce même Dieu délivre Israël à main forte et à bras étendu. — Mais Israël n'a pas vainement respiré cette atmosphère énervante;

[1] Jérémie, XV, 18 — [2] Hébreux, XI, 25.

Israël n'a pas vainement assisté aux pompes du culte idolâtre. Israël libre tourne un regard languissant vers les grandes prairies, vers les horizons dorés, vers la terre aux beaux pâturages et aux belles nuits, vers le fleuve aux ondes larges et calmes. Il y vivait en esclave, durement traité ; que lui importe ? la terre restait verte, le fleuve abondant, les cieux sereins. Ah ! quand on glisse sur le Nil, quand on respire les haleines parfumées qui viennent des champs en fleur, quand on promène ses yeux et sa pensée sur ces lignes infinies, quand l'âme enivrée contemple ces levers de lune et ces couchers de soleil, on comprend alors les gémissements d'Israël.

Sous Roboam, fils de Salomon, Sciscak, roi d'Égypte, monte à Jérusalem et s'empare des trésors de la maison de l'Éternel.

Sous Josias, le plus fidèle des rois de Juda, Néco Pharaon monte encore, mais cette fois pour combattre à Carkemis sur l'Euphrate. Josias sort en bataille contre lui ; Néco proteste de ses bonnes intentions : « Qu'y a-t-il entre nous ?... Quant à toi, ce n'est pas à toi que j'en veux aujourd'hui, mais à une nation qui me fait la guerre, et Dieu m'a dit que je me hâtasse. Désiste toi donc de venir contre Dieu, qui est avec moi, afin qu'il ne te détruise. » Josias n'écoute point les paroles de Néco [1] ; Josias

---

[1] Chroniques XXXV, 21, 22.

est mortellement blessé, le peuple élit son fils Jéhoachaz; Néco le dépose et le remplace par Eliakim qu'il appelle Jehojakim; il condamne le pays à une amende de cent talents d'argent et d'un talent d'or. — Néco est le Nécaos des Égyptiens, qui commença le percement de l'isthme de Suez, fit faire le tour de l'Afrique à ses vaisseaux jusqu'au Nil, et perdit ses possessions contre Nébucadnetzar, roi de Babylone.

D'après la Bible, Nébucadnetzar fit courber l'Égypte sous sa puissance. Il détruisit le temple et emmena le peuple en captivité. On retrouve quelques traces de ce grand évènement dans les historiens profanes.

Urie, le prophète, poursuivi par le roi Jéhojakim qu'avait couronné Néco, se sauve en Égypte. Les officiers de Jéhojakim l'y saisissent, l'en ramènent, et Jéhojakim le fait mourir par l'épée.

Pendant que Jérémie prophétise sur les ruines de Jérusalem, les *restes de Juda* regardent du côté de l'Égypte. Jérémie leur défend, de la part de l'Éternel, d'aller chercher en Égypte un refuge contre Babylone. Israël, fidèle à son péché, fuit vers le fleuve; les victoires de Nébucadnetzar l'y poursuivent et l'enveloppent dans la ruine des Égyptiens.

Les prophètes élèvent tous leurs voix contre l'Égypte. *Égypte*, dans la bouche de l'Éternel, est synonyme de *péché*. — Il y a des menaces terribles et il y a aussi de sublimes promesses. « Les idoles d'Égypte seront ébranlées devant sa face, et le cœur de l'Égypte se fondra au milieu d'elle... L'esprit de l'Égypte s'évanouira au milieu d'elle, et je dissiperai son conseil... Et ils interrogeront les idoles et les enchanteurs, et les esprits de Python, et les diseurs de bonne aventure... Et je livrerai l'Égypte à la main d'un Seigneur rude [1]. »

Le même chapitre contient, sur l'entière stérilisation de l'Égypte, des prophéties qui ne semblent pas s'être encore accomplies. Cette désolation du pays correspond, on le dirait, avec la restauration du peuple juif, et précède immédiatement le moment où l'Égypte criant à l'Éternel, montera vers Jérusalem avec tous les habitants de la terre. S'il en était ainsi, les deux peuples se relieraient jusqu'au bout l'un à l'autre; et Israël, roi, tendrait la main à ses oppresseurs.

Jésus passa les premiers temps de sa vie en Égypte. A dater de cette époque, l'Égypte ne figure plus dans l'Écriture; nous retrouvons seulement les Égyptiens parmi les gens des différentes nations auxquelles Pierre, le matin de la Pentecôte, parlait à chacun dans sa langue [2]. L'Apocalypse nous la présente, une dernière fois, comme type de la corruption. « Et leurs « corps morts demeureront étendus dans les places « de la grande cité qui est appelée spirituellement « Sodome et Égypte, où notre Seigneur a été cru- « cifié [3]. »

[1] Ésaïe, XIX. — [2] Actes, II. — [3] Apocalypse XI, 8.

Le christianisme, qui se propagea vite en Égypte, s'y altéra vite aussi. Les disciples s'y détournèrent de la foi pratique, pour se perdre dans le mysticisme ; ils oublièrent que Jésus n'a pas prié son père *de nous ôter du monde*, mais de nous préserver du mal ; ils allèrent par milliers, et si l'on en croit les récits des moines, par centaines de milliers, s'enfouir dans les rochers, et passer dans les tromperies d'une languissante contemplation, des jours qu'il eût fallu consacrer à l'accomplissement positif des devoirs de la vie.

L'Égypte enfanta l'esprit monastique ; elle enfanta les subtilités théologiques. Au lieu de s'attacher à convertir les âmes, les docteurs discutèrent à perte de vue sur la nature de la Trinité. On partagea des cheveux en mille. Le diable devait se frotter les mains lorsqu'il voyait, d'un côté, les évêques s'acharnant sur des questions insondables, oublier Jésus et leur propre salut ; de l'autre, s'élever cette grande idole de la fausse spiritualité, qui, en Orient comme en Occident, allait bientôt supplanter Christ.

L'esprit de l'antique Égypte planait toujours sur ces larges horizons ; il y entretenait l'amour des mystères et le mépris du vrai ; il y projetait sa grande ombre, et cette ombre finit par éteindre le soleil levant de l'Évangile.

Hier au soir, nous avons pris terre devant le couvent de Saint-Antoine. C'est une enceinte formée par un mur élevé. Auprès, on voit un petit village et quelques cultures d'oignons, serrés contre le Nil par les sables. Les couvents de la Haute et de la Basse-Égypte nous ont tous échappé, nous passions de nuit devant eux; nous tenons celui-là, ne le lâchons pas.

Nous sautons sur la plage, mon mari un Nouveau-Testament sous le bras, et moi, le cœur gros d'indignation contre la vie monastique. Nous passons une porte, et nous nous trouvons dans une cour entourée d'habitations; des enfants courent à notre rencontre, de jeunes femmes s'avancent, leur nourrisson sur les bras; au milieu d'elles, deux prêtres cophtes : ils nous tendent la main avec une gravité pleine de douceur. Nous restons ébahis.

— Les moines?

— Il n'y a pas ici de moines, nous sommes prêtres, nous vivons en communauté, chacun dans notre maison.

— Mais ceci n'est donc pas un couvent?

— Si, couvent, couvent!

Le supérieur nous donne le mot de cette énigme : tous les couvents de l'Égypte, à l'exception de ceux des lacs Natrons, de celui de Saint-Antoine, de Saint-Paul vers la mer Rouge, et d'un autre dans la Haute-Égypte, se sont transformés en simples villages. Quatre ou cinq prêtres mariés vivent là, quelques familles cophtes se réunissent autour d'eux; l'un des prêtres exerce une sorte de surveillance sur la communauté; on cultive les terres, on dit les prières à l'église, on élève ses enfants, on aime sa femme et l'on vit en paix.

S'il faut absolument des couvents, en voilà selon mon cœur.

Je ne puis m'empêcher d'exprimer naïvement au bon prêtre la satisfaction que j'éprouve à le voir marié; il sourit, un autre plus âgé rit tout à fait.

Les Cophtes nous montrent leur église; la grande famille y entre avec nous, c'est une salle ronde surmontée d'une coupole; elle rappelle la forme des mosquées. Un sanctuaire, avec quelques images, s'ouvre sur un des deux côtés.

— Possédez-vous les Écritures? — demande mon mari. Le supérieur prend le volume, qu'il feuillette avec respect.

— Oui, nous les avons.

— S'il en est ainsi, je réserverai cet exemplaire à quelque autre.

— La Parole de Dieu ne se refuse jamais, reprend le prêtre avec un fin sourire; donnez-la moi, je la remettrai à celui de mes frères que j'en verrai privé.

— Bien volontiers, pourvu que celui auquel vous la donnerez la lise de tout son cœur.

Hier, ce matin, tous les jours, nous voyons des noces fellahs passer, bannières déployées, sur le rivage, au son du tambourin et du zamr. Jamais le soleil n'a brillé si radieux, jamais les eaux n'ont coulé si paisibles, jamais les nuits n'ont étendu dans les cieux un pavillon plus étoilé.

Le soir. — Notre barque est amarrée aux rivages de Memphis. Le fleuve glisse dans l'ombre d'un bois de palmiers; nous nous promenons aux vives clartés de la pleine lune.

Ici la fille de Lévi, après avoir caché trois mois son enfant qui *était beau*, le mit dans un coffret fait de joncs, enduit de bitume, et le cœur oppressé de tristesse, le porta parmi les roseaux, sur le bord du fleuve. La sœur de l'enfant, cette Marie la prophétesse, qui plus tard marchait un tambour dans les mains, suivie de toutes les femmes d'Israël, sur les plages de la mer Rouge; sa sœur se tenait loin pour voir ce qui arriverait. Or voici, la fille de Pharaon descend avec ses femmes, elle va se baigner dans les fraîches eaux du Nil; elle aperçoit le coffret, elle l'envoie prendre, elle l'ouvre : « C'est un des enfants des Hébreux!... » — Marie se hasarde.

« — Irais-je appeler une nourrice d'entre les enfants des Hébreux? »

« — Va. »

Et la jeune fille court chercher la mère de l'enfant.

Quelle scène! — Je me représente le retour de la mère Hébreue, son bel enfant pressé sur son sein, chargée de le nourrir par la fille même de Pharaon ! Je me représente son entrée dans cette maison qu'elle a quittée désolée, et ce cri de triomphe, presque de victoire, lorsqu'elle montre le premier-né à son époux.

La fille de Pharaon nomma l'enfant : Moïse; « parce que, dit-elle, je l'ai sauvé des eaux. » — Dans la langue arabe, on appelle aujourd'hui l'eau *moyè*.

Moïse errait donc le soir sur cette rive, quand il tua l'Égyptien et le cacha sous le sable !... Et ce même homme, que la pitié pour les siens pousse au meurtre, refusera par trois fois à son Dieu d'être l'instrument de la délivrance d'Israël! « Envoie celui que tu dois envoyer ! » — Tout de feu pour exécuter les mauvais desseins de la passion; tout de glace pour accomplir la sainte volonté de l'Éternel.

Il s'enfuit en Horeb. — Le peuple se courbe de plus en plus sous la persécution; des années s'écoulent : Moïse revient, il revient avec la puissance de Jéhova; il marche droit à Pharaon. « Ainsi a dit l'Éternel, le Dieu d'Israël : laisse aller mon peuple... » Mais Pharaon dit : « Qui est l'Éternel que j'obéisse à sa voix ? »

La lutte commence, les exactions redoublent.

C'est vers ces eaux tranquilles que Moïse descendait avec Pharaon, avec les magiciens, avec la cour, et qu'il frappait le fleuve de sa verge, et que le fleuve rougissait les rives de ses flots sanglants. C'est de cette onde que sortaient par milliers les grenouilles; c'est cette poussière qui se transformait en dévorants insectes; c'est de cette étendue immense que s'élevait la clameur des enfants de l'Égypte. — Et Pharaon s'endurcissait toujours. « Ils sont de loisir, ils sont de loisir. Qu'on accable ces gens de travaux. » — Et les Israélites s'écriaient contre Moïse, contre Aaron : « Vous nous avez mis en mauvaise odeur devant Pharaon et ses serviteurs. » Et Moïse, le cœur débordant d'angoisse... « Seigneur, pourquoi m'as-tu envoyé ? »

On s'est étonné de l'*appesantissement* de Pharaon, comme si les miracles journaliers de Dieu ne nous endurcissaient pas !

Plus le salut est voisin, plus la persécution s'acharne. — C'est vrai pour les peuples : les grandes secousses de l'Église en font foi. C'est vrai pour les individus : y a-t-il un racheté de Jésus qui n'ait au moment du réveil, rencontré toutes les forces de Satan ?

Pourtant Pharaon est vaincu; vaincu, non touché... il y a un abîme entre ces deux mots; — Les Juifs debout, le bâton à la main, mangent la pâque; ils teignent du sang de l'agneau les poteaux de leurs portes, et quand l'Éternel passe cette nuit-là par le pays d'Égypte, leurs enfants sont épargnés. — Qu'ont-ils fait pour cela ? — Rien. Ils ont revêtu le signe de la grâce; la grâce les a couverts. — Oh! sang de mon Sauveur, tu nous sauveras aussi, à cette heure où Christ sortira l'épée en sa bouche, le livre en ses mains, pour faire justice sur la terre. Justice! nous n'avons que la tienne. Elle suffit : c'est la marque sur les linteaux de nos portes.

Cette nuit-là, un grand cri retentit par toute l'Égypte. — Pharaon se lève: « Sortez, prenez vos brebis et vos bœufs! » — Les Égyptiens poussent les Juifs hors du pays, ils leur donnent[1] des vaisseaux d'or et d'argent, « car l'Éternel avait fait trouver grâce au peuple auprès des Égyptiens. » Et le peuple part sous la conduite de l'Éternel, il emporte les ossements de Joseph; ils seront ensevelis dans cette terre promise, qu'aucun de ceux-ci ne foulera de son pied.

---

[1] D'après M. Grand-Pierre — Pentateuque — c'est à tort qu'on traduit « *avaient emprunté* des Égyptiens » et plus loin : « les Égyptiens avaient *prêté*. » — L'original dit : *demander, donner*. Le terme *demander* est employé au verset 2 du VI⁰ chapitre de nos versions. — Que signifierait *emprunter* d'ailleurs, de la part d'un peuple qui part de la sorte? Y avait-il un homme en Égypte qui crût au retour des Israélites? Pharaon, s'il avait gardé un doute à cet égard, aurait-il mis une si folle opiniâtreté à les retenir?

PYRAMIDES DE GISEH.

Lundi, **21** *février* **1848.** — Nous partons ce matin pour Saccarah et pour Giseh.

Nous marchons sous les palmiers jusqu'au colosse de Memphis. La colonne des Dattiers est ici moins déliée que dans la Haute-Égypte, la végétation moins avancée.

Des monticules de briques s'élèvent devant nous, ils couvrent une vaste étendue : c'est là Memphis. Joseph y expliquait les songes; il y pleura sur le cou de Benjamin. Nous nous arrêtons près du colosse de Sésostris, couché au fond d'un creux. Les traits en ont cette idéale délicatesse qui fait le caractère de la belle époque égyptienne.

Les Pyramides de Saccarah sont d'un plus grand effet de loin, lorsqu'elles coupent l'horizon de leurs masses noires, que de près, lorsqu'on en compte pour ainsi dire les pierres. Elles se rapetissent au lieu de grandir. L'une d'elle est étagée, circonstance d'un haut intérêt pour les savants. — Il y a des pyramides étagées à Méroé; il y en a au Mexique; de là, hypothèses à perte de vue. — Si j'osais, je dirais que le squelette de la pyramide est étagé, mais que la pyramide elle-même n'a pas dû l'être. Elle paraît avoir été bâtie en terrasses. On a comblé l'intervalle qui sépare les murs de terrassement, on a revêtu le tout de dalles plates, et la pyramide ayant été *pelée* au temps des kalifes, comme l'ont été toutes les autres, la terre s'est éboulée, les murs de terrassement ont reparu, les étages se sont dessinés.

Des puits, puits à momies humaines, à Ibis, à *têtes* de bœufs, percent le sol; les crânes des uns et les cornes des autres blanchissent au soleil, après des ténèbres de quatre mille ans.

Nous suivons la lisière du désert. D'un côté, nappe de verdure, avec des plantations de lin aux fleurs bleues, avec des flaques d'eau où nagent les canards sauvages; de l'autre, sables, et sables encore. Un chacal passe devant nous, sa proie dans la gueule; des aigles et des vautours planent les ailes immobiles sur nos têtes. Nos ânes trottent au milieu de la pelouse couverte de petits iris bleu foncé.

Voilà de ces journées brillantes de sérénité, où la nature chante la gloire de Dieu, où le cœur chante son amour.

Les pyramides de Gisch grandissent; il nous faut trois heures pour y arriver; elles prennent peu à peu des proportions gigantesques. Les deux premières se dressent en montagnes devant nous.

Tout à coup, la tête du sphinx enterré jusqu'à la poitrine, du sphinx qui tenait dans ses bras un temple ; cette tête noble malgré ses lèvres mutilées et son nez brisé, sort des monticules sablonneux. A côté des pyramides, elle reste colossale.

Je n'oublierai jamais cet aspect : ciel sans bornes, désert sans bornes, ces masses énormes : un côté lumineux, l'autre sombre ; et le sphinx largement couché au milieu.

Les Bédouins accourent ; d'abord un, et puis deux, et puis cinq, et puis vingt.

— *Monsir ! Monsir, descendir, allir, bibir, mangir !* — C'est le turc de Molière.

— Pazienza, pazienza. Prima *mangir*, poi *bibir*, dopo *montir*.

Cette fois, trêve aux souvenirs historiques. Que ce soit ici le tombeau de Chéops, celui de Képhren son frère, celui de Cinérinus son fils, *Je ne me daigne pas*, comme disait François, d'en savoir quelque chose.

Nous nous demandons comment nous monterons là-haut.

La grande pyramide, celle qu'on gravit, est dépouillée des pierres lisses qui la recouvraient ; reste une surface raboteuse : blocs énormes sur blocs énormes. S'élever à quatre cent quatre-vingts pieds du sol sur ce plan raide, cela rend pensif. — Il faut s'exécuter; nous avons tourné le sphinx, nous avons déjeuné sous un rocher; la nuée bédouine nous presse et nous oppresse.

Je ne dis rien du costume de ces honnêtes gens; le fou rire nous prend, rien que d'y penser. Tels qu'ils sont, ils s'emparent de nous; à l'un la main droite, à l'autre la gauche, et : *si, buono, tayb, very good!* en quatre langues nous sommes enlevés et *substilisés;* — nous enjambons quartiers de roc sur quartiers de roc. Un bloc qui ne nous va qu'à la ceinture, qu'au front, qu'est-ce que cela ? s'embarrasse-t-on pour si peu ? a-t-on un corps seulement? — On vole; la pyramide va s'élevant en haut, l'abîme va s'approfondissant en bas, rien n'étonne. Seulement, ces enragés Bédouins courent comme des chats, le souffle nous manque, les jambes aussi. Un instant; respirons. Nous nous asseyons sur un rebord large de deux mains, nous posons les pieds sur un autre rebord large de deux pouces ; mais il y a tant d'animation dans cette scène, ces hommes puissamment forts nous communiquent si bien leur confiance, que nous ne pensons pas à réfléchir. Réfléchir, ce serait d'ailleurs vouloir tomber la tête la première.

Ici, nos Bédouins, qui ne sont pas des Bédouins mais des fellahs de race arabe, vivant au village sous un scheik dont ils disent pis que pendre, commencent leur monotone concert de *baskchich*.

— *Bask hich ! lah Scheik, Scheik, bolet* — méchant, *tût mangir, tût bibir !* Bakschich Achmet, bakschich Ali, bakschich Méhemet !

— Tayb ! tayb ! ma se parlate bakschich sopra la piramida, addio al bakschich ! —

Un des apprentis bédouins, qui nous prend pour des Anglais, s'écrie dans un élan d'enthousiasme : « — English, very good ! tutti gli altri, *francese, italiano, tedeschi,* la bastonata ! la bastonata a tutti ! Francese, cattivo ! »

Le vieux renard à barbe grise qui guide mon mari saute sur le malencontreux gamin, il n'est pas sûr que nous soyons Français, mais il est certain que nous ne sommes pas Anglais.

« — English, cattivo ! » crie l'étourdi pour raccommoder ses affaires. « Francese buono, Kettir tayb ! La bastonata a tutti gli altri ! — »

Là-dessus, je prononce un discours à la fois simple et diplomatique : « Inglese, buono ! Francese, buono ! Italiano, buono ! Tedesco, buono ! Beduino, buono. »

« Tutti, tutti, *buono !* » interrompt un de nos Bédouins, en promenant son bras d'un horizon à l'autre. Le pauvre homme a peur que je ne fasse le tour du monde.

En marche ! la pyramide grandit à mesure des enjambées. Nos hommes nous encouragent ; ce sont des flatteurs déterminés, servant à chacun le mets qu'ils croient de son goût, « — Monsieur *grand!* madame *grande !* » C'est dommage.

Nous touchons à la plate-forme; nous y voilà. Dominer cette immensité ! — Tout près, la seconde pyramide coiffée de son chaperon de dalles plates; tout autour, pyramides; dans le lointain, celles de Saccarah; à nos pieds, des tombes; derrière nous, les sables s'unissant aux cieux ; devant, la plaine verte; vers ces palmiers, le champ de bataille de Bonaparte[1]; après la plaine, contre la chaîne Arabique, les minarets du Caire et la citadelle un peu voilée par les vibrations de l'air; en bas, des oiseaux de proie qui planent, et semblent collés à la terre!

Un de nos Bédouins nous offre de descendre la pyramide où nous sommes, d'aller à la seconde, de grimper au faîte; le tout en cinq minutes, et pour dix piastres; nous en avons mis dix-huit à gravir la première. — Accepté.

Le Bédouin arrive sur le sable, on dirait une fourmi. Il s'accroche au mur, le voici qui atteint les pierres lisses, il avance avec précaution, il est au sommet; j'en reviens à ma comparaison : c'est une fourmi dressée sur ses pattes de derrière. A notre tour. La descente, de même que la montée, n'est

---

[1] Le génie de Napoléon lui faisait dire plus juste que les savants : « Du haut de ces pyramides, quarante siècles vous contemplent! » Après avoir prêté un âge fabuleux à ces constructions, ils en sont revenus aux quarante siècles du *petit caporal.*

rien : un Bédouin de chaque côté; on ne marche pas, on saute d'un élan, avec quatre cent quatre-vingts pieds de vide devant soi; et l'on n'a pas peur, et l'on arrive toujours juste, et l'on est si bien en train de sauter, qu'on ne ferait pas difficulté d'en finir d'un bond avec toute la pyramide.

Après la lumière, les ténèbres; après le bon air, l'étouffement des caveaux. — Deux Bédouins par personne, dix en queue, et nous enfilons un étroit passage taillé dans le roc. Il suit un plan incliné; on glisse sur la pierre polie, quelques entailles creusées de distance en distance retiennent seules les pieds; tantôt le plafond se rapproche tellement du pavé qu'il nous contraint à ramper, tantôt il s'élève à d'incommensurables hauteurs. On arrive, ici grimpant, là se traînant, dans une grande salle, devant le sarcophage de granit qui contenait la royale momie. Tout cela; cet entassement de rochers, tant de sueurs, tant de pleurs — car le pauvre peuple d'Égypte travaille depuis trois mille ans sous le bâton! — tout cela pour garder la poussière d'un homme!

Nos Bédouins s'accroupissent et cherchent dans la poussière avec des mains actives. Nous ne comprenons pas. L'un d'eux se détache; il vient m'apprendre qu'un Mylord a jeté naguère une poignée de parahs en l'air..... on les cherche encore : l'insinuation est claire.

« — Fantasia, fantasia arabe! — » Ils forment

un rond : « Ba da dà, ba da dà, ba da dà, ba da dà ! » ils frappent des mains, ils s'abaissent jusqu'à terre pour se redresser tout à coup; le plus âgé de la troupe danse au milieu la grossière danse du pays; les lumières éclairent cette scène dantesque; le rocher vibre sous l'éclat des voix.

Nous revenons : « Dormez! » disent nos guides à l'entrée des galeries les plus étroites. Dormir, fermer les yeux, oublier sa position, c'est bien ce qu'il y a de mieux à faire : la Pyramide nous tombe sur la poitrine; l'absence d'air, de lumière, ces vingt personnes qui respirent dans les couloirs, cette montagne qui semble se refermer sur nous, nous donnent une angoisse inexprimable; nous aimerions mieux monter dix fois la pyramide que de pénétrer une seconde fois jusqu'à son cœur.

Au sortir, longues aspirations; et puis longues persécutions. Bakschich au scheik, bakschih aux guides, et encore au scheik, et encore aux guides : personne n'est content.

« — Donnez-leur une guinée, donnez-leur une piastre! » s'écrie Antonio hors de lui, « tout revient au même. »

C'est malheureusement vrai. Ce mécontentement final gâte les impressions de la journée. Il ne faut cependant pas le prendre trop au sérieux. Dès qu'Antonio exaspéré jette son tarbousch à terre, qu'il apparaît l'œil furibond au centre d'une auréole de mèches noires; dès que les Bédouins nous voient les poches définitivement vides, ils quittent leurs physionomies désolées, et nous souhaitent en riant le bonjour.

Le retour est délicieux. Les tentes des Bédouins s'arrondissent au milieu des pâturages de la plaine; les chameaux, les brebis, les ânes paissent autour. Dans les hameaux, tout respire le bonheur; de grands feux brillent devant les petites maisons de briques; les enfants suivent les troupeaux qu'ils ramènent, les femmes vont remplir leurs urnes dans l'étang qui baigne le pied du village, l'Arabe fume sa longue pipe assis sur la pelouse. Le soleil se couche, il verse toute sa lumière sur les pyramides; l'or ruisselle le long de leurs flancs. Il se pose, disque éblouissant, sur le sommet de la plus grande; à mesure qu'il disparaît, elle se détache noire sur la pourpre de ses derniers rayons.

Notre ânier nous dit que la petite propriété existe ici. Quelques fellahs possèdent du terrain; ils peuvent le vendre; ils peuvent en vendre les produits à qui bon leur semble; le gouvernement ne leur demande que le payement de l'impôt.

Rien n'est malaisé comme d'arriver à la vérité sur cette question. Les uns affirment que le fellah n'est que fermier, n'est qu'ouvrier; les autres que certaines récoltes lui appartiennent mais que le sol reste au pacha, à son feudataire; et voici un homme qui soutient que les habitants de ce village possèdent.

Notre barque nous attend à Gisch; Gisch, la riante ville aux places bien ouvertes, aux gaies habitations, aux jardins plantés d'arbres; avec les tas d'orge, de blé, de rouges lentilles sur la berge; avec le fleuve couvert d'une flottille de canges, et sur l'autre rive le vieux Caire, ses mosquées, les palais éclatants de blancheur, le Mokatam et la citadelle.

Notre barque vient de s'arrêter, nous sommes à Boulak; la lune règne seule au ciel, plus de bruit. Dans une seule cange amarrée loin de la nôtre, le chant, le mélancolique chant du retour.

C'est la dernière nuit. — Jours de félicité parfaite, nid flottant sur le beau Nil, et vous, pauvres Nubiens que nous aimons tout chiens de chrétiens que nous sommes... qui nous aimez aussi, j'en suis sûre; *Kater Herac* à la gueule rouge, *Ali*, capricieux enfant, *Tigre-féroce*, plus enfant encore sous tes airs farouches; et toi *Hassanin*, sentencieux Hassanin... il faut vous quitter!... Ah! ce n'est pas sans un serrement de cœur.

Ce ne sera pas non plus sans un sentiment d'ardente reconnaissance pour notre Dieu protecteur.

LE CAIRE.

Mercredi, 23 février 1848. — Bonnes nouvelles de nos parents; ils nous encouragent à poursuivre.

L'Italie est en révolution; une constitution en Piémont; une constitution à Naples! La Suisse, école pratique de socialisme radical, continue à donner ses cours en plein soleil : la France, l'Allemagne, l'Italie écoutent; elles profiteront.

La Révolution de 89 a éclaté dans la région des idées, celle-ci, à laquelle nous commençons d'assister, éclatera dans le domaine des faits; elle portera le couteau plus avant. Les radicaux parlent bien encore de principes : c'est un dernier holocauste offert au respect humain; ils en parlent et ils les méprisent. La guerre est déclarée bien moins à telle manifestation de la pensée humaine, qu'à la pensée humaine elle-même. Elle est déclarée à l'individualité, l'éternel adversaire du diable. — Que d'armes il a émoussées contre elle! Tous les paganismes, le républicanisme antique, le catholicisme romain! et maintenant le voilà qui tire de son arsenal le despotisme social. Il niera successivement à l'individu tout ce qui le constitue : le droit de vouloir, le droit d'agir, le droit d'être lui. Nous voilà lancés à toute vapeur sur cette route; Dieu peut en laissant tomber un grain de sable sur les rails détourner le convoi... Je ne crois pas que Dieu le fasse. — Je crois que nous sommes arrivés au temps de la grande lutte : je crois que Dieu se prépare à refondre au feu la foi des chrétiens. Le feu commence sa bonne œuvre dans le canton de Vaud. L'iniquité ira jusqu'au bout, la foi aussi. L'iniquité descendra jusque dans l'abîme, la foi grandira jusqu'au ciel. Pourrait-on s'en affliger? Quand le Seigneur saisit son van et nettoie son aire, c'est à la paille de voler en inquiets tourbillons, c'est au chrétien de demeurer en paix.

Indépendamment du bonheur que procure la confession de Christ au milieu des souffrances, il y a de la joie, une joie puissante à faire front, seul s'il le faut, au monde entier. Là, dans cette suprême indépendance, dans ce dégagement suprême de l'âme, réside la suprême noblesse de l'homme.

Le balai qui va se promener sur l'Europe emportera des joyaux... il emportera des ordures aussi. —Lorsqu'on a vu en Italie tout un peuple sous l'éteignoir; lorsqu'on a vu la Bible de Dieu, mise à l'index par le *vicaire de Dieu*; lorsqu'on a vu dans les petits cantons, les moines d'Einsiedeln vendre les indulgences avec l'effronterie de Tezel, on sent que le jour de la liquidation approche. Le diable fera l'ouvrage, c'est possible; Dieu est le maître du diable, cela me suffit. — Et puis, on l'a dit depuis longtemps, le semeur marche après le soc de la charrue, il ne jette son grain que dans une terre déchirée, la semence ne germerait pas ailleurs.

Nos Nubiens, Reiss Hassan à leur tête, viennent en trois bandes nous faire le *Salam*. — *Bakschich* et baisement de main. Ils se rangent en demi-cercle, mon mari leur adresse quelques paroles sérieuses. En voici le sens. — Nous ne nous reverrons plus sur cette terre, nous nous reverrons devant le tribunal de Dieu; pour moi, je ne m'appuie que sur Jésus pour être sauvé. Sans la compassion de Dieu, l'homme est perdu. Nous avons souvent prié pour vous, nous prierons encore; nous vous sommes sincèrement attachés.

— « Moslem, christian, s'écrie Ali, *tout la même chose*. Allah! Allah! Kerim! — » Ce n'est pas là que nous voulions en venir, mais l'intention est bonne.

On se sépare après un nouveau baise-main. — Oui, nous ne les reverrons que devant le Seigneur, nous les y reverrons certainement : puissent-ils alors ne pas nous accuser d'avoir gardé pour nous seuls la vérité que nous possédions! puisse le Sauveur effacer dans sa miséricorde, notre péché de lâcheté!

Vient le tour d'Hassanin. Ce malheureux nous arrive à l'état de baril d'eau-de-vie. Il a les yeux dix fois plus ronds qu'à l'ordinaire, il parle encore par sentences, mais sa langue épaissie s'empâte dans chaque syllabe. Hassanin, qui a l'eau-de-vie tendre, nous baise les mains dessus et dedans, il embrasse Antonio qui s'en défend de vive force. Après quelques mots graves : « — Hassanin, lui dit mon mari ; il faut que je vous donne un conseil : ne buvez plus de liqueurs, ne vous laissez pas gagner par cette habitude, vous y perdriez votre corps et votre âme. »

— Hassanin boit, c'est vrai ; mais Hassanin fait bien la cuisine.

— Il ne s'agit pas de votre cuisine, Hassanin, il s'agit de vous ; c'est dans votre intérêt que je vous parle.

— Hassanin croit qu'il va se décider à ne plus boire. — Le *Caavaja* veut-il lui donner un certificat ?

— Sans doute.

— Si le *Caavaja* ne fait pas un certificat magnifique... Hassanin ne *pourra* pas l'accepter.

— Je vous l'écris, comme je *puis* vous le donner... le voilà.

Hassanin le porte à son front, s'empare encore de nos mains, et se jette au cou d'Antonio que ce second assaut faillit renverser.

La question de la propriété s'éclaircit.

Quand l'Angleterre, par son dernier traité avec la

Porte, abolit le monopole du pacha en Égypte, Méhemet garda une grande partie des terres. Il remit à ses principaux beys et pachas les villages qui lui devaient un arriéré considérable d'impôts, à la condition, par eux acceptée, de solder cet arriéré. Il abandonna aux fellahs qui les occupaient, les villages libres de toute dette envers lui.

Il y a donc en Égypte : 1° d'immenses portions du pays, propriétés du pacha; 2° des fiefs, confiés aux seigneurs; 3° quelques villages avec leur terrain, laissés aux fellahs.

Les cadeaux de Méhemet étaient parfois onéreux : on cite un bey qui recula devant le déboursé que lui imposait le don d'un vaste territoire obéré. Il refusa, et fut destitué de tous ses emplois.

Les fellahs qui possèdent peuvent vendre leurs possessions, ils peuvent en vendre les produits. Seulement, s'ils ne paient pas régulièrement l'impôt, le pacha s'empare du fond, le garde ou le vend. Dans ce dernier cas, il en met le prix tout entier dans ses coffres. Cette circonstance assimile par un côté la propriété à l'usufruit. — On exproprie en Europe, mais le bien vendu et l'État une fois remboursé, l'excédant appartient au propriétaire.

Voici une autre version.

La menue propriété a toujours existé, elle existe partout, même dans les villages donnés à titre de fiefs. Les maîtres de ces derniers ne possèdent que des portions de terres abandonnnées, laissées en friche par le fellah; plus, la charge de payer les impôts, et par conséquent le droit de les percevoir sur le fellah. D'après cette version, le Seigneur auquel Méhemet-Ali vient d'octroyer dix ou quinze villages, assemblerait les fellahs à son arrivée dans ses terres; il s'informerait de leurs droits, au besoin il les prierait de choisir, et ne regarderait comme siens que les morceaux dédaignés. Ibrahim-Pacha lui-même aurait acheté des fellahs une partie de ses propriétés.

Cette version me paraît difficile à admettre; cependant, en y regardant de près, on trouve une clause qui éclaircit le mystère. Le propriétaire paye l'impôt; pour le payer, il le tire des fellahs. Le fellah n'a plus à faire à la loi, mais à un maître, à une volonté arbitraire. Dès lors tout s'explique : les coffres du gouvernement se remplissent, ceux du propriétaire encore plus. Il n'y a pas de revenus qui vaillent cette rente abondante, obtenue par la pression sur les fellahs.

Que le fellah possède, qu'il ne possède pas, qu'il ne possède qu'exceptionnellement, qu'il ne possède qu'en apparence, je ne sais; ce que je sais bien, c'est que les grands propriétaires sont puissamment riches, c'est que le pacha l'est plus qu'eux, c'est que la terre est admirablement fertile, qu'elle est bien cultivée, et que le fellah n'a pas le sou.

Voici comment, au Caire, Méhemet entend la liberté du travail. — Il y a dix jours, on voyait passer dans les rues, enchaînés escouades par escouades, des enfants de huit à douze ans. La force armée les conduisait dans les manufactures du vice-roi pour y être *ouvriers à vie*. Les soldats du vice-roi parcouraient les quartiers du Caire en *pressant* la population enfantine. Le soir, on informe les parents que leur fils travaille à perpétuité dans telle filature, dans telle raffinerie, et tout est dit[1].

Le pacha, gravement malade, vient de partir pour l'Italie.

Jeudi, 24 février 1848. — Depuis deux jours nous parcourons, Jeannette et moi, les bazars. Ce côté-là est un des plus curieux du Caire. — Sans compter les séances chez les marchands, toujours caractéristiques, on pénètre dans beaucoup de quartiers qu'on eût ignorés faute de ce petit brin de futilité féminine.

Les étoffes se vendent, comme chaque objet, dans un bazar spécial. Une grande porte, et l'on se trouve au milieu de rues divergentes, toujours couvertes du plafond de bois. — Le négociant fume,

---

[1] Quelques personnes affirment que les enfants vont chaque jour prendre leurs repas et dormir chez leurs parents : cela me paraît impossible. Toute la journée s'écoulerait dans ces pérégrinations ; et puis, comment s'assurer du retour régulier des enfants à la fabrique ? Les troupes entières du pacha ne suffiraient pas à courir après les réfractaires.

accroupi sur son plancher à hauteur d'appui. Les marchandises s'empilent dans un espace de quatre pieds, l'acheteur s'assied sur le devant quand il y a place, reste debout quand il n'y en a pas. La vente s'opère avec un inaltérable flegme. Le négociant demande froidement trois fois la valeur de l'objet; on refuse; des deux parts indifférence affectée; on regarde de côté et d'autre, on parle de la pluie et du beau temps, c'est le cas de dire aux chalands « dormez, » comme nos Bédouins des pyramides.

Les étoffes se vendent par pièces; une seule suffit aux vêtements étroits des dames d'Orient, les nôtres en exigent deux. Il faut les trouver, les trouver pareilles, là gît la difficulté; chaque marchand en possède quatre ou cinq, variées bien entendu, pliées dans un mouchoir de soie ou entassées dans un coin. Nous parcourons vingt boutiques, les commissionnaires officieux s'empressent, ils vont d'Habib à Hamed, d'Hamed à Hassan; pendant ce temps, nous regardons sans nous lasser cette foule imposante et silencieuse: les vieillards à longue barbe, les enfants florissants de santé, les femmes aux grands yeux qui jettent sur nous un lent regard. Voici un Santon, sale, l'air égaré, nu jusqu'à la ceinture et le reste en haillons. Voici une jeune mère qui conduit son fils à la manière du pays, sa main posée sur la tête de l'enfant. Voici la marchande d'oranges, sa corbeille pleine de fruits posée sur les cheveux, cinq pommes d'or dans chacune de ses mains qu'elle tient élevées à la façon des statues d'Isis. Tout cela va, vient, disparaît; et pendant ce temps, Antonio nous trouve le dernier exemplaire d'une pièce *à peu près* semblable à celle que nous venons d'acheter.

Ce matin, le bazar des joailliers. Chemin faisant, nous traversons vingt rues étroites dont les *moucharablehs* se croisent. Nous retrouvons ici et là l'architecture arabe : colonnettes, arceaux, dessins gracieux, gai mélange de bandes rouges sur les murs blancs. Seulement on ne doit pas y voir dans ces habitations; à midi, la ruelle est sombre.

Voici le bazar des joailliers : de chaque côté de la rue, une rangée de niches; dans chaque niche, un homme qui tape et lime sur un coffre de bois brut; et puis, au fond, un brasier.

— Où sommes-nous?
— Dans le quartier des joailliers.
— Et les joailliers?
— Les voilà, ce sont ces hommes.

Nous allons de l'un à l'autre, nous demandons des perles de la mer Rouge. Celui-ci tire de son coffre deux mauvaises *Lulli* — c'est le nom des perles — celui-là fouille dans son sein, y prend un morceau de papier sale, et nous montre quatre perles microscopiques. Le commissionnaire nous en apporte deux poignées; on les vend au poids, nous ouvrons de grands yeux, mais elles sont bossues et trop chères de moitié. On nous offre quelques bracelets, de ceux qu'on vend aux femmes fellahs; ils ont du caractère. Ce bracelet est épais, travaillé au marteau, formé d'une massive barre d'argent. On nous fait voir les calottes d'or que les dames appliquent au fond de leur tarbousch; elles ressemblent à des patères de rideaux en cuivre soufflé.

Les joailliers font ce qu'ils vendent, et ne travaillent que de commande. Tout cela est fort mesquin et fort laid.

Les Arabes croient le pacha mort. Ils prétendent qu'on l'a embaumé, puis embarqué et envoyé à la rencontre d'Ibrahim-Pacha, qui revient de Naples. — Il y avait dans le peuple quelque tendance à l'émotion, on la réprime au moyen d'un dérivatif : trois cents coups de bâton à qui prononcera le nom de Méhemet-Ali ! — les Européens exceptés, cela va sans dire. — Il n'y a qu'eux de libres ici. Tant que le gourdin reste aux mains du pouvoir, cela va bien, mais s'il changeait de maître !...

Il s'accumule en Égypte un effrayant capital pour l'avenir : lorsque le jour de la solde sera venu, faudra-t-il beaucoup s'étonner si l'on y ajoute les intérêts, voire les intérêts des intérêts?

Vendredi, 25 février 1848. — Par où vais-je commencer?... Par le commencement, c'est ce qu'il y a de plus simple. Eh bien donc, nous partons sur nos ânes pour la citadelle. — « Si, en allant à la citadello, nous entrions dans le couvent des derviches kadirih? » — Va pour le couvent. — Nous tournons nos ânes par la droite, nous traversons les jardins d'oliviers qui séparent le nouveau Caire du vieux, et nous nous arrêtons devant une maison blanche. C'est le monastère. Vraiment il a l'air monacal, sauf qu'il est ouvert de partout. On y respire ce je ne sais quoi d'extérieurement saint, qui est le cachet des maisons religieuses. Quelques voyageurs attendent, dans une salle basse, l'heure du *zikr* — fonction.

L'économe de la maison présente la pipe aux hommes, le café à tout le monde.

Il y a plusieurs ordres de derviches, et dans chaque ordre, diverses règles. Les janissaires appartenaient à celui que nous visitons aujourd'hui, il portait alors un autre nom. Cette maison est habitée par des moines proprement dits; ils font vœu de célibat, et donnent leurs biens à la communauté. Le même ordre renferme des derviches mariés, vivant chacun chez eux, conservant leur fortune, et ne s'associant aux moines que pour accomplir certaines cérémonies. Ceux-là arrivent en foule. On nous fait passer dans la mosquée.

De loin, nous entendons un son vague; nous entrons : trente derviches sont accroupis sur les nattes de paille qui revêtent le parvis; une coupole percée à jour éclaire la mosquée; le cercle se termine vers le scheik, placé dans la niche à l'orient. D'un côté, de vieilles armes garnissent le mur : haches, lances, sabres de différentes formes; elles ont appartenu au fondateur de l'ordre. De l'autre, une collection de tambourins. Au milieu pend une lampe composée de cristaux de couleur. Nous nous plaçons au fond de la mosquée, sur des peaux de chèvres.

— *Allah, illah làh! Allah, illah làh!* — Il n'y a de Dieu que Dieu.

Ceci est chanté à demi-voix, en chœur, avec un faible balancement de tête. Il y a là quelques derviches aux cheveux longs et en désordre, à la veste brodée de soie, à la robe éclatante, au bonnet en forme de pain de sucre; puis des musulmans de tous les âges et de tous les costumes. Les vieillards et les hommes faits dominent. Le scheik, chef de la congrégation, homme de quarante ans, est vêtu d'une ample robe de soie foncée; les plis d'un turban blanc s'enroulent avec noblesse autour de sa tête; ses traits sont réguliers, fins, son expression dénote un esprit supérieur qui fascine, mais qui reste impassible.

Une harmonie bizarre plane au-dessus de ce chant. Pas une note qu'il soit possible de saisir, d'écrire, elles sont toutes dissonantes, toutes en dehors des sons connus.

Qui ne s'est surpris, le soir, au crépuscule qui termine un jour d'automne, près du feu qui perd ses flammes et ne montre plus qu'un château de charbons ardents; qui ne s'est surpris à écouter les mélodies du vent, du vent qui gémit dans les bouleaux, qui glisse le long des murailles, qui parcourt d'un doigt léger toutes les cordes chromatiques des tons mineurs. Le chant des derviches, ce sont les milles voix du vent; c'est plus, il s'y balance quelque chose de subtil, de sauvage et de parfaitement beau, qui domine toutes les facultés de l'âme.

Pourquoi faut-il des mots pour exprimer la pensée? Pourquoi ces mots ne rendent-ils pas? Voilà dix minutes que je suis à la torture, et je ne dis rien de ce que j'ai senti.

Ils se balançaient toujours, et ils chantaient toujours *Allah, Illah Lah, Allah, Illah Lah*. Ils le chantaient doucement, glissant de tons inconnus en tons inconnus, avec un accord insaisissable comme les vapeurs qui restent suspendues sur le courant du fleuve. Je l'avoue, j'étais subjuguée. A l'aspect de ce culte insensé, ma première émotion n'a pas été une émotion de pitié, d'horreur, mais d'admiration. La réflexion m'est venue pourtant, et tandis que ces mélodies féeriques séduisaient mon oreille, j'avais l'âme écrasée par ce que je voyais.

Deux mots, éternellement les mêmes, avec ce balancement machinal... c'est la prière! — Ces pauvres gens croient qu'ils prient...

Un grand jeune homme pâle se lève, il renverse un peu la tête, ferme à demi les yeux; il chante le Koran de cette voix vibrante que je n'ai entendue qu'en Égypte. — Les balancements continuent; mais cette fois, une flûte aux accents suaves accompagne le chant qui va s'enflant à mesure que s'accroît l'ivresse. Les derviches se lèvent, l'un d'eux saisit un tambourin et se place à côté du joueur de flûte. Le chef de la congrégation se met en marche, aussitôt les derviches, tous à la fois, se baissent jusqu'à terre et se redressent avec un mouvement rapide, avec deux gémissements sonores, profonds, qui ne semblent pas sortir de poitrines humaines. Le tambourin coupe cet immense soupir de ses notes sèches, la voix chante une mélodie céleste que soutiennent les sons de la flûte; le scheik s'avance, il s'incline, il se relève, il s'incline encore, il parcourt le cercle des derviches dont les mouvements s'accélèrent, dont les gémissements se font plus oppressés; il marche, il marche avec une grâce exaltée, avec une dignité rayonnante; il se baisse doucement, et son front se redresse empreint d'extase; son regard est doux, et il domine; ses nobles mouvements semblent parler une langue aussi harmonieuse que la musique; les derviches ne se maîtrisent plus, ils touchent la terre de leur turban, ils se rejettent en arrière et la touchent encore; on enlève aux moines leur bonnet pointu; leur longue chevelure se répand sur leur visage, elle bat leurs joues, elle flotte sur leurs épaules; c'est à en devenir fou.

Nous rêvons, nous avons le cauchemar, mais il n'est pas possible qu'ici, qu'ainsi, on célèbre Dieu! cela n'est pas possible. Non, l'esprit de l'homme, si insensé qu'il soit, *ne peut pas en venir là!*

Deux derviches, un nègre en costume européen, un moine en robe grise, commencent à tourner sur eux-mêmes. Ils tournent au milieu du cercle, les yeux fermés, les bras étendus, sans se heurter jamais, sans rencontrer les moines, sans fléchir. Ils tournent demi-heure, et les derviches se jettent en avant, en arrière, et le scheik suit sa marche solitaire, les magnétisant à son gré. De temps en temps, un cri sauvage poussé par les tourneurs, syncope le chœur des plaintes. — Tout à coup, le mouvement change, les derviches se balancent de gauche à droite comme s'ils allaient prendre leur élan vers le ciel; nous voyons mieux alors leurs regards perdus, l'ivresse des sons et de l'agitation qui hébète leurs traits.

Les tourneurs rentrent dans le cercle sans fatigue apparente, ils reprennent à l'instant les exercices de la communauté. — Un signe du scheik : on recommence les salutations frénétiques; les deux tourneurs sont remplacés par un vieillard à barbe blanche, qui pirouette en tenant un bras en l'air et sa robe de l'autre main. Cela dure ainsi jusqu'à la fin du *Zikr*.

Il n'y a rien de ridicule dans cette fonction, tout y est navrant. Il faut voir, de ses yeux voir ces vingt créatures humaines livrées à des convulsions volontaires, faisant des efforts inouïs pour perdre le sens; il faut les voir, éperdues, haletantes, jetant mille, deux mille, trois mille fois le nom de Dieu en l'air; il faut se dire que c'est en l'honneur de Dieu que ces hommes se livrent à de si effrayantes folies, pour comprendre le sentiment d'humiliation qui pénètre le cœur en face d'une telle scène!

Oh! je voudrais amener là les philosophes qui s'extasient sur la sagesse humaine. — Jamais les chats, jamais les chiens, jamais les ânes, ont-ils ainsi mis sous leurs pieds leur propre nature? — Ah! ce n'est pas pour rien que Dieu nous ramène aux bêtes et nous les donne pour modèle!... Fourmi, qui connais tes saisons; simple colombe, agneau, biquet, vous tous qui marchez sur quatre pattes ou sur deux, qui portez plumes ou fourrure, trouverait-on bien entre vous tous, de quoi fabriquer la cervelle fêlée d'un derviche?... ou celle, encore, des fondateurs d'ordres monastiques, avec leurs salutations, leurs prières réglées paroles et postures; leurs léchements de terre, leurs grands coups de discipline, et leurs trente-six mille recettes pour éluder le contact de l'âme avec Dieu!

Ce qui distingue l'homme de la bête, serait-ce

que l'un peut se rendre fou, tandis que l'autre ne peut pas?

Au sortir du couvent nous osons à peine regarder nos ânes, ces créatures raisonnables; encore moins nos âniers. L'un d'eux, le mien, dont les yeux fixes m'avaient déjà frappée hier, ne s'est-il pas joint à l'orbe convulsionnaire des derviches! Il parle un peu l'italien :

— Amico caro, credete-voi, gridando cosi pregar Iddio!

— Allah! allah!

— Col cuore, bisogna pregare Allah! Col cuore, amare Allah! Al cuore, riguarda Allah!

— Allah! Allah! Io, dervicho!

— Dervicho des ânes? demande Antonio.

— Derviche Allah! – Notez que le drôle est rempli d'esprit naturel, pétillant de saillies, et qu'il s'abrutit à plaisir.

Nous descendons devant l'ancienne mosquée d'*El Amr*. Elle se compose, comme toutes les mosquées, d'une cour entourée d'un péristyle et de colonnes. Une fontaine mauresque jaillit au milieu, le lieu de prières fait le fond de l'édifice; c'est une salle ouverte dans toute sa largeur, soutenue par des colonnes que relient des arceaux, avec la niche indicatrice de la Mecque creusée dans le mur, la chaire de l'Iman, à coté l'armoire où l'on dépose le sabre qui figure à certains moments du service, et en face, l'estrade où se place le lecteur du Koran.

La mosquée d'El Amr a de vastes proportions, elle a d'innombrables colonnes; mais ces colonnes, enlevées aux anciens temples romains, sont grêles, et l'architecture est sèche.

Pour y arriver, nous traversons les décombres de l'arabe *Fosta*.

Visite à la vieille église Cophte, qui contient la grotte où se cachèrent Marie, Joseph et le petit enfant. Les saints livres n'en disent pas un mot, tout porte à croire que la famille du Seigneur vécut en pleine sécurité sous le ciel d'Égypte; la grotte où elle *se cacha* n'offre donc aucun intérêt.

Voici le Mokatam, montagne rocheuse qui se dresse derrière le Caire; elle est coupée à pic. Pas un brin d'herbe dans toute sa longueur; une mosquée se détache sur le ciel à son sommet, une autre s'appuie contre ses flancs : on la dirait taillée dans le roc. Entre nous et le Mokatam, s'étend une vallée jaune, désolée et parsemée de tombeaux : tombes de simples fidèles avec la colonne à la tête, la colonne aux pieds, parfois deux, trois colonnes, suivant que la pierre recouvre plusieurs membres de la même famille; tombes de scheiks, de beys, de pachas, avec l'élégante coupole de bois travaillée à jour et soutenue par quatre colonnettes; tombe de mameluks avec le dôme de pierre sculpté en côtes sinueuses, la mosquée et le minaret élancés, le mausolée de marbre aux rosaces profondément ciselées; tombes de la famille régnante. Celles-ci sont réunies dans un petit édifice environné de murs. Une fontaine jaillit sous les sycomores qui en ombragent l'entrée. Les mausolées, couverts de sculptures dorées et peintes — qui ne sont hélas que des moulures en plâtre — s'élèvent dans de vastes salles couvertes de tapis. Une place vide attend celui de Méhemet.

Quelques-unes de ces pierres sépulcrales glacent la pensée. Celle du *Defterdar Bey*, par exemple, gendre du pacha, tigre lancé sur le Sennâr pour y venger la mort d'un fils de Méhemet: Ismaël, qui avait payé dans les flammes ses cruautés abominables. — Le *Defterdar* acquit une réputation de férocité, même dans ces contrées et à cette époque.

La citadelle s'assied sur le premier étage du Mokatam. C'est là que vit le pacha. Son palais est extérieurement simple. A l'intérieur, il contient des salles dont le pavé est magnifique, l'ameublement quelquefois somptueux, le style beaucoup plus Louis XV que mauresque, et dont la vue serait admirable... si on lavait les vitres. — Je regrette seulement de voir nos chaises et nos fauteuils, à côté des larges divans qui seuls conviennent à ces pièces. Tout vient de Paris: étoffes, portières, tables; tout, excepté trois choses : les fresques; celle de la salle de billard entre autres, drolatique au possible avec ses vues hautes en couleur et ses pendules peintes; les parquets, admirables, composés de larges dalles d'albâtre oriental; et la chambre de bain. Pour cette fois, nous voici en pleines Mille et une nuits. Les deux cabinets sont du haut en bas revêtus d'albâtre : panneaux, parquets, baignoires; le tout éclairé par des coupoles qui versent le jour sur la jaune transparence du marbre.

Mais le prodige de richesse nous attend à deux pas : la mosquée en construction. Colonnettes, arceaux, cour gigantesque, minarets qui se perdent dans les nuages, parvis, coupoles; en albâtre! En albâtre oriental, veiné, ondulé, doré comme l'ambre. — Artistiquement parlant, le marbre est plus beau, mais la mosquée en albâtre reste une merveille. Pourquoi faut-il que le pacha y ait adapté toutes les architectures, excepté la mauresque? Il y a du style italien, il y a du style grec, il y a des corniches corinthiennes — horrible discordance au Caire — il y a du style composite, du style rococo; il n'y a pas un trèfle, pas une ogive en fer à cheval, pas une colonne tordue, pas un de ces chefs-d'œuvre que nous présentent à chaque pas la moindre maison ou le moindre balcon arabe.

Nous montons sur les murs. Le Caire, étendu sous nos pieds, le Nil partageant la plaine, et l'Égypte verte, embrassée par le désert; tout près, la cour où les mameluks mouraient fusillés par les Albanais du Pacha. — Invités à une fête splendide, ils arrivent en grand appareil; les portes se ferment, la mousqueterie éclate, les tueurs sont invisibles. — Quel cri de rage impuissante dut faire trembler ces murailles! Un seul homme se sauva, il franchit à cheval une porte murée à cette heure; le saut est prodigieux, le cheval resta sur le coup, le mameluk s'échappa. Les murs de la cour ont été détruits, l'aspect en est complétement changé. Je le comprends, les choses nous parlent un langage plus terrible que ne l'oserait faire l'homme le plus hardi.

Un arrêt dans la mosquée d'*Hassan*, la plus belle du Cairo, dit-on. — Oui, elle est belle, la porte surtout, étonnamment haute, ornée de cordons sculptés, de clochetons merveilleux ; la cour ouverte, la fontaine intérieure, les cent chaînes qui pendent des coupoles et doivent supporter des lampes, l'arrière-sanctuaire avec ses vieilles sculptures de bois, ses paquets de clochetons qui ressemblent à des ruches d'abeilles : tout cela est d'un caractère franchement arabe. Notre gothique a beaucoup emprunté à cette architecture, il l'a énormément ornée; cela nous gâte. Le contraste entre les morceaux travaillés et les grands espaces nus, nous paraît choquant. Après cela, il faut convenir qu'en fait de coupoles, le ciel ouvert est la plus élevée, la plus pure de formes, et la plus inimitable de couleur. — On ne nous permet de visiter la mosquée que chaussés de babouches en paille, qui se perdent à chaque pas. Quelques Arabes font leurs ablutions dans le bassin de la fontaine; d'autres prient prosternés du côté de l'Orient. Pas une femme; il n'y a pas de culte pour elles. Celles qui appartiennent à la classe inférieure se rendent parfois dans la mosquée à d'autres heures que les hommes, pour y faire *brûler un cierge* ou pour y distribuer leurs aumônes. Les femmes de la classe élevée ne sortent jamais du harem; elles répètent quelques formules, elles ne lisent pas le Koran, parce qu'elles ne savent pas lire; là se bornent leurs exercices de piété.

On nous montre un exemplaire du Koran, déposé sur la tombe d'Hassan et peint par sa fille; le parchemin en est aussi blanc, les lettres en sont aussi noires que s'il sortait des mains du copiste.

Nous revenons en traversant le bazar des armuriers et des selliers. Chaque niche du premier est tapissée de pistolets, de sabres et de poignards; l'autre est ornée de toutes les selles de maroquin rebondies et pimpantes, sous lesquelles se prélasseront les ânes du Kaire.

Samedi, 26 février 1848. — Visites, et palais d'Ibrahim. — Palais... c'est un palais; grands vestibules, grandes salles, les proportions toujours belles, toujours des disparates choquantes: une planche de sapin, là où l'on s'attend à voir un pavé de marbre;

des murs coloriés en façon de papier peint, là où il faudrait une fresque. Quand il y a des meubles, ils sont de Paris. — La merveille du palais est une salle immense : le salon d'Été, pavé en marbre, avec une fontaine jaillissante au milieu, une cascade au fond, un divan éclairé par de grandes croisées... les colonnes sont de stuc.

J'aime les monuments, peut-être encore mieux les Palais; ils me révèlent quelque chose sur les habitudes du pays ou du propriétaire; mais je leur préfère cent fois le moindre accident qui me fait vivre dans la pensée de mon semblable... surtout quand mon semblable est différent de moi.

Linan bey a la bonté de s'occuper de nous pour la traversée du désert. Il connaît les scheiks, il en est aimé, ce qui ne m'étonne pas; il ne faut que voir Linan bey dans son jardin, entouré de son heureuse famille, pour comprendre ce qu'il y a d'attrayante simplicité dans ce caractère. Plus je rencontre de gens, mieux je suis pénétrée de cette vérité : que la supériorité réelle entraîne une sorte de candeur. La subtilité de l'esprit, l'affectation des manières, ce qui est compliqué en général, vient de pauvreté bien plus que de richesse.

On répand des bruits effrayants sur les dispositions des Bédouins. La fausse nouvelle de la mort du pacha excite, dit-on, quelques troubles dans les tribus du désert ; d'anciennes querelles domptées par sa puissance vont se réveiller; Linan n'y croit pas. A mettre les choses au pire, on en serait quitte pour se voir dépouillé de tout... c'est bien quelque chose.

Il y a dix ou quinze ans, Linan parcourait le *Hauran*. Il le parcourait en scheik, parlant admirablement l'arabe, suivi tantôt d'une seule tribu, tantôt de cinq et de plus. Un jour — son escorte se trouvait réduite, — quelques Bédouins arrivent, le pillent, mais le pillent de façon à le laisser dans un costume à peine bédouinesque. Il se dit : Le campement de mes coquins ne peut être éloigné ; il monte sur une éminence, le découvre, et sans balancer, se dirige tel qu'il est vers les tentes. Il marche à celle du scheik, il s'y assied en silence. Pipe et café. Linan fume, Linan boit sans mot dire. — On apporte un manteau, Linan s'en laisse couvrir sans ouvrir la bouche. On prend le repas, Linan mange. Pas une syllabe sur le vol. La nuit vient, on conduit Linan dans la tente destinée aux étrangers; il y dort en paix, et le lendemain, à son réveil, il voit agenouillé devant la porte, un chameau chargé de tous les effets enlevés la veille. Rien n'y manquait, sauf une boîte de couleurs, indispensable aux travaux de Linan. Comment faire ? la redemander !... ce serait faillir aux premières règles de la politesse arabe. — Linan tire ses crayons et se met à dessiner de petits chameaux. Le scheik est en extase. —

« Ah! dit Linan, si j'avais des couleurs, ce serait plus beau! » Le scheik le regarde. Deux minutes après, la boîte était à côté de Linan. Il l'ouvre sans faire la moindre allusion à l'incident, et s'en sert; toutes les plaques s'y trouvaient, sauf celle de rouge, qui avait passé à l'état de *rose* sur les joues des femmes du scheik.

Quelle scène, mais aussi quelle connaissance du caractère arabe! Se représente-t-on un Européen, arrivant dans le costume léger de Linan, plein de son droit, la réclamation hautaine à la bouche, tempêtant, menaçant! — On lui aurait proprement coupé la tête.

Lundi, 28 février 1848. — « *La joie de l'Éternel fait notre force.* » Nous avons trouvé hier cette parole dans la Bible.

La joie de l'Éternel. Non pas ces émotions terrestres dont nous sommes friands; non pas même les plus pures qui sont une grâce, mais qui ne feront jamais notre force: *La joie de l'Éternel*, cette joie qui met le cœur dans le ciel, qui y attire les pensées, qui rayonne sur la vie et qui la sanctifie. La joie d'être pardonné; la joie de savoir que ceux que nous aimons, nous les pourrons aimer éternellement; la joie d'avoir pour père celui qui règne, quoi qu'il en soit. Voilà la joie de l'Éternel, et elle fait notre force.

Les Italiens du Caire ont célébré hier au soir par un grand bal donné dans l'hôtel, l'entrée de la liberté à Turin et à Naples. Tous les voyageurs étaient invités. Les Russes, quelques Lombards encore soumis au *gouvernement paternel* ont décliné l'offre, et pour cause. — Quant à nous, cela va bien sans dire, nous ne sommes pas *ballants*.

Des bouffées d'essence de rose montaient des croisées ouvertes, avec des fragments de discours dont nous ne saisissions que le mot *libertà*, suivi d'un tonnerre d'applaudissements. Les hymnes à la *Costituzione*, et les *polkas* enlevées par la musique militaire arabe, se succédaient à qui mieux mieux.

Voilà bien la première fois que la naissance d'une constitution est saluée au Caire. — Cent coups de bâton à l'Arabe qui prononce le nom du pacha; et ici, sur l'Esbekieh, illumination, hymnes accompagnés par la musique officielle, en l'honneur de l'*émancipation des peuples*...

A Alexandrie encore, fête, discours, chants patriotiques, promenades dans les rues. Le bon de l'affaire, c'est que le consul d'Autriche, en qualité de consul de Toscane qu'il est aussi, a dû paraître sur son balcon pour y faire ondoyer le drapeau tricolore... Maître Jacques bien à contre-cœur, une de ses fonctions le serrait à la gorge, pendant que l'autre y poussait les élans du libéralisme!

Danser pour la constitution, c'est étrange!...

Mardi, 29 *février* 1848. — Courses. D'abord un couvent Cophte, composé de l'Église, de deux ou trois trous où vivent de pauvres familles, et d'une chambre où s'abrite le prêtre avec sa femme.

Tout emplacement entouré de murs, et contenant une église avec quelques masures, se nomme ici : couvent.

Après, une raffinerie qui appartient à Ibrahim. Nous y retrouvons le sucre brut de Rodah; il en ressort avec celui de beaucoup d'autres sucreries de la Haute-Égypte, très blanc et très dur. On le livre dans le commerce au prix d'une piastre et demie la livre — trente cinq centimes et demi. — Le charbon animal est seul employé; la loi musulmane prohibe l'usage du sang. Tout marche par la vapeur. Les ouvriers sont *pressés*, et *détenus* pendant cinq ans dans la raffinerie. J'ai bien peur que, pour les bons ouvriers, la réclusion ne soit perpétuelle. On les paye en nature; la verge en peau d'hippopotame y joue son rôle. — Un hôpital reçoit les malades, mais afin de conjurer les maux imaginaires, on a fait de l'hôpital un lieu si terrible, que les ouvriers préfèrent trois cents coups de *courbache* à un séjour dans l'hospice. Ces détails nous sont communiqués sur place.

Que la tyrannie est une plante naturelle à notre planète! prenez l'individu, prenez les peuples, vous n'y échapperez pas.

La paye nominale des ouvriers est de trois piastres, en réalité elle s'élève à deux; et encore!... il y a vol, et sur la qualité, et sur le poids.

Nous traversons le Nil, pour voir le Nilomètre situé à l'extrémité sud de l'île de Roudah. Il remonte aux premiers temps de la domination arabe. C'est un puits carré; on y descend par des escaliers appuyés contre le mur. L'eau arrivait hier à la base des arceaux. Une colonne se dresse au milieu; les mesures sont gravées sur les pans. Il faut que le lit du Nil se soit graduellement élevé, puisque l'inondation dépasse en général le chapiteau de la colonne.

Les jardins de Roudah s'étendent à l'extrémité nord de l'île; des prairies de trèfles, des carrés plantés de légumes, des groupes d'arbres exotiques, des allées immenses, des canaux qui portent les eaux partout, tel est Roudah. Les arbres exotiques avec leur feuillage étrange, avec leurs fruits bizarres, lui donnent un cachet original. Dans cette saison, quelques massifs dépouillés de leurs feuilles rappellent l'hiver, mais il reste bien assez de bosquets ombreux pour se croire en Juin.

Les tiges épaisses et lisses d'un bouquet de bambous balancent leurs houppes à dix pieds au-dessus des plus hauts arbres; il nous semble voir étinceler au fond de la jungle les yeux de quelque tigre royal. Non loin des bambous, un chou palmiste : étui de satin blanc d'où sort un autre étui de satin vert, le tout couronné du panache le plus élégant qui se soit jamais épanoui dans les airs; les proportions sont parfaites; la colonne est pleine, s'amincissant par degrés insaisissables, la peau brillante, et le ton de couleur harmonieux.

Un nègre chétif, malingre, entortillé dans une couverture de laine, passe vers nous... Le jardin de Roudah est presque exclusivement cultivé par des esclaves. Nous en rencontrons à chaque pas, ils sortent à peine de l'enfance, je n'en ai pas vu sourire un seul, pas même lorsque mon mari leur donnait, en raison de leur esclavage, un *bakschich* qu'ils ne songeaient pas à demander. — Celui-ci est plus abattu que les autres; il erre seul, il tousse et grelotte au soleil, sous sa couverture; il promène un œil éteint autour de lui, et comme il nous voit arrêtés devant le chou palmiste, il le regarde aussi, longtemps, avec un air de morne tristesse. Nous nous approchons, nous lui parlons : il détourne la tête; il est esclave depuis un an. Antonio, à notre prière, lui adresse quelques consolations chrétiennes; mon mari lui donne un bakschich qu'il reçoit avec indifférence. Un moment après, je le vois s'approcher d'un rosier, faire un bouquet; il revient, et nous le tend de loin. — Nous lui prenons la main alors, nous lui disons tant bien que mal que Dieu est bon, que Dieu l'aime, que Dieu le consolera..... Il murmure *Taïb Taïb,* en baissant ses yeux où roulent des larmes. Il nous apprend qu'il est du Kordofan, qu'il a été volé de nuit par les soldats de Méhemet.

Un autre petit nègre, auquel mon mari a donné quelques parahs, lui rapporte son gant, perdu dans une allée; impossible de voir un plus honnête visage. Matériellement, ces infortunés ont ce qu'il leur faut; de chauds vêtements les couvrent, ils travaillent sans que personne, du moins en apparence, les pousse ou les maltraite: eh bien, je n'ai jamais rencontré une collection de physionomies enfantines si déshéritées de gaité. Ces yeux n'ont plus de lumière; on dirait des plantes coupées et jetées sur le sol. Comprend-on le désespoir qu'il y a, dans ce fait, d'être pour toujours déraciné de son pays [1]?

En rentrant au Caire, nous retrouvons devant les corps de garde, le soldat nonchalamment assis sur un tapis, son fusil appuyé contre la muraille, tricotant prosaïquement des chaussettes ou tournant dans ses doigts le fuseau.

Nous voici en face de la mosquée *El Kalaoun*: cérémonie des souliers de paille; nous en perdons un

---

[1] Les nègres d'Ibrahim-Pacha *sont libres,* dit-on. Il les achète, mais une fois achetés, ils peuvent le quitter s'ils veulent. Cela est très louable; cependant la situation de ces malheureux reste la même; sans un parent, sans un ami, que deviendraient-ils s'ils sortaient du palais de leur maître? Comment retourner dans le Kordofan? qui payerait le voyage? qui les garantirait surtout contre l'avidité des voleurs d'hommes? Ici, comme ailleurs, il n'y a qu'un remède: l'abolition de l'esclavage.

à chaque pas. — Il y a là un tombeau de kalyfe; peut-être celui du kalyfe auquel les mamelucks *ôtèrent la tête* du temps de saint Louis, et dont ils offrirent le sceptre au preux roi. — Guipure de pierre autour des fenêtres, et vastes pans de murs nus; c'est le caractère du palais des doges à Venise.

Devant la porte de la mosquée, deux rangées de boutiques; dans ces boutiques, trois rangées de pots de terre; à côté des pots, hébétés, la tête pendante, le regard ahuri, une demi-douzaine de fumeurs d'opium. C'est de l'opium qu'on vend là. Méhemet-Ali a fait fermer tous les cafés ou se débite l'opium, excepté ceux de la mosquée *El Kalaoun*... et bien d'autres. L'opium entre aussi avant que le tabac, dans les habitudes des classes inférieures du Caire.

Nous comptions aller ce matin à la forêt pétrifiée, et y conduire un *Psylle*. Ceux qu'on appelle chez soi pour y trouver et pour y charmer les serpents, les apportent dans leurs habits; on n'assiste plus qu'à un tour de jonglerie. C'est dans le désert que s'exerce vraiment leur puissance. Malheureusement, le grand Psylle se trouve à *Tantah*, il n'en reste plus ici qu'un; assez pauvre hère. Il arrive en robe rouge, en attirail fantastique, il tire de sa poche un serpent de taille respectable, qui déroule ses anneaux et dresse sa tête, probablement veuve de ses dents et de son venin; ce serpent aplatit son cou de manière à ressembler exactement à l'*Uréus* qui surmonte la coiffure des idoles égyptiennes. Le Psylle l'irrite, le cache dans son sein, le roule autour de ses bras.

— Voulez-vous venir avec nous dans le désert?
— Oui.
— Vous engagez-vous à charmer les serpents ?

Le Psylle tire une petite bêche de sa poitrine et s'engage à creuser dans les trous, à y trouver des serpents s'il y en a... mais il n'est pas certain qu'il y en ait — Dans ce cas, bonsoir.

La race des Psylles disparaît, comme celles des enchanteurs. — Pour nous, nous allons de ce pas, voir *Héliopolis*... Conscience de voyageur !

Mercredi, 1ᵉʳ mars 1848. — Il y a des incidents qui nous mettent en face du vrai *moi;* l'entrevue n'est pas réjouissante. — Hier au soir nous dînions chez M. et Mᵐᵉ Barrot, toujours d'une rare bonté. Là, nous apprenons que les nouvelles du pacha sont mauvaises, qu'à moins d'une amélioration inespérée dans la santé de son Altesse, le harem de la princesse aînée, ceux des principaux beys ne s'ouvriront pas. D'un autre côté, on craint que des troubles n'éclatent dans le désert, en Syrie; notre voyage peut se trouver brusquement interrompu; et moi, qui ai tant demandé au Seigneur de briser nos projets s'il le juge bon, je me prends, au lieu de penser à cette âme qui va bientôt paraître devant son Dieu, je me prends à regretter amèrement les harems, amèrement la traversée du désert et de la Syrie. — Notez que si nous allons jusqu'au bout, je ne manquerai pas d'avoir le mal du pays! Toutes les inconséquences des Israélites, tous leurs désirs d'enfants gâtés; je retrouve tout en moi. — Profonde parole, *la joie de l'Éternel fait notre force!* Notre joie, à nous, n'est qu'une plante éphémère; un souffle, et les pétales s'en éparpillent sur la prairie.

Hier, la mosquée détruite d'*El Hakem*, fondateur de la secte des Druses, célèbre par son caractère monstrueux et les soi-disantes révélations qu'il recevait sur le Mokattam.

Nous sortons de la ville par la porte de *Bab el Fotouh*; haute, étroite, flanquée de deux puissantes tours, ornée de ces guipures légères, de ces frises en caractères arabes, qui courent le long des lignes d'architecture. — Le désert arrive jusqu'à la ville; nous laissons à notre droite la route de Suez; quelques caravanes de chameaux la suivent lentement; un vaste cimetière avec ses coupoles jaunes, ses murs rayés de rouge et de blanc, ressort au milieu de l'étendue. Le palais d'Abbas Pacha, gouverneur du Caire, s'assied, masse blanche dans les sables. Le Mokattam suit un instant le désert, puis il s'affaisse et le désert immense monte comme la mer. On ne voit plus que le ciel et lui. — A gauche, une jolie route ombragée de tamarisques, de sycomores, et d'acacias; de chaque côté de la route, des blés un peu maigres; de temps en temps un village avec des jardins plantés d'orangers.

Nous voyons tout à coup trois étangs au milieu du désert; ils miroitent au soleil.

— Il a donc plu cette nuit? voyez ces flaques là-bas!

— Monsieur, ce n'est pas de l'eau; c'est... c'est... comment cela s'appelle-t-il?

— Le mirage! — L'effet est saisissant; l'eau brille, elle s'élève en vapeur, impossible de douter, et nous qui sommes dans le secret, nous subissons l'illusion.

Chemin faisant, nous entrons dans le tombeau d'El Gorih, avant dernier sultan mameluk; cet heureux personnage a trois tombes au Caire, pas une ne possède son corps. L'Iman s'indigne de nous voir marcher avec nos souliers dans la mosquée; il n'a pas de paillassons à nous donner, mais il ne veut pas perdre son bakschich en nous interdisant l'entrée; nous effleurons à peine le parvis de la pointe du pied, cela le tranquillise. Ses écoliers, accroupis dans un coin, chacun avec son morceau d'étain ou de plomb sur lequel il copie le Koran, nous suivent d'un œil curieux.

Une école est attachée à chaque mosquée, l'Iman y enseigne à réciter les prières, à chanter et à écrire le Koran. Le séminaire de la mosquée *El Hazar*, qui loge, entretient les élèves et donne des cours supérieurs, couronne l'enseignement. Cet enseignement est facultatif, les parents ont pleine liberté d'envoyer leurs enfants à l'école de l'Iman, ou de les garder chez eux. Les pauvres payent à l'Iman quelques parahs par semaine; les gens aisés, une piastre ou deux; les riches le font venir chez eux, quelques-uns lui confient leurs enfants à demeure.

On prend l'Iman dans la classe marchande; son savoir se borne en général à la lecture, à l'écriture et au calcul; il ne jouit d'aucune autorité comme prêtre. Ses émoluments sont faibles, il ne se tire d'affaire qu'en tenant une école, et en chantant le Koran dans les maisons particulières.

Le même chemin nous conduit sous le sycomore au pied duquel, dit la tradition, se reposèrent Marie, Joseph et Jésus. Deux branches vigoureuses sortent de ce tronc creusé par les années; il est possible que la sainte famille se soit assise là, mais quand il s'agit de souvenirs pareils, il n'y a que la *presque certitude* qui touche.

L'obélisque, dernier vestige d'Héliopolis, s'élève au milieu d'un jardin. Les abricotiers et les amandiers en fleurs, croisent leurs branches diaphanes sur la longue allée qui conduit au monument; son aiguille sort d'un nuage de pétales rosés. L'abeille maçonne qui a fait son nid dans les hyérogliphes, qui les a redessinés à sa manière, vole du sein des étamines, à l'ibis antique; elle sème le pollen doré sur ces caractères, vieux de trois ou quatre mille ans. Et le pollen aussi, et les corolles parfumées, et le printemps ont quatre mille, cinq mille années, que sais-je ! Mais que j'aime mieux la moindre petite œuvre de mon Dieu, justement cette abeille avec son corset noir et son aile transparente, justement ce bourdon, gros bailllif avec son habit de velours, son gilet jaune et son épée d'acier, justement ce qu'on ne va pas voir et qu'on rencontre; que j'aime mieux ces monuments-là que les bâtisses humaines!

Pourtant, nous nous arrêtons devant les tombes des kalifes, rangées au pied du Mokattam, détachant sur lui leurs coupoles et les découpures de leurs murailles. La citadelle termine cette longue ville des morts, le désert se déroule à gauche; le Caire, sa forêt de minarets et la plaine verte, à droite.

On se heurte incessamment ici contre la grossièreté turque. Les soldats, même les officiers, qui accourent autour de nous lorsque je dessine, arrivent sans murmurer de *salam*; ils se penchent sur le papier, nous regardent comme on regarderait une chose, et puis s'en vont sans plus de cérémonie. Entrons-nous dans une mosquée, la porte se ferme derrière nous. — « Bakschich ! » d'une voix impérieuse, avec un geste insolent; et le verrou de bois ne se tire que si le soldat, l'Iman, le je ne sais quel sectateur de Mahomet qui s'arroge le droit d'exhiber sa mosquée, est content de l'infidèle. — Hier, Antonio a dû faire une charge à fond sur un jeune garçon qui nous demandait l'aumône, à peu près dans ces termes : — « *Bakschich, cochon! Bakschich, chien d'infidèle! Bakschich, je crache sur ta croix!* »

La civilisation n'est ici que plâtrée; ni les idées, ni les cœurs, ni les haines n'ont changé; grattez le vernis, vous trouverez la *turquerie*. — Une secousse, une question de succession, Abbas pacha substitué à Ibrahim; et l'Égypte recule d'un siècle. — Méhemet est la seule tête qui ait un peu compris, beaucoup admiré l'Europe; la seule qui ait conçu l'idée du progrès, la seule qui soit douée du pouvoir de le réaliser.

On se demande comment, depuis un mois que le pacha est gravement malade, depuis quinze jours qu'il a quitté l'Égypte, Ibrahim actuellement à Naples, n'est pas venu le remplacer? *Remplacer!* ce mot explique tout. Ibrahim est l'héritier de Méhemet-Ali; admettre la maladie du pacha, agir en conséquence, ce serait jouer un jeu terrible. Le pacha mourant, fait écrire à ses enfants *qu'il se porte bien*, qu'il arrivera dans trois semaines; on n'en croit pas un mot, mais on répète que son Altesse va *mieux, beaucoup mieux*.

Nous rentrons au Caire par la porte Bab-el-Nüzr — des Victoires —.

Les rues sont ce que je préfère. Des ruines, des tombes, du sable, du vert, j'en ai vu, j'en reverrai. Les rues du Caire, cette civilisation aux antipodes de la nôtre, je ne la reverrai qu'à Damas, si nous voyons Damas. Les villes arabes s'en vont, comme les Psylles.

Il y a ici un contraste piquant : l'animation des rues et le mystère des habitations. Une vie extérieure dont les pages sont plus grandes ouvertes que partout ailleurs; une vie intérieure grillée, impénétrable. A peine si deux fois dans une promenade, vous apercevez, au travers de quelque porte entrebâillée, la cour solitaire d'une maison arabe. — En revanche, voici le conteur assis à la porte du café. Il lit à ses auditeurs quelque vieil exemplaire du roman d'*Antar*. Voici le marchand de sorbets, son urne à côtes sur le dos, ses coupes de porcelaine du Japon dans la main. Voici les cent métiers qui s'exercent en plein air. — Maintenant, entendez-vous derrière ces moucharabiehs, le trill brillant des femmes, le son étranglé de quelque bizarre instrument de musique : c'est un mariage; ces bougies allumées devant la boutique, ces lanternes suspendues devant la maison, c'est en l'honneur de la fête; voilà tout ce que vous saisirez de l'existence intime.

Jeudi, 2 mars 1848. — Je verrai un harem! Mᵐᵉ Benedetti, femme du consul de France, a l'obligeance de me conduire ce matin chez une haute et puissante dame.

Hier, heureuse journée, passée en tête à tête au milieu des tombeaux des mameluks et des kalifes. Ces deux villes de mosquées et de tombes embrassent le Mokattam, l'une au nord, l'autre au sud, toutes deux appuyées contre les rochers du Mokattam, toutes deux perdues dans les sables. Il n'y a rien au Caire qui soit empreint d'un caractère plus oriental et plus sauvage. Nous prenons une esquisse. Deux musulmans arrivent; nous partageons avec eux nos oranges, et, quand nous nous levons pour partir : « — Bakschich! »

— Pourquoi ? pour avoir mangé de l'orange ?
— Oui!...

Cela donne l'idée des hommes.

Nous montons à la citadelle. La vue est aussi belle que peut l'être un panorama; ce quelque chose qui émerveille mais qui ne touche pas, parce qu'il n'y a ni détails attachants ni premiers plans sympathiques. — Bakschich pour regarder, Bakschich pour entrer, Bakschich pour sortir. — Nous descendons au fond du puits de Joseph Saladin; c'est une merveille; on chemine dans la doublure de l'excavation, entre deux murs percés de croisées, et l'on arrive à l'eau, que fait remonter une sackieh jusqu'à la citadelle.

Nouvelle station parmi les tombeaux des Kalifes. Les caravanes passent; deux scheiks, avec lesquels mon mari a longtemps conféré chez Linan-Bey, le reconnaissent. « — *Ouadi Mûssà!* » crient-ils de loin. — Sans doute! Ouadi Mûssà — Petra — si Dieu le veut!

La mosquée du sultan Barkouk s'est transformée en une espèce de ville. On trouve, en outre, dans la partie la plus désolée des sépulcres, de vastes bâtiments où vit une population dont je ne m'explique pas les moyens de subsistance : sable, pierres, et plâtre, il n'y a pas autre chose pour les hommes, les chèvres et les ânes.

Les voyages pour la Syrie se préparent; les tentes des voyageurs, jolies tentes vertes, se dressent autour des hôtels d'Orient et d'Angleterre. Les Bédouins arrivent avec leurs chameaux. — Les bruits qui nous avaient inquiétés sur l'état du désert, semblent dénués de fondement.

Quelques mots sur l'établissement de M. Lieder, missionnaire de l'Église anglicane.

Cet établissement, situé dans la maison même de M. Lieder, au milieu du quartier Cophte, renferme une école d'externes pour les petits garçons, un pensionnat d'internes pour les jeunes gens; plus, une école de jeunes filles, composée d'externes et d'internes. L'école externe des petits garçons, dirigée par des maîtres du pays, ne renferme guère que des Cophtes. Ils apprennent à lire, à écrire, à calculer, et à chanter des cantiques; l'enseignement religieux se donne d'après la Bible, et par les maîtres Cophtes. M. Lieder dirige plus spécialement l'institution destinée aux internes. Ceux-ci, au nombre de vingt, écrivent, lisent, étudient l'arabe, l'anglais, et les sciences élémentaires. Chaque soir M. Lieder leur lit et leur explique la Bible. Nous causons avec un jeune Abyssin. — Il y en a trois dans l'établissement. — Le nôtre a passé six mois en France; sa figure brille d'intelligence; il n'est pas noir comme les nègres, pas même bistre foncé comme les Nubiens; il est couleur café au lait.

— Retournerez-vous en Abyssinie?

— Oh, oui!...

— Vous pouvez y faire beaucoup de bien.

— Je tâcherai.

— L'Abyssinie est reculée sous le rapport religion, comme le sont, au reste, bien des pays qui se nomment chrétiens.

Notre jeune homme s'enflamme.

— On connaît la Bible dans mon pays, on l'apprend par cœur!

— Qui? Est-ce que tout le monde sait lire, est-ce que tout le monde apprend la Bible par cœur?

— Oh non! seulement les prêtres.

— Voyez donc, il reste bien à faire!

— Dans mon pays, il y avait un missionnaire anglais, mais ils l'ont renvoyé; il y a maintenant un missionnaire italien qui a bâti une petite chapelle; ils aiment mieux la religion française que la religion anglaise.

— Mon cher ami, il n'y a ni religion française, ni religion anglaise; il n'y a de vraie religion que la religion de la Bible. Avez-vous trouvé le culte des saints, le culte de Marie dans les Évangiles?

— Non, Monsieur.

— Et dans les Actes des apôtres, et dans les Épîtres?

— Non, Monsieur.

— Y avez-vous trouvé le culte des images, la confession, l'autorité des prêtres?

— Non, Monsieur.

— Eh bien, étudiez la parole de Dieu, méditez-la; enseignez ce que vous y aurez lu, et n'enseignez que cela.

— Les gens, chez nous, *ils* vont se mettre dans des couvents, au désert, ils ne mangent que de l'herbe, ils ne se marient pas, il y en a six mille dans une maison; ce sera bien difficile de les changer.

— Avec la grâce de Dieu vous y travaillerez.

— Mais moi, je ne suis rien.

— Les apôtres, qu'étaient-ils? des hommes faibles. Voyez ce que Dieu a fait par eux.

— C'est vrai.

— Ayez bon courage, portez-vous franchement. Vous possédez la Bible, vous êtes instruit d'après la parole de Dieu, une grande responsabilité pèse sur vous.

— C'est vrai, Monsieur.

— Nous prierons pour vous, pour vos compagnons, de tout notre cœur.

— Merci.

Auprès de la salle d'études, s'ouvre un dortoir rafraîchi par les croisées de lattes qui laissent circuler l'air nuit et jour; la pièce qui précède contient le mobilier des élèves; il est simple : un coffre de bois, quelquefois verni, le plus souvent brut, renferme les hardes des jeunes gens.

Mme Lieder nous conduit dans les deux écoles placées sous sa direction. La première est préparatoire, les petites filles y apprennent à lire et à travailler sous les soins d'une chrétienne du Liban, femme âgée, au noble visage; la seconde contient une trentaine d'externes et six jeunes filles entièrement élevées dans l'établissement. Elles reçoivent des leçons d'écriture, de grammaire, de calcul, que leur donne un professeur Cophte. Mme Lieder y joint les explications de la Parole de Dieu. Une de ses amies, malade dans ce moment, dirige cette œuvre avec elle.

Rien de charmant comme ces deux dernières écoles. Les jeunes filles portent le costume oriental : larges caleçons en étoffes de soie, robe de damas ouverte sur la poitrine, un voile de mousseline blanche voilant à demi la figure, une multitude de petites tresses soyeuses tombant sur les épaules, les

poignets ornés de bracelets, les doigts de bagues; le maintien modeste, contenu, pas un regard qui s'échappe en dessous. — Il y a là des jeunes personnes riches, il y en a de pauvres. Il y a des Juives au type caractérisé, il y a des musulmanes, filles de drogmans qui ont perdu leurs préjugés au contact des Européens; il y a des Cophtes, des Grecques syriennes, et des Arméniennes. — Ces figures m'ont paru belles: des yeux d'une grandeur, d'un velouté incomparables, le nez droit, un peu long; le teint mat ou brun; la coupe du visage d'une extrême pureté, l'expression remarquablement sérieuse. Les jeunes filles écrivaient avec des roseaux, elles copiaient la Bible en caractères cophtes; elles étaient attentives, penchées sur le livre, et traçaient lentement de droite à gauche des lettres dont la netteté n'aurait pas déshonoré le vélin d'un manuscrit du treizième siècle. — Comment ne pas se sentir ému jusqu'au fond de son être, en présence de ce petit commencement? Voilà des femmes qui, seules parmi leurs sœurs, peuvent lire les Écritures, s'approcher de leur Sauveur, comprendre pourquoi elles espèrent, dire comme les habitants de Sichem: « Ce n'est plus
« pour ta parole que nous croyons, car nous-mêmes
« l'avons entendu, et nous savons que celui-ci est
« véritablement le Christ, le Sauveur du monde. »

La société anglicane sous la direction de laquelle travaillent M. et Mme Lieder, pose à la base de ses œuvres un principe dont nous contestons la justesse. Elle interdit toute lutte ouverte contre les erreurs des autres cultes. Les missionnaires doivent maintenir de bons rapports avec les autorités religieuses de ces cultes; ils doivent se borner à établir la vérité. — En théorie, cela peut se soutenir; mais dans la pratique, ou le système croule, ou il affaiblit les principes. Que répondre à un élève qui vous demande votre opinion sur l'adoration des images, sur la rédemption des âmes après la mort? comment garder le silence, quand on lui voit réciter des prières à Marie? Ce silence à propos du mensonge, s'il vient d'un chrétien fidèle surtout, est la sanction de ce mensonge. — Nous croyons que l'établissement de M. Lieder ferait plus de bien s'il était dégagé de ces préoccupations de fausse paix.

Le soir. — Pendant que mes impressions ont leur vivacité, je les jette ici.

Mme Benedetti vient me prendre dans sa voiture; je trouve à côté d'elle une dame lévantine, couverte du *habara* : cette dame a l'obligeance de nous accompagner. Le *Saïs* court devant nous en faisant claquer son fouet. Après bien des détours dans les rues, la voiture s'arrête devant une vaste habitation. Nous traversons deux cours. Cinq jeunes femmes, esclaves blanches, les cheveux répandus en nattes sur les épaules, vêtues du pantalon de satin, d'une robe de soie ouverte sur les côtés, la taille entourée d'une épaisse écharpe de cachemire, la tête couverte du tarbousch à vaste floche de soie bleue, s'avancent à notre rencontre. — Tout à coup, nous sommes emmaillotées dans des châles de cachemire; les esclaves nous prennent sous les bras, elles nous soutiennent le long d'un corridor jusqu'au vestibule pavé de marbre où nous attendent, rangées en file, dix autres esclaves, quelques-unes noires et plus simplement vêtues, la plupart blanches et portant des costumes éclatants.

La maîtresse de la maison fait quelques pas vers nous; elle est petite, elle marche avec peine en se balançant fortement sur les hanches; de lourds pantalons de cachemire, une robe de même étoffe dont un pan traîne de deux mètres par derrière, gênent tous ses mouvements. Outre une épaisse ceinture de cachemire, elle en porte une autre, très lâche, en perles fines, fermée par deux énormes agrafes de diamant. Sa tête est coiffée du tarbousch, mais il disparaît sous la masse de diamants et de perles qui le couvrent, et qui semblent, les uns menacer le ciel, les autres la terre. Les cheveux de cette dame, fort longs et fort beaux, descendent partagés en nattes minces; un collier de diamants est passé en sautoir sur une espèce de spencer en taffetas qui enferme sa taille jusqu'au cou; elle a les sourcils peints: une large ligne noire qu'on dirait tracée au charbon, traverse son front; cela donne quelque chose de dur, presque de sauvage à sa physionomie. Notre hôtesse entre dans un vaste salon garni de divans brodés ; les murs en sont peints à fresque, le plafond est voûté, le parquet couvert de tapis magnifiques. Nous nous asseyons sur les divans. Une esclave s'avance, elle tient un vase d'argent plein de confitures à la rose, elle en remplit une petite cuillère et la présente à Mᵐᵉ Benedetti ; même cérémonie pour moi et pour la dame qui nous accompagne. Viennent les pipes brodées d'or, à bout d'ambre, garnies d'anneaux enrichis de diamants ; puis le café dans des tasses de porcelaine du Japon, que supportent des *zarfs* de bois de santal ornés de diamants. Chaque objet est apporté par une esclave différente ; elles se rangent toutes, droites, immobiles, au fond du salon. Elles ont trop d'embonpoint, une démarche très gauche, à chaque pas le corps et les bras s'agitent ; c'est le contraire de la grâce. Leur teint est blafard, comme celui des fleurs qui se sont épanouies loin du soleil. Il y a parmi elles des enfants de six et même de quatre ans.

Il faut, pour se représenter la tristesse de cette cage dorée, il faut y avoir passé trois heures. Les fenêtres ouvrent sur les cours, il n'y a d'autre perspective que des murs ; le jardin lui-même, seul endroit où les femmes des harems de distinction puissent respirer l'air, est entouré de hautes murailles.

Pas un livre, pas un métier à broder, pas un instrument de musique dans ces salons magnifiques: le désert là, comme le désert dans la vie!

Je voudrais bien que les auteurs qui rêvent et qui nous font rêver de *houris*, eussent assisté à notre visite; ils auraient bâillé comme nous n'osions le faire ni les unes ni les autres. La maîtresse de la maison était enfouie dans son divan, l'air profondément ennuyé; de temps à autre une esclave entrait, posait ses babouches au bord du tapis, allait se prosterner aux pieds de notre hôtesse, sans qu'elle s'en aperçût; puis se rangeait à côté de ses compagnes. — M°° Benedetti, M°° M***, qui parlent l'arabe à merveille, adressaient de quart d'heure en quart d'heure quelques mots à la dame du logis; elle répondait un *oui*, un *non*, et nous en restions là. — Je cherchais dans ma tête quelque chose qui pût l'intéresser, au moins l'étonner; je ne trouvais rien, ce qui arrive toujours en pareil cas. Enfin, je prie une de ces dames de lui apprendre que je viens de voyager, que j'ai passé en Grèce quatre semaines à cheval. Je pense que ce fait, si étrange pour une musulmane, lui arrachera quelque expression de surprise. Elle fait un petit soupir, murmure « *les dames d'Europe sont comme les hommes!* » et nous rentrons dans le silence.

Au bout d'une heure, notre hôtesse nous propose de visiter le harem: nous acceptons. Elle se lève, elle marche, ou plutôt elle se traîne devant nous ; les esclaves suivent ; nous montons un double escalier de marbre ; la jeune dame soulève les portières, nous entrons successivement dans quatre salons garnis de tapis de Perse, entourés de beaux divans. Des rideaux de calicot pendus aux fenêtres font seuls contraste. — Le dernier salon est d'une grande richesse, tout s'y trouve en harmonie, sauf les chaises d'Europe. Des rideaux de gaze ponceau colorent le jour ; un divan de satin rouge, littéralement couvert de broderies et de franges d'or massif, fait le fond de l'appartement ; des cassettes d'argent, des mouchoirs brodés d'or, sont posés ici et là ; de grandes glaces répètent l'image des esclaves toujours immobiles.

Ici, comme dans les autres appartements, des bouquets de fleurs artificielles accrochés au mur, cachent les crochets où l'on suspend les moustiquières. Ces dames n'ont pas de chambres à coucher spéciale, pas de cabinet de toilette ; on déroule les matelas, on se laisse tomber dessus toute habillée ; aujourd'hui l'on dort dans ce salon, demain dans cet autre. La toilette se fait au bain.

Le bain se compose de plusieurs petites pièces éclairées par des coupoles à jour, et pavées de marbre. Dans l'une, un divan fort simple est disposé pour le repos après le bain ; les autres sont encore tièdes de vapeur. Les robinets d'eau chaude et d'eau froide, les cuves de marbres dans lesquelles on trempe les brosses occupent la dernière pièce. Une rangée de pantoufles brodées d'or et de perles fines, montées sur des planchettes élevées, bordent l'entrée de cet appartement. Il y a des babouches plus simples, en maroquin rouge ou jaune, à la porte de chaque salon, au bord de chaque natte sur laquelle est placé le divan. Dès qu'une esclave passe le seuil, s'approche de la natte, elle laisse ses pantoufles, et ne marche plus que pieds nus, ou chaussée de petites mules de velours à pointes relevées. Cette cérémonie, à laquelle la maîtresse de la maison se soumet aussi bien que ses femmes, se renouvelle vingt fois pendant que nous visitons le harem.

Nous rentrons dans le vestibule, salle octogone dont les angles saillants recouverts d'une portière, ouvrent sur d'autres appartements. Nous redescendons l'escalier de marbre garni d'une balustrade en bois. Notre hôtesse nous conduit dans le salon d'Été; il est immense, le plafond s'arrondit en voûte, une fontaine de marbre, muette pour le moment, y répand en Juillet sa fraîcheur et l'harmonie de ses notes cristallines. Nous nous asseyons ici comme nous nous sommes assises partout; nous remercions notre hôtesse de ses soins, nous lui témoignons notre crainte de l'avoir ennuyée; elle nous assure qu'il n'en est rien, elle ne comprend pas pourquoi nous voulons la quitter avant la nuit close. Les esclaves apportent encore le café, nous le buvons en silence, il est bouillant, sans sucre, aussi pâteux que du chocolat; tel quel, il faut l'avaler sans qu'on l'entende passer.

La dame qui nous reçoit si bien, d'un rang supérieur à celui de son mari, exerce dans son harem une domination absolue. Elle n'est sortie que deux fois dans sa vie, pour aller chez la princesse aînée, *la grande princesse* comme on la nomme ici, par opposition à sa sœur cadette, *la petite princesse*, dont le mariage célébré avec la magnificence orientale, fit il y a deux ans du bruit par toute l'Europe. Ni elle, ni ses esclaves, ne savent, ne sauront jamais ce que c'est qu'un pré, qu'un arbre en plein champ, que les horizons d'Égypte.

Les femmes d'un rang élevé prennent leurs bains chez elles. Au Caire, les classes inférieures seules, se servent des bains publics. Il n'y a donc pas un incident, pas une distraction dans ces vies-là. L'ennui se promène seul dans ces grands salons vides.

Je me demande ce que peut dire un homme à sa femme quand il rentre dans le harem. Qu'il l'appelle houri, perle, lumière de beauté, tout ce qu'on voudra, c'est bien. Mais l'amour ne vit pas de cela seulement, il en meurt. L'entretiendra-t-il de ses occupations, de ses intérêts? c'est une langue inconnue. On sent que ces têtes sonnent creux. Les

femmes les plus savantes parcourent de temps à autre une page du Koran; elles fument, elle boivent du café, elle se teignent les ongles en rouge, elles se traînent d'un divan à l'autre. Et voilà ce qu'on a fait de l'amie, de la consolation de l'homme!.....
La pauvre villageoise qui va remplir son vase au fleuve, a des idées plus étendues, s'associe plus réellement à l'existence de son mari que ne le font ces riches prisonnières.

Si la maîtresse de la maison excite dans mon cœur une compassion profonde, les esclaves m'arracheraient des larmes. Vingt jeunes filles, nées pour la liberté, enfermées à vie dans cette cage!... Elles sont à leur maîtresse ce qu'est un chat à l'enfant qui s'en joue; moins encore. Elles passeront leur existence dans un éternel célibat — le mari d'une aussi grande dame ne peut à aucun titre lui adjoindre d'autres femmes. — Jusqu'au bout assujetties à l'absolue volonté de leur maîtresse, la servant comme une idole, tremblant à un regard, obéissant à un geste ! — Telle est la vie pour ces petits enfants de cinq ans; telle est la vie pour ces jeunes filles de dix-sept à dix-neuf ans, fanées avant de s'être épanouies, dans cette ombre froide de la solitude et de la réclusion. — L'éternité, cette belle patrie des malheureux qui croient, ne leur apparaît qu'indécise, dans un lointain douteux. Ah ! que de prières devraient sortir de nos cœurs pour ces pauvres sœurs d'Orient, déshéritées de tout ce qui fait notre bonheur, notre dignité, notre individualité.

Des esclaves s'avancent, elles portent chacune une coupe pleine de sorbet au jasmin, sur leur bras une serviette de mousseline des Indes brodée d'or et de soie; nous mouillons nos lèvres aux coupes, nous les appuyons sur ces belles serviettes dont à Paris on se ferait des coiffures. — Nouveau silence. — Nous prenons congé. Une jeune esclave, la seule jolie, jeune fille élancée, aux grands yeux noirs, aux traits fiers, à la physionomie profondément triste, s'approche du divan où nous sommes encore assises. Elle tient d'une main une urne d'argent percée de trous, de l'autre un encensoir sur lequel brûle du bois d'aloès; elle marche droit à moi, secoue l'urne et me couvre d'une grosse pluie d'eau de rose. Je regarde Mme Benedetti à qui elle en fait autant; Mme Benedetti reste impassible, je m'efforce d'imiter son sérieux; on me présente l'encensoir. « — Que faut-il faire? » — « Respirez. » — Je respire. Nous nous gardons bien de nous essuyer le visage, ce serait faire injure à la dame de céans. Nous nous levons, brillantes de rosée, nous prenons la main de notre hôtesse, nous portons la nôtre à nos lèvres; les esclaves s'emparent de nous : nous traversons ainsi lentement, gravement, le vestibule, le corridor et la cour du harem. La porte massive roule sur ses gonds, un jeune eunuque Abyssin la tient entr'ouverte pour ne laisser sortir que nous, il agite sa courbache ; l'esclave qui me soutient se rejette en arrière avec un gémissement que je n'oublierai jamais ; toutes les jeunes filles reculent : nous passons. Mme M. est restée dans le harem pour revêtir son habara ; l'eunuque avec des cris aigus maintient les jeunes esclaves dans la cour intérieure. Il ouvre la porte une seconde fois pour Mme M., puis la tire et la verrouille ; il me semble qu'elle me tombe sur le cœur.

Ce jeune homme, gardien de femmes jeunes, quelle monstruosité !... Elles ne verront jamais le visage d'un fellah, mais lui, qui a un cœur peut-être, qui certainement a des yeux, il entrera chez elles à toute heure. Et voilà ce que c'est que la pureté réduite à la grossière expression du fait ! Les bêtes des champs n'ont rien inventé de si énorme.

Mme Benedetti et Mme M. me disent que jamais notre hôtesse n'a tant parlé ; dans ce cas, elle ne doit pas assourdir son mari. — Toutes les visites se passent ainsi, toute la vie s'écoule de même ; on fait danser ses esclaves, on les houspille un peu, ce sont les incidents. Il y en a d'autres, cruels au cœur, à l'orgueil, mais c'est seulement dans les harems où le mari jouit de sa pleine autorité.

Samedi, 4 mars 1848. — Mme Barrot m'a menée hier chez la grande princesse. Cette visite m'a causé moins d'étonnement que la précédente, mais elle offrait plus d'intérêt. Sans parler de la *grande* princesse elle-même, qui n'est pas un personnage indifférent, je voyais le harem dans son costume de tous les jours : le vrai vaut mieux que le beau.

La princesse, très inquiète sur la santé de son père, nous attendait dans ses petits appartements; M°° Barrot regrettait une réception officielle, les splendides salons entourés de divans brodés en perles fines, les fontaines d'argent, les colliers d'émeraudes au cou des esclaves : tout cela m'aurait fait grand plaisir, mais le sans-façon m'en faisait encore plus.

Les eunuques Abyssins nous reçoivent à la porte et nous soutiennent. Il est convenu de les trouver hideux; je ne les trouve, pour ma part, que profondément à plaindre. Les esclaves, toutes blanches, accourent à notre rencontre, elles remplacent les eunuques. L'une d'elles, favorite de la princesse, passe son bras autour de moi et me frappe amicalement sur l'épaule. Leurs vêtements ont quelque chose de lourd; elles marchent cependant avec plus de grâce que les femmes du harem d'avant-hier. Les étoffes qui les couvrent sont désespérement européennes : des mousselines de laine, des percales, quelques vestes de velours écarlate. La plupart portent leurs cheveux nattés en longues tresses; d'autres, suivant la mode disgracieuse qui vient de Constantinople, les ont coupés à la hauteur du cou : ils tombent plat autour de la tête. Elles sont de petite taille, pâles, et sans beauté. Les vieilles, et il y en a beaucoup, paraissent gaies; les jeunes, éteintes.

Nous attendons quelques instants dans un salon entouré d'un divan et de chaises de crin : Mme B***, qui veut bien nous servir d'interprète, et qui parle l'arabe comme le français avec une distinction parfaite, nous rejoint bientôt. Pendant ce temps, on vient nous voir à la dérobée; c'est une parente âgée de la princesse, dans un costume indescriptible : gros paletot de laine doublé de fourrure, mouchoir entortillé autour de la tête; et puis deux princes de la famille régnante, un fils d'Ibrahim-Pacha, neveu de la princesse; et le fils cadet du vice-roi, tous deux parlant français, le dernier remarquablement affable et naturel. Une demi-heure s'écoule; on nous fait signe de monter. Nous traversons quelques salons remplis d'esclaves. — La princesse en a plus de cent blanches, sans compter les noires. Nous trouvons, à l'entrée d'une grande salle, la *grande* princesse. Grande est au figuré, la princesse nous va jusqu'à l'épaule. Voici son costume : pantalon de mousseline laine à raies nuancées du blanc à l'amaranthe; paletot fourré en cachemire vert d'eau, qui descend tout d'une venue jusqu'aux genoux, avec de vastes poches des deux côtés; par-dessous, un spencer, un je ne sais quoi qui emmaillote le corsage; un énorme châle de cachemire en guise de ceinture; sur sa tête, la princesse porte un tarbousch entouré d'un mouchoir de soie brodée, et dans ce bonnet, cinq papillons de diamants perchés sur de longues épingles, qui vibrent à chaque parole. Elle s'assied dans un fauteuil de maroquin rouge, Mme Barrot à sa droite, moi à sa gauche; à côté de moi Mme B***.

— On apporte des pipes enrichies de diamants; la princesse me demande si je ne veux pas fumer : par fausse honte, je réponds que non.

La princesse a dû être fort jolie : ses traits sont réguliers, elle a les sourcils peints, mais le trait noir ne traverse pas le front. Ses yeux sont les plus perçants que j'aie vus, elle les arrête immobiles, investigateurs sur ses interlocutrices, son regard plonge jusqu'au fond de la pensée, il analyse toute la personne. Nous autres d'Europe, qui ne sommes pas accoutumées à être fixées ainsi, nous ne savons que faire de nos yeux. Pour moi, je jette les miens partout, pourvu que j'échappe à cet œil noir qui me trouble malgré moi.

— Avez-vous des enfants? — C'est la première question des dames d'Orient.

— Non, je n'ai pas ce bonheur.

— La *Sittih* — dame — se rend donc à Jérusalem pour prier Dieu de lui donner des enfants?

— Son Altesse se trompe; je prie Dieu de faire sa volonté, c'est ce qui me vaut le mieux.

— Non, non : la Sittih va demander des enfants.

— Son altesse me croit peut-être malheureuse;

mais j'ai un mari qui a la bonté de m'aimer un peu, quoique je sois sans enfants.

— Ta, ta, ta, il vous aime *un peu*, il vous aimerait *beaucoup* si vous aviez des enfants.

Je souris.

— Vous aurez un enfant, et vous le nommerez : *Égyptien !*

— Votre altesse est bien bonne.

— N'est-ce pas, vous le nommerez *Égyptien ?* Vous écrirez à Mme Barrot quand vous l'aurez, et elle me dira si vous l'avez appelé *Égyptien*.

Là-dessus, rire général. — La princesse cause avec beaucoup d'animation; on reconnaît chez elle un esprit ouvert, qui s'est mêlé des affaires; toutes les péripéties de l'existence de son père se sont déroulées devant elle. — Elle ressemble, dit-on, à Méhemet ; elle parle avec vitesse, sa physionomie expressive mime chacune de ses phrases.

Nous passons à côté d'elle trois heures : pendant tout ce temps, les esclaves, rangées au fond du salon, circulent avec assez de liberté ; deux ou trois d'entre elles, âgées, enveloppées du paletot fourré, viennent prendre les ordres de la princesse et s'asseyent à distance. Le fils cadet de Méhemet entre un instant; à son approche, les esclaves jeunes accourent et disparaissent dans un salon voisin; quelques éclats de rire étouffés qui les ont précédées, nous font un peu douter de la précision de cette manœuvre. Deux dames Copthes succèdent au prince; elles se prosternent, baisent la pantoufle de la princesse, vont s'asseoir à l'extrémité du salon, reviennent se prosterner, baiser la pantoufle, et s'en vont sans qu'un mot ait été échangé.

Nous prenons six fois le café; on l'apporte dans des *zarff* étincelants de pierreries, que recouvrent des tapis enrichis d'or et de perles. A chaque tasse, nous effleurons notre front de nos doigts, la princesse répète le même geste. On change les pipes à toutes les minutes; les esclaves s'agenouillent avec grâce pour renouveler le charbon; elles mettent le même soin à entretenir le feu de celle de Mme Barrot, qui ne fume pas, qu'à exciter celui de la princesse.

La conversation roule sur les bijoux; on ne parle que de diamants gros comme des noisettes — et la princesse en porte un pareil au doigt — de perles grosses comme des œufs de pigeon, d'émeraudes grosses comme des poires, de parures pesant trois ocques, — neuf livres à peu près.

Nous nous préparons à partir. On apporte le sorbet à la violette dans de belles coupes; celle de la princesse est d'or émaillé, garnie de diamants: ces coupes ont la forme de noix de coco partagées par le milieu; nous essuyons nos lèvres aux serviettes brodées. — La princesse se lève, prend la main de Mme Barrot dans sa main droite, la mienne dans sa main gauche, et nous traversons l'enfilade de salons;

La foule des esclaves nous suit à distance, nous descendons l'escalier, nous passons lentement dans les allées du jardin. — J'aurais bien voulu nous voir en perspective, le tableau devait être original !

La princesse se balance des deux côtés à l'orientale, nous avons fort à faire de ne pas lui marcher sur les pieds, de ne pas lâcher sa main, de ne pas la devancer.

Le jardin, entouré de bâtiments et de murs, est partagé par de larges allées de pierre ; un oranger, quelques rosiers fleurissent dans deux ou trois carrés. Ce que j'y vois de plus réjouissant, ce sont deux chats. Une esclave centenaire, à la tête branlante, se chauffe au soleil ; on s'empresse vers elle pour la lever et la tenir debout au passage de son Altesse.

Arrivée à la porte du jardin, la princesse abandonne nos mains ; nous la saluons à la mode orientale, et les eunuques nous remettent en voiture.

La princesse est passionnée : la passion en Afrique se traduit souvent par de la dureté ; et puis la princesse était femme du terrible Defterdar ;.... maintenant on la dit bonne, je crois qu'elle l'est, à la manière orientale. Ses esclaves, les jeunes s'entend, ont l'air affaissées mais pas désespérées ; les vieilles sont gaies. Qu'on est heureux, au sortir de ces prisons, de retrouver le ciel libre ! surtout de retrouver son mari.

Antonio vient d'essayer une demi-douzaine de

chameaux ; sur les six, trois s'effrayent du parapluie ouvert. Mon mari monte un instant celui qu'on me destine, il revient ravi : rien de si doux, de si velouté ; nous serons trop heureux de passer trente-cinq jours sur ces adorables bêtes.

Le soir. — Il y a au Caire trois ou quatre mosquées dans lesquelles on ne peut entrer sans un janissaire, voire sans deux janissaires : l'un du consulat, l'autre de la citadelle. — M. Benedetti nous expédie le sien, flanqué de son confrère arabe.

Le nôtre, celui du consulat, est un Turc, vieux corbeau tout en bec, croassant trois mots d'italien, pestant, grommelant, assez bon homme au fond. Il enfourche son âne, enveloppé dans une grosse redingote à cape, son sabre battant d'un côté, sa canne à pomme d'argent de l'autre, le tout surmonté d'un nez de perroquet, et de deux petits yeux pointus qu'il fait remonter sur son front lorsqu'il se fâche. Il tape sur les femmes, sur les enfants, sur les vieillards, sur les chameaux et sur les ânes ; il respecte les hommes faits et les chevaux.

Gardés comme nous voilà, nous ne nous sommes jamais tant embrouillés dans les caravanes, dans les marchands ambulants, dans les vendeuses d'oranges, dans les ânes chargés d'herbes et dans les arroseurs. Chemin faisant, notre janissaire nous impose l'achat de huit mouchoirs de poche pour envelopper nos huit pieds dans les mosquées.

Nous descendons devant El Hazar; les loueurs de babouches accourent. — Orage! Le nez et le menton du Janissaire se croisent, il brandit sa canne et reste posé en Apollon du Belvédere.

La mosquée est entièrement couverte de nattes. Sur ces nattes, à l'intérieur, à l'extérieur, dans les parvis, au milieu de la cour, des musulmans assis en rond répètent le Koran, que chante le professeur en se dandinant et en fermant les yeux. Il y a peut-être quarante de ces cercles, tous les professeurs chantent à la fois, les élèves répètent chacun de son côté.

Impossible de tirer un renseignement de notre janissaire.

— *Koran, Koran!* il ne sort pas de là.

— Mà qui, s'insegna altra cosa?

— Altra cosa! — avec un geste d'horreur: Nó, niente! Qui, *Koran, Koran* solo!

— Mà forse, la filosofià?

Il croit que nous parlons du fils de je ne sais qui, et nous conduit dans une cour où récitent les enfants.

Si les études ne se font que là, de quelque genre qu'elles soient, elles ne peuvent avoir beaucoup de profondeur [1].

---

[1] Des renseignements postérieurs nous ont confirmé dans l'idée que les études d'El Hazar se bornent au Koran. — Cette étude là les renferme toutes aux yeux d'un bon musulman.

Comment réunir quatre idées au milieu de ce vacarme? Les uns ronflent roulés dans leurs couvertures, les autres murmurent leurs prières; on fait sécher le pain au soleil, on récite, on mange, on dort, on se promène partout.

El Hazar soutient par ses dotations des élèves du pays et des élèves étrangers. Ils demeurent dans la mosquée, ils s'y nourrissent, et gagnent quelques sous en enseignant et en chantant le Koran chez les Arabes.

Quelques mosquées encore, et puis nous passons à la cour du Cadi, où se jugent les causes civiles, où sont nourris les chats sans aveu. Les secrétaires écrivent les suppliques, prennent le café, fument la pipe sous le péristyle. On vend la justice dans les salles supérieures. Voici comment notre ânier *derviche* la définit.

— Chi non ha moneta, bastonato; chi ha moneta, non bastonato.

Quoi qu'en dise l'ânier, il y a une sorte d'égalité dans ce pays : tout le monde peut être bâtonné, et tout le monde peut arriver à tout.

Quant à être bâtonné, les scheick *El Baladd* en savent quelque chose. Un de nos âniers l'expérimente aussi. Le pauvre homme a reçu cent cinquante coups de bâton pour fait d'ivresse. « C'est juste; » dit Antonio, « leur loi, elle leur défend de *faire les saouls!* » Le malheureux, déchiré, sanglant, court derrière sa bête comme si de rien n'était. Le pis est qu'il recommencera demain.

Si l'on voit chaque matin tomber une grêle de coups de courbache, on voit chaque année s'épanouir des fortunes étonnantes.

C'est un simple écrivain, qui pour avoir tourné quelques vers, s'élève de rang en rang, jusqu'à devenir le mari d'une princesse.

C'est cet autre officier, qui se voit un jour promu à la dignité de bey, marié à une grande *Sittih* et doté de richesses immenses.

Voici l'histoire. — Le pacha avait arrangé le mariage de sa nièce avec le gouverneur de Dongola; celui-ci se hâtait, mais les vents étaient contraires. Le pacha s'impatiente, demande la cause du retard; un mauvais plaisant, ou un envieux, répond que le fiancé amène beaucoup de barques avec lui, que cette flotte gêne sa marche.

— Et qu'y a-t-il dans ces barques ?

— Son harem, altesse, un harem nombreux qu'il vient d'acheter pour faire honneur à la princesse.

— Ah ! un harem ! — Faites appeler X. X. c'était l'officier en question. « — Je te fais bey, je te donne ma nièce. » — Outre le titre, outre les émoluments de bey et la nièce, le pacha lui a monté une maison et l'a comblé de je ne sais combien de centaines de bourses.

Trois jours après, le gouverneur de Dongola arrive à Boulak, la flotte se range le long du bord, on en voit sortir, quoi?... Une cargaison de singes, que le malheureux gouverneur destinait aux plaisirs de sa fiancée !

Et qu'on dise qu'il n'y a plus de Mille et une nuits ! — Seulement, quand il s'agit de frotter, au lieu de la lampe, c'est le dos des fellahs ou celui des *scheick El Baladd*.

Encore un couvent de derviches. Un joli couvent, avec un pavillon revêtu de porcelaine au milieu de la cour, et dans la porte de ce pavillon une soi-disante émeraude enchantée, que *Buonabardi* n'a jamais pu détacher. Les cellules garnies de moucharabiehs ouvrent sur les galeries, ou se suspendent comme des nids tout autour des murs. Les moines vont et viennent dans la ville, se bornant à exécuter un *zikr* le matin avant le lever du soleil, et le soir après son coucher. Il n'y en a là que cinq au plus, avec des figures archi-hébétées.

Dimanche au soir, 5 mars 1848. — Nous avons eu ce matin la douceur de nous réunir à nos frères dans la chapelle anglicane.

Oui, il est doux de prier dans la communion de ceux qui ont une même espérance avec nous. Depuis longtemps je sentais une grande sécheresse de cœur, elle s'est fondue à ce rayon d'amour. Certainement il y a des grâces particulières attachées à la réunion des chrétiens.

Ce culte qui m'a fait tant de bien, ne me semble pourtant pas être tout à fait un culte en *esprit et en vérité*. Il se compose presque entièrement de prières, de réponses, de cantiques fixés d'avance, éternellement les mêmes. Jusqu'aux portions des saintes Écritures qu'on lit, sont arrêtées par le *Pray Buck*. Cette consécration particulière donnée à telle ou telle page de la Bible, ressemble à un triage. Le triage, même le choix, n'étaient certes pas dans la pensée de ceux qui ont composé la liturgie; il en ressort à leur insu.

La répétition des mêmes prières me paraît avoir bien plus de gravité. — Qu'est-ce qu'a voulu dire le le Seigneur par ces mots si clairs : « Quand vous priez, n'usez pas de vaines redites?... » Et comment des Églises désireuses d'être fidèles, peuvent-elles régulièrement enfreindre cet ordre? Je comprends que dans toutes les Églises qu'unit une foi pareille, on exprime cette union par une même confession des péchés, par une même déclaration d'obéissance; mais la répétition de certaines formules de prières n'a point de rapport avec ce signe de ralliement. J'ajoute qu'il est impossible de répéter cinquante-deux dimanches de l'année les mêmes phrases ou à peu près, sans que la satiété, bientôt la distraction ne s'ensuivent. J'ai pour moi une triste expérience : la mienne. On redit dans plusieurs de nos églises une prière liturgique, deux au plus :

eh bien, quelque effort que je fasse pour fixer mon attention, elle part ; je m'en prends à la légèreté de mon esprit d'abord, et puis je m'en prends à la formule elle-même. Le contenu, quelque beau qu'il soit, s'use, et ne peut pas ne pas s'user à la longue. Il n'y a que la Parole de Dieu qui puisse être constamment répétée. Il y a des abîmes en elle, nous ne descendrons jamais jusqu'au fond.

Et puis, la prière doit varier comme varient les dispositions intérieures, comme change la position extérieure ; fixée à toujours, coulée en bronze, elle n'est plus prière. Un enfant qui demande du pain — cet enfant auquel nous renvoie le Seigneur — le demande-t-il toujours dans des termes identiques ? Et si notre petite fille, si notre petit garçon s'avisait de venir chaque jour répéter les mêmes mots, arrangés de la même manière, pour obtenir de nous une poire ou une pomme, ne l'enverrions-nous pas promener ? — Redire toujours une parole d'homme, d'ailleurs, *la même parole*, c'est courir grand risque de la placer dans la pensée des fidèles, à côté de la parole de Dieu. On lui donne ainsi la valeur d'une chose immuable.

Je suis persuadée que de très bonne foi des âmes sincères considèrent les prières de la liturgie comme bien supérieures aux prières qui sortent naturellement de leur cœur. J'en suis persuadée, parce que je l'ai vu. — Il existe un bon livre qui a fait beaucoup de mal, ce livre est *la Nourriture de l'âme*. Il contient un recueil de prières pour le matin, pour le soir, pour la maladie, pour la santé, pour la naissance et pour la mort. Osterwald en est l'auteur. On l'a dans le temps répandu à profusion dans nos campagnes. Voici le résultat : Nos villageois, — je ne parle pas ici des chrétiens vivants, je ne parle pas non plus de cette triste majorité qui vit sans Dieu : je parle des hommes, des femmes d'un âge mûr, à qui l'éducation de leurs pères a laissé certains besoins religieux, — nos villageois ne peuvent plus, ne croient plus pouvoir prier que par l'organe d'Osterwald.

— Demandez à Dieu ce dont vous avez besoin. Demandez-lui de vous consoler dans votre deuil, de vous soulager dans vos souffrances.

— Je voudrais bien, mais il me faudrait un livre de prières. J'en avais un beau : La nourriture de l'âme; il s'est égaré.

On s'adresse à un autre, à un vieillard.

— Priez-vous, père Louis ? Sans prière, nous sommes comme une plante sèche.

— Oh là oui, je prie *dans mon livre* : — toujours La nourriture de l'âme. — Et ces pauvres gens croient avoir prié, quand ils ont avalé une ou deux formules du pasteur Osterwald; et vous avez toutes les peines du monde à leur faire comprendre que prier, ce n'est pas répéter une série de mots cousus les uns aux autres par tel ou tel, mais que c'est demander, sans phrases, ce qu'on veut avoir.

Le surplis blanc du pasteur de l'Église anglicane m'a quelque peu froissée, non que j'attache plus d'importance qu'elle n'en mérite à la forme, quand la forme n'exprime pas une doctrine contraire à la vérité; mais je trouve celle-ci en désaccord avec la simplicité évangélique. — Qu'une Église qui déclare ouvertement qu'elle prétend évangéliser les masses par les yeux, par les oreilles, par l'odorat, couvre ses temples d'ornements, y dresse des autels splendides, fasse fumer devant eux l'encens et revête ses prêtres d'habits étranges, cela se conçoit; mais que l'Église qui veut rendre à Dieu un culte *en esprit*, s'écarte de l'humilité primitive, cela restera toujours une anomalie.

Je ne pense pas que la chambre haute des apôtres fût ornée ni d'images, ni de croix. Je ne pense pas que Pierre, que Paul ou que Jean aient passé une chasuble pour parler de Jésus à leurs frères. Je ne pense pas que hormis la prière du Seigneur, donnée bien plus comme modèle que comme moule, ils aient deux fois répété la même série de mots, en implorant, au nom de la communauté, le pardon et le secours de Dieu. Pourquoi ne pas revenir au culte apostolique?

Mardi, 7 mars 1848. — Encore un harem : celui de la *petite-princesse*, la fille cadette du vice roi, à qui Mme Barrot a bien voulu me présenter.

A l'entrée, cérémonie des schalls. Nous traversons un grand jardin environné de murailles. Des esclaves blanches viennent au-devant de nous ; elles nous reçoivent des mains des eunuques et nous soutiennent jusque dans le salon où nous attend la princesse. Elles sont presque toutes vêtues de toile peinte, quelques-unes avec des plumes dans le mouchoir ou le tarbousch dont elles couvrent leurs cheveux. Elles portent cette laide jaquette venue de Constantinople, qui remplace l'élégante veste au long corsage ; le costume oriental est ainsi transformé en un accoutrement presque ridicule. Ces femmes, presque toutes de race géorgienne ou grecque, sont étonnamment petites ; la réclusion doit y entrer pour quelque chose. On les achète dans un âge tendre ; il y a beaucoup d'enfants parmi elles. Les visages, à l'exception de ceux des enfants, sont pâles et mornes. La jeune princesse fait quelques pas à notre rencontre, sa taille est au-dessous de la moyenne ; ses traits ont une grande délicatesse, ses beaux yeux une expression de douceur charmante. Elle aussi porte la veste de Stamboul ; elle s'enveloppe dans un manteau fourré ; des bracelets uniques au monde par la grosseur et l'égalité des diamants entourent ses poignets ; un mouchoir de cachemire brodé, tourné avec grâce autour de sa tête, resplendit de brillants; ses cheveux séparés sur le front mais cachés jusqu'à la racine par la coiffure, laissent échapper quelques boucles, puis s'en vont former deux tresses, relevées et fixées par des épingles de diamants sur le mouchoir de cachemire.

Nous nous plaçons sur les fauteuils tout modernes de ce magnifique salon, orné de deux glaces qui descendent de la voûte au parquet, et répètent les tableaux qui se succèdent sous nos yeux.

Les esclaves apportent quatre plateaux magnifiques, garnis de coupes remplies de confitures et de sorbet ; elles s'agenouillent : nous nous hâtons de relever ces pauvres femmes, en buvant à nous étrangler. Vient le café, viennent les pipes enrichies de diamants; cette fois, je fume pour tout de bon. Le café, les pipes se renouvellent sans cesse; celles-ci différentes chaque fois et de plus en plus ornées.

La conversation commence, la princesse me demande *où je vais, d'où je viens.* — Elle s'étonne d'un si long voyage.

— Vous êtes bien heureuse de voir tant de choses... mais vous allez maigrir.

— La princesse est bien bonne; je maigrirai en effet... Cela importe peu.

Ici, assaut de compliments.

— Est-ce que c'est le mari de la *Sittih,* qui la

contraint de le suivre? ou bien l'accompagne-t-elle de bon cœur?...

— De très grand cœur. Ce voyage me cause autant de plaisir qu'à lui.

— Moi, je n'ai jamais été qu'à Alexandrie.

Hamil-Pacha, le mari de la princesse, se trouve à Malte avec le vice-roi.

— Je suis sûre que si la princesse l'avait pu, elle aurait suivi son mari?

Ses yeux brillent un instant, « — C'est impossible: mais si j'étais oiseau, je volerais, seulement pour le voir. »

— Son altesse s'amuse-t-elle parfois à broder?

On ose à peine lui répéter ma question, tant il est contre les usages reçus qu'une femme de si haut rang fasse quelque chose de ses doigts. — Mais la princesse, qui sait écrire et lire, travaille aussi.

— Je ne brode pas; quelquefois je couds, j'aime à coudre.

Durant tout notre entretien la princesse se montre simple, naïve, triste de l'absence de son mari qu'elle aime avec une vive tendresse.

Les esclaves silencieusement rangées au fond du salon, ne sortent de leur immobilité que pour agir en automates. L'une d'entre elles qui semble jouir de quelque autorité, leur transmet les ordres de la princesse; elle se tient un peu en avant, vêtue de riches étoffes; un beau collier de diamants brille à son cou. Une autre agite derrière nous un chasse-mouche en plumes d'autruche.

Mme Barrot et Mme *** m'avaient fait espérer que je verrais les diamants de la princesse : ces diamants qui ont coûté plusieurs millions et dont la réputation est Européenne.

— Demandez à la princesse de nous les faire voir.

— Jamais je n'oserai, je ne m'en sens pas le courage.

La princesse voit que nous rions. — « Que dit la Sittih? » — Mme M*** lui expose le cas, la princesse rit à son tour, ordonne qu'on apporte ses trésors, et quelques instants après les esclaves déposent à terre devant nous, un long coffre, puis une enveloppe de satin rouge brodé d'or. L'esclave favorite tire de leurs écrins les parures de la jeune princesse. Je n'ai vu de ma vie pareille splendeur. D'abord une chaîne de diamants gros comme des noisettes avec leur coque, montés à jour, sans un défaut, absolument pareils; je doute qu'il y en ait une seconde sur notre planète. Et puis une rose, une rose épanouie, entourée de ses boutons, de ses feuilles, le tout en diamants : le cœur de la rose est formé d'une seule pierre, plus grosse encore que celles du collier; la branche a le port naturel; on la dirait cueillie dans le jardin de la lampe. Et puis des parures de tête, des bouquets de liserons, des bagues, une plaque destinée à garnir le fond du tarbousch, en diamant, cela va sans dire, toujours des diamants! J'arrive à une couronne dont les diamants sont bien petits en comparaison des autres, mais elle nous intéresse à un autre titre: c'est, nous dit-on, la couronne de l'impératice Joséphine, condamnée à ne plus briller que dans un harem!...

On ouvre le coffre, l'esclave en tire la ceinture, la merveille. Elle est large d'un grand demi-pied, très longue, composée de diamants énormes, et si lourde qu'on la soutient à deux mains. L'esclave la pose sur les miennes, elles s'affaissent sous le poids. Quant à l'or, aux pierreries secondaires, on n'en voit pas même sur les esclaves.

— La princesse porte-t-elle quelquefois ces parures?

— Non, presque jamais, elles sont trop gênantes. A quoi cela me servirait-il?

Les sentiments vrais éclairent l'âme sur la vanité de beaucoup de choses. Je suis persuadée que la tendresse de la princesse pour son mari l'a dégoûtée de ses diamants, qu'elle regardait hier avec une profonde indifférence.

Trois esclaves vont s'asseoir au fond du salon, sur des chaises de paille, — il y a toujours des diparates dans ces demeures orientales. — L'une pince avec un ongle de métal ou d'écaille, les cordes d'une espèce de guitare nommée *oud*; l'autre joue d'une longue flûte, sa pose rappelle celle de la sainte Cécile de quelques anciens maîtres; la troisième frappe d'une main négligente le *tahr* ou tambourin. Celle-ci devrait chanter, malheureusement, elle a bu la veille un verre d'eau froide, elle n'a plus de voix. La princesse jette sur elle un regard courroucé : « — Puisse ta voix rester éternellement dans ton gosier! — » Une esclave a-t-elle le droit de se refroidir!

Ni la flûte, ni le *oud*, ni le *tarh*, ne sont accordés sur le même ton. Avec de la bonne volonté, mais il en faut beaucoup, on saisit quelques vestiges d'harmonie; l'ensemble est mélancolique. — Tout à coup, quatre danseuses s'élancent dans le salon. On vient de les envoyer de Constantinople à la princesse. Toutes les quatre sont vêtues de pantalons de soie rouge lamés d'or, de vestes de damas bleu, ouvertes sur la poitrine et dessinant la taille. Elles agitent dans leurs doigts des plaques de cuivre d'où tombe une pluie de notes brillantes. Deux d'entre elles ont cinq ans, elles sont gaies et riantes. Des deux qui restent, la première, celle qui conduit la danse, en a dix-neuf ou vingt; ses beaux cheveux noirs se répandent autour d'elle en nattes tressées jusqu'au milieu de leur longueur; sa taille est fine et souple, elle ferme à demi ses grands yeux; sa bouche décolorée a oublié ce que c'est que le sourire, jamais une émotion de bonheur ne rougira ses joues pâles. La jeune fille qui la suit a treize ans; une forêt de cheveux blonds, coupés carrément sur le front encadre son visage, ils ne desendent pas au-dessous de la naissance du cou, on dirait un naïf Savoyard qui vient de ses montagnes. Cette figure est pâle comme l'autre, profondément triste aussi; mais l'une est triste parce qu'elle sait, l'autre ne fait que pressentir.

Quand les pas qu'elle forme ramènent la brune danseuse devant une des glaces, un long regard glisse de ses yeux voilés sur l'image que reflète le cristal, et puis ses paupières retombent, sa tête se renverse, elle s'abandonne avec une sorte de détresse à l'enivrement de la danse.

La jeune fille de treize ans reste morne, ses yeux se relèvent parfois, mais c'est pour s'arrêter sur l'esclave aux cheveux noirs : ils n'expriment que la crainte de mal faire.

Les enfants sautillent en imitant de leur mieux leurs compagnes.

J'ai vu bien des visages abattus. Hélas!... j'ai vu l'expression du désespoir, j'ai vu celle de la faim... je n'ai jamais vu quelque chose d'aussi navrant. Ceux qui souffrent ont eu des jours de bonheur : ici, ni passé, ni avenir. Point de mère, point de famille sur laquelle on puisse au moins pleurer; point d'espérances... et elles ont vingt ans! Elles ont vingt ans!... elles verront aimer, elles devront exprimer l'amour, et leurs jours se faneront, et leur cœur se flétrira dans cette populeuse solitude du harem.

Le contraste que formaient ces mouvements passionnés avec ces belles têtes couvertes de l'ombre de la mort, m'aurait arraché des larmes. Oh! que j'aurais voulu ouvrir les portes de la prison à ces jeunes filles, créatures de Dieu, qu'il a faites pour l'adorer, pour le servir, pour aimer, pour être aimées, et à qui la société, les hommes, insensés! ravissent leur part dans le ciel et sur la terre. Toutes les fois que ces méandres nous ramenaient les jeunes filles, que ce visage de vingt ans disparaissait noyé dans ses longs cheveux, tandis que les mains passaient frémissantes sur le front, en agitant les castagnettes; toutes les fois que ce visage ingénu secouait tristement ses boucles blondes, et dessinait son profil sur le fond sombre de la tenture, je sentais l'angoisse, presque le remords me serrer le cœur.

Cette danse a duré une heure, constamment rapide, véhémente; elle doit briser le corps. Les joues des deux jeunes filles étaient humides, toujours décolorées. La princesse regardait absorbée, les esclaves regardaient aussi, l'œil éteint. Il était presque nuit lorsqu'a retenti l'accord final; les deux enfants ont fait trois fois la roue, et les quatre danseuses ont disparu.

Que dire à la princesse?... Je tremblais qu'elle ne

me demandât compte de mes impressions. M™ M...
avec son tact parfait, s'est chargée de lui exprimer
mes remerciments, et nous sommes parties.

Mercredi, 8 mars 1848. — Mon mari a été visiter
hier *le barrage*; il a été reçu de la manière la plus
aimable par le colonel Mougel, directeur en chef de
l'entreprise. Le barrage a pour but d'arroser régulièrement le Delta, d'empiéter même sur le désert. Linan bey est chargé des canaux; les travaux
sont avancés. M. Mougel emploie vingt-quatre mille
soldats, tous mariés, tous recevant la haute paye.
Linan bey en occupera cent mille.

Une ville de tentes, de maisons de briques, s'élève
autour du barrage. Cinq mille hommes vont et viennent pour l'achat des provisions; dix-huit mille exécutent les ouvrages. Le Nil ne laisse le terrain libre
que cent jours par année, les ouvriers travaillent
alors sans interruption : neuf mille le jour, neuf
mille la nuit; les officiers sont soumis au même
régime. On dit que le travail nocturne à la lueur
des torches, est d'un magnifique aspect.

M. Mougel avait à lutter contre une grande difficulté : fonder sur le sable; il l'a surmonté. Voici
son procédé. Il enfonce des pieux à rainures dans
le sable; ces pieux s'engrainent de manière à former des carrés ou caissons, dans lesquels le sable,
incompressible de sa nature, acquiert une solidité

de roc. On coule là-dessus du béton. Je comprends bien que le sable *contenu* résiste ; je ne m'explique pas bien comment tiennent et comment tiendront, lors des grandes eaux, les pieux fichés dans un sol ferme en dedans, mobile par-dehors. — M. Mougel a établi des machines étonnantes ; l'une d'entre-elles fabrique par jour deux mille quintaux de béton, qu'un chemin de fer porte au Nil. L'autre pétrit, moule, cuit et vomit un torrent de briques. L'atelier est le plus grand qui existe au monde. M. Mougel le mène militairement. Ce travail, si Dieu permet qu'il s'achève, immortalisera celui qui l'a conçu, et ceux qui l'ont exécuté.

Après mille difficultés, nous avons arrêté un *Scheik*. Notre départ est fixé à mardi. Nous nous dirigeons sur Pétra, en passant par le mont Sinaï et par Akabah.

Embarak notre Scheik, vient ce matin nous baiser la main ; — et que de Scheiks nous l'ont déjà baisée ! — Cette fois, j'espère que c'est pour tout de bon qu'il jure par sa tête, et *par sa barbe*, de nous conduire sains et saufs au travers du désert. Embarak est un petit homme, aux yeux pétillants, à la peau tannée, aux dents brillantes, avec une barbe moitié noire et moitié blanche. Il porte un turban jadis blanc, une grande couverture rayée blanc et noir ; une chemise, et dans sa ceinture deux pistolets garnis d'argent et longs de trois pieds. — Il est parfaitement sale, mais il a une bonne physionomie, et d'excellents certificats.

On ne parle plus des troubles du désert; ils n'ont jamais existé.

Ce voyage sérieux, avec les souvenirs que nous allons y rencontrer, est une bénédiction. Nos âmes ont besoin de solitude avec le Seigneur : la mienne est sèche, légère; elle soupire après la nourriture spirituelle.

Mon mari a revu notre jeune Abyssin. Cet entretien lui a laissé de douces impressions. Le jeune Abyssin, conduit chez M. Lieder d'une manière providentielle, est animé du besoin de se dévouer à sa patrie. Il envisage très sérieusement les questions religieuses. Dieu ne laissera pas son œuvre à moitié faite. Le Seigneur destine peut-être ce jeune homme à recueillir ce qu'avait semé M. Gobat. — M. Gobat, missionnaire suisse en Abyssinie, expulsé à l'instigation des jésuites, maintenant évêque de l'église évangélique de Jérusalem, est encore respecté, aimé, dans le pays que, pour l'amour de Jésus, il évangélisa malade et pauvre.

Nous quittons le Caire avec le regret d'avoir manqué deux cérémonies intéressantes : le retour de la caravane de la Mecque, et le *Douzeh*, ou fête du Prophète !...

Pendant trois jours, les derviches exécutent leurs *zikrs* dans l'Esbekieh, et le troisième, les plus fanatiques d'entre eux forment un pavé de leur corps au grand Scheik qui passe à cheval sur leur dos. — Le cheval frémit, recule, on le tire par la bride, il pose ses pieds sur ce plancher humain, on relève les derviches vomissant le sang; on les fait rapidement disparaître, et chaque année il se trouve cinquante martyrs d'une foi mensongère. Les derviches se croient invulnérables; ils arrivent là, persuadés que leurs jeûnes et leurs machinales prières, leur garantissent la vie. Les grands pécheurs seuls peuvent être blessés; il s'en suit que les malheureux écrasés par le cheval, craignant plus la honte que la mort, et retenant leurs cris, entrent dans la supercherie des drôles qui les dérobent aux regards.

A côté, presque au-dessus du Koran, règne la tradition qui le contredit souvent, et qui, dans ce cas, lui est toujours préférée. L'Église romaine reproduit le même fait. Ce n'est pas le seul rapport qui existe entre les deux religions. — Dans l'une comme dans l'autre : macérations monastiques, répétition des mêmes prières accompagnées de postures prescrites d'avance. En voici un échantillon; je le prends dans *Lane*. — L'adorateur regarde son épaule droite, et dit : « Paix soit à vous et miséricorde de Dieu. » Il regarde par-dessus la gauche et répète les mêmes paroles. Il fait ses ablutions, il jette de l'eau sur sa figure, et prononce ces mots : « O Dieu, blanchis ma face par ta lumière, au jour où tu blanchiras la face de tes élus. Ne noircis pas ma face, au jour où tu noirciras la face de tes ennemis. » En lavant sa main droite : « O Dieu, donne-moi mon livre dans la main droite et compte légèrement avec moi. » En mettant la main droite lavée sur le sommet de la tête, tandis que de la gauche il soulève son turban : « O Dieu, couvre-moi de ta miséricorde, fais descendre tes bénédictions sur moi, et ombrage-moi sous l'ombre de ton armure, dans le jour où il n'y aura d'autre ombre que ton ombre. » — Certainement ces paroles sont belles, elles sont bonnes; mais redites avec les mêmes gestes trois fois par jour, *mille quatre-vingt-quinze fois* dans l'année, elles paralysent l'âme.

Les musulmans révèrent leurs saints jusqu'à l'adoration. Ils leur adressent des prières, ils croient aux miracles de ces saints, aux miracles actuels de certains santons ou derviches : nouvelle ressemblance avec Rome. Ils ont comme Rome encore, un fonds commun d'œuvres surérogatoires. Ils transportent, à charge de revanche, le mérite de leurs bonnes actions à tel ou tel trépassé [1]. Comme Rome toujours, ils classent les péchés en grands et petits; ainsi lorsqu'ils égorgent en sacrifice un buffle sur la tombe de leurs morts, ce buffle, appelé *El Kaffa*

---

[1] *Les fkis*, appelés dans une maison mortuaire pour y réciter le Koran se demandent les uns aux autres « Transportez-vous le mérite de ce que vous venez de faire à l'âme du décédé ? — Oui. »

rah, est immolé en expiation des *petits péchés* du défunt.

Les musulmans font profession de recourir à la compassion de Dieu pour leur salut.

La loi leur prescrit de donner en aumônes la quarantième partie de leurs biens.

— Tristes nouvelles de Paris : l'état des esprits est inquiétant. Pour n'avoir pas voulu faire de bonne grâce les bonnes réformes, le gouvernement fera par contrainte les mauvaises. Le mépris des principes est au fond de tout cela. Le grand tort de nos hommes d'État, c'est de se prendre eux-mêmes pour des principes et de s'imaginer qu'eux en place, concession ou résistance à part, le monde est sauvé.

Jeudi, 9 mars 1848. — M™⁰ Lieder nous conduit ce matin, une dame anglaise et moi, dans un harem. — Avant d'entrer, M™⁰ Lieder nous prévient que la maison est en deuil, que le maître est mort il y a deux mois, que nous trouverons tout en désordre selon l'usage oriental. Des femmes âgées, vêtues de noir, viennent à notre rencontre; elles nous introduisent dans une salle qu'entoure un divan; les tapis magnifiques sont roulés dans un coin, la tablette de marbre d'une petite table est retournée, pas un seul vase sur les étagères mauresques. Une jeune femme à demi voilée de crêpe s'assied silencieusement près de nous : c'est la fille unique du défunt; la tristesse est empreinte sur ses traits parfaitement beaux ; sa mère, la veuve, entre quelques instants après ; elle embrasse M*me* Lieder, elle nous embrasse, et des torrents de larmes coulent de ses yeux.

— J'ai honte, dit-elle, de vous recevoir de la sorte ; je n'ai rien à vous montrer, point de diamants, point de *fantasia*. Il a tout emporté avec lui.

— Ah ! ce n'est pas ce que venons chercher vers vous ! Qu'Allah vous console, Lui seul peut consoler.

Cette douleur me pénètre, mais j'ai peine à me l'expliquer avec les relations musulmanes. Cela renverse toutes les impressions que j'ai reçues, toutes les idées que je me suis faites.

Nous causons tristement ; je voudrais bien parler à cette âme affligée du Christ qui a porté nos langueurs ; comment l'oser ?

La pauvre veuve me demande si je n'étais pas il y a deux jours dans le harem de la *Petite princesse?* — Sans doute. — Une lueur traverse mon esprit ; il y avait chez la princesse deux dames en grand deuil, qui se levèrent à notre arrivée, et qui prirent congé. Comme je m'étonnais de voir deux dames d'un certain rang sortir de chez elles, M*me* Barrot m'apprit que ces dames étaient Cophtes, et qu'elles pleuraient l'homme le plus estimable du monde.

— Vous êtes chrétiennes ?

— Dieu merci !...

Tout est expliqué : je comprends ces larmes,

je comprends ces regrets d'une intime union brisée! Nous exprimons avec liberté nos espérances.

— Il n'y a plus de sang ici, dit la veuve en pressant son cœur à deux mains, il n'y a plus que des larmes.

— Jésus, notre Jésus, pleure avec ceux qui pleurent.

Le défunt était un homme droit et pieux, il nourrissait les pauvres par centaines ; pendant qu'on nous apporte des pipes, noires comme le reste de l'ameublement, Mme Lieder nous raconte quelles richesses brillaient ici naguère.

La pauvre veuve nous mène dans la chambre de son mari, tout y attend encore celui qui ne reviendra jamais. Douleur au-dessus de toutes les douleurs! Mais nous allons à la rencontre de nos morts bien aimés. — Elle nous montre sa chapelle *garnie d'images!* Le prêtre y officie matin et soir. Sa fille nous introduit dans le divan proprement dit ; les coussins sont recouverts de voiles noirs, les tapis entassés ; plus de vases sur les étagères à colonnettes et à trèfles. — Nous descendons au jardin, planté de bananiers et de palmiers. Une allée pavée de dalles, serrée entre deux barrières serpente sous les arbres ; le kiosque avec sa fontaine s'élève au milieu, de hautes murailles l'entourent. Le jasmin, la vigne recouvrent les berceaux ; il n'y a d'autres fleurs que des violettes. — Rien de contraire à nos idées, comme ces jardins emprisonnés, dans lesquels on ne peut pas même circuler librement, et qui ne contiennent guère que des arbres.

Deux eunuques nous accompagnent jusqu'à la porte : — Peut-on s'expliquer, ici, la présence de ces êtres malheureux. Les chrétiens ne devraient-ils pas protester par leurs actes? — Hélas! notre faible cœur est prompt à s'identifier avec le milieu dans lequel il vit. Il faut une grande puissance pour s'insurger contre la chose reçue.

Mᵐᵉ Lieder, à qui nous avions parlé de notre négresse, nous dit qu'elle n'aurait pu s'en charger; elle a déjà tenté l'expérience, mais sans succès. Admettre une négresse dans le pensionnat, ce serait en chasser les blanches; l'œuvre ne peut se faire qu'en grand.

Pourquoi ne pas porter l'Évangile au cœur même du Sennâr? Cette pensée a souvent préoccupé M. Lieder. Les nègres sont doux; ils recevraient avec plaisir les missionnaires. On peut trouver dans le Sennâr des contrées saines; et puis, les hommes que les fièvres des côtes occidentales d'Afrique n'ont pas effrayés, ceux qui, en quittant leur patrie pour s'y rendre, savaient que la mort les emporterait au bout de deux ans, ceux-là ne reculeraient pas devant les marais du Sennâr. Il n'y aurait qu'à ouvrir des écoles pour voir accourir les nègres; une fois le christianisme établi, plus de guerres, plus de traite.

Vendredi, 10 *mars* 1848. — Encore un harem : le dernier. — Cette fois, c'est un dîner à la turque.

Mme Benedetti, Mme M... viennent me prendre à dix heures. Rien n'égale l'obligeance de ces dames. Mme Benedetti parle l'arabe; Mme M... l'arabe et le turc. Le turc est la langue *fashionnable* au Caire; on s'en sert dans tous les harems que j'ai visités.

Le palais du Pacha qui nous reçoit est magnifique, orné dans l'ancien style. Les salons immenses, couverts du haut en bas de boiseries peintes et dorées, ouvrent sur le vestibule aussi vaste qu'une église. Trois enfoncements forment trois salons entourés de divans; chaque angle saillant donne entrée dans une salle splendide; la même distribution, les mêmes richesses se répètent à l'étage supérieur. — La prison admise, celle-ci est la plus belle du monde.

Nous nous asseyons auprès des femmes de notre hôte. Il en a deux, et, de plus, quarante esclaves blanches. Il règne en maître absolu sur son harem. Les deux maîtresses de maison ont la tête couverte de diamants; l'une est vêtue de cachemire, l'autre de mérinos très fin, couleur chamois, garni de dentelles d'or. Une des filles de notre hôte, récemment mariée, porte des pantalons et une robe de soie brodée d'argent; les esclaves, quelques-unes parées de diamants, se tiennent debout au fond du salon.

Nous fumons, nous prenons le café. Les croisées

obstruées jusqu'à mi-hauteur par un grillage en bois, ne laissent tomber qu'un jour triste. En Été on relève le grillage, et l'on promène son regard sur le jardin entouré de murs.

La conversation est ce qu'elle est dans les harems, insignifiante, entremêlée de longs silences. Vient la question éternelle, l'éternelle réponse : — « Avez-vous des enfants ? » — « Non, je n'en ai point. »

La première femme de notre hôte, *la grande,* à la physionomie vive, ouverte, aux yeux brillants, et qui, en toutes choses, me paraît avoir son franc parler, s'écrie « que les enfants sont un embarras. » Elle en a eu douze.

— En Europe, nos maris nous aiment; même quand nous n'avons pas d'enfants !

— Vous ! reprend avec feu la *grande femme;* vous faites l'amour avant de vous marier ! vous vous mariez par amour ! vous savez ce que c'est que l'amour !... Ici, un homme prend une femme sans savoir si elle lui plaît. Il en prend deux, trois, quatre... eh ! il en prend vingt, il en prend trente... *Les voilà !* — Et, d'un geste énergique, elle désigne la foule des esclaves. — Vous êtes heureuses, vous !...

— Dites-lui, je vous en prie, que le moment viendra bientôt pour elles, où chacune aura son mari.

Mme M... refuse absolument d'exprimer mon vœu.

Après deux heures d'attente, pendant lesquelles ces dames nous ont un instant quittées pour aller réciter leurs prières, nous nous dirigeons vers la salle à manger. Une fontaine de marbre en occupe le centre; six perroquets de marbre, peints et dorés, font jaillir l'eau sur des roulettes rouges qui leur sortent du bec. Des esclaves rangées sur deux files nous présentent des aiguières d'argent; elles versent l'eau tiède sur nos mains. Au fond de la salle, un grand plateau d'argent s'élève à deux pieds du sol : c'est la table. Les deux maîtresses de la maison, la nouvelle mariée, une charmante enfant chargée de diamants et de perles — toutes deux filles d'esclaves — Mme Benedetti, Mme M... et moi, nous nous asséyons tant bien que mal sur les coussins; nous étendons sur nos genoux le tapis de soie qui tombe en plis sous le plateau. On nous donne de grandes serviettes en coton pelucheux brodées d'or, puis une espèce de mouchoir de poche, pour essuyer nos doigts. Les dames musulmanes n'y ont pas recours. Elles lèchent avec une merveilleuse dextérité leurs jolis ongles écarlates.

Nous avons chacune devant nous un pain ovale coupé en losanges, une soucoupe pleine de hors-d'œuvre, deux petites cuillères à poche ronde, l'une en ébène, l'autre en ivoire, toutes deux à manche de corail. Au milieu, le potage, dans une jatte à sucre. Nous puisons tour à tour avec nos cuillères d'ébène : c'est un consommé de volaille. On l'enlève ; une jeune esclave, la seule qui ait de la fraîcheur, fait l'office de maître d'hôtel. Elle a les manches relevées jusqu'aux coudes, et quant il le faut, elle coupe quelques morceaux de viande, malaisés à arracher avec les doigts. — Les autres agitent des chasse-mouches en palmier, ou regardent.

La jeune esclave dépose sur la table un grand plat de porcelaine du Japon ; il contient un agneau rôti tout entier ; elle en extrait de minces lanières, pendant que les petites mains blanches travaillent activement sur la bête. Les dames de la maison détachent quelques parcelles de peau rôtie, qu'elles mettent devant moi, et que je mange avec un appétit dévorant. A l'agneau succèdent des pâtisseries au sucre ; chacune rompt, émiette, mange, et retourne au plat. Après les pâtisseries, un plat de légumes. Voici le moment critique. Il faut prendre une mouillette, l'enfoncer bravement dans la sauce, attraper ce qu'on peut entre le pain et le pouce ; ajoutez que la main gauche ne doit pas s'en mêler ; elle repose immobile sur les genoux. Je suis aussi maladroite que possible à cette manœuvre ; les dames rient aux éclats, les esclaves de même et moi encore plus. — Mais ce n'est rien. Les viandes, les pâtisseries, les légumes se succèdent ; on ne mange que trois bouchées du même mets ; le doux et le salé alternent ; arrive un je ne sais quoi de gélatineux, de crémeux, de visqueux, recouvert de gelée à la rose. Ici, point de mouillettes, il faut triturer vis-à-vis de soi, plonger au plus profond du plat, et en retirer une pelotte de ce mélange, excellent au dire des dames, terrible pour une apprentie. Un vol-au-vent vient ensuite; il est pire peut-être. Nous brisons la pâte, et nous allons tout au travers, pêcher de petits morceaux de viande qui fuient sous la croûte. Adieu les serviettes; nous nous léchons et reléchons à qui mieux mieux.

Tout ceci est plus propre qu'il ne semble; chacun pétrit vis-à-vis de soi, la main d'autrui ne se mêle jamais de vos affaires, à moins qu'elle ne vous offre un morceau délicat. La plupart des mets sont excellents. La saveur inattendue de l'essence de rose ou de la cannelle répandue sur un rôti, surprend quelquefois; le passage continuel du doux au salé surprend encore davantage, mais si l'on pouvait, au lieu de tremper ses doigts dans vingt-cinq plats, manger de trois ou quatre seulement, tout irait bien. Refuser un mets, ce serait faire injure à ses hôtes; on n'en place qu'un à la fois sur la table. Les négresses font la cuisine.

— *Bismilla, bismilla!* — Servez-vous, servez-vous ! — disent les femmes du pacha; puis elles essaient de répéter après nous : — mangez, mangez !

Un pilau délicieux a terminé le repas; des jattes remplies de crème l'accompagnent; je puise hardiment, c'est du laitage aigri, amer : que faire? avaler, et sans mot dire.

Nous allons nous asseoir sur le divan ; une esclave s'agenouille devant chacune de nous avec l'aiguière, une autre verse l'eau, une troisième fait fumer le bois d'aloës dans un encensoir sur lequel nous étendons nos mains pendant qu'elle nous inonde d'eau de rose. Ces vases d'argent sont parfaitement beaux.

Pipes et café. — La mère de la petite fille couverte de pierreries, lui adresse quelques mots, debout, dans l'attitude du respect ; son enfant reste assise et lui répond à peine : c'est de règle. L'inconvenance serait de se lever devant une mère esclave.

Les deux femmes du pacha se parlent peu ; cependant elles semblent être dans de bons rapports. *La grande*, la plus aimée dit-on, perçoit clairement ce qu'il y a de triste dans le sort d'une femme en Orient ; la seconde ne voit pas si loin, elle traverse la vie entre quatre murailles, et reste passive. Les esclaves quoique obéissantes, sentent pourtant qu'elles peuvent un instant amuser le maître ; quelques-unes ont une expression hardie ; toutes les figures sont fanées. Chaque épouse légitime a son appartement, ses esclaves, ses bijoux ; bien leur prend de vivre en bon accord, s'il en allait autrement, une maison solitaire enfermerait pour la vie l'épouse incommode.

Les bains sont d'une rare beauté, la cuve en marbre surmontée d'un baldaquin que soutiennent quatre colonnes, reçoit l'eau chaude et l'eau froide; les esclaves servent de baigneuses.

Il y a dans ce harem, un être sur lequel mes yeux se sont arrêtés avec un plaisir sans mélange : *Pambouk*, jeune chat angora. *Pambouk* — coton — ressemble en effet à une grosse pelotte de coton soyeux; *Pambouk* a des pattes noyées dans sa fourrure, *Pambouk* a une queue aussi volumineuse qu'une plume marabout; *Pambouk* a une bouche rose, et *Pambouk* a des yeux bleus; il a fait mon bonheur pendant ces six heures d'emprisonnement.

Les femmes du pacha n'ont été dans leur vie, qu'une seule fois à la campagne. On les y a transportées dans une voiture dont les stores étaient baissés; elles y ont retrouvé le même jardin muré qu'elles avaient au Caire. Les champs ne leur laissent pas de bien doux souvenirs.

Le fait d'un harem m'étonne toujours. J'ouvre les yeux, je vois, et je doute encore.

Ailleurs on s'abandonne au vice, mais on le fait avec une sorte de pudeur; on sent bien que ce qui s'appelle *moralité* vaut mieux. Ici, on se met, au nom de Dieu, la bride sur le cou. On épouse une, deux, quatre femmes; cela ne suffit pas, on achète dix, on achète trente, cent esclaves; on tient en prison, on tient dans une éternelle enfance, on dégrade des créatures semblables à soi; on s'avilit de par

Mahomet, et l'on garde une conscience légère! — De tels désordres, tout consacrés qu'ils soient, ne pourront pas toujours tromper la conscience. Que les hommes aillent faire leur éducation en Europe, que les femmes sachent lire, sachent écrire, et les murs des harems crouleront. — Je ne parle pas de la puissance de l'Évangile, je ne parle que de la force des choses. — Les dames examinent nos vêtements et nos bijoux : c'est le grand sujet de conversation. Je n'ai rien à montrer, et vraiment je me sens confuse de ma misère en présence de ces boisseaux de diamants. L'une de nous porte un petit cœur d'or qui renferme les cheveux de son mari et de son enfant ; cette idée paraît inouïe aux dames.

— Des cheveux! A quoi cela sert-il? Quel plaisir cela peut-il vous faire?

Après un moment de réflexion, *la grande femme* s'écrie en frappant des mains : « C'est pour l'amour, c'est pour l'amour! C'est que vous faites l'amour avec vos maris! »

La seconde femme s'effraye de voir dans la breloque de Mme Benedetti, une bague antique surmontée du scarabée ; le scarabée lui paraît quelque peu diabolique.

— Croyez-moi, ne mettez pas cela près de vous quand vous dormez ; ne le mettez pas sur votre petite fille !...

On apporte les sorbets. Quatre esclaves s'avancent après, tenant chacune un paquet qu'enveloppe un tapis brodé d'or. Les plis tombent, nous voyons, quoi?... nos chapeaux et nos châles! il serait impoli de les présenter autrement. Une garniture de fleurs s'arrangerait bien de cet honneur. On asperge d'eau de rose, et nous, et nos vêtements; puis nous sortons, soutenues, cela va bien sans dire, et suivies par les quarantes esclaves, pendant que l'une d'elles nous précède en faisant fumer l'aloès dans l'encensoir.

Impossible de trouver un plus aimable accueil, une réception plus brillante.

Il est rare que des femmes, mariées depuis vingt ans comme le sont ces dames, conservent aussi longtemps les bonnes grâces de leur seigneur. D'ordinaire, on les abandonne au bout de trois ou quatre années. Il règne une différence énorme entre les relations du mari avec la *grande femme*, et ses rapports avec la *petite femme*. La *grande* occupe en tout la première place, la seconde vient longtemps après; les esclaves sont l'objet des caprices. On marie parfois celles qui ont donné des enfants au maître; en général, c'est quand elles arrivent à ce qu'on appelle *un certain âge*.

Dernièrement, la princesse aînée célébrait les noces d'une esclave de *soixante ans*, qui s'écriait dans sa douleur : « Pourquoi m'a-t-on gardée durant ma jeunesse, quand j'aurais été heureuse d'avoir un mari : Et maintenant, qu'il ne voudra pas de moi, que moi je m'en passerais bien, on m'en donne un!... » — Il y a quelquefois des unions plus naturelles.

Lorsqu'un musulman de distinction meurt, on marie ses esclaves dans l'année qui suit son décès.

Pendant que je dînais au harem, mon mari visitait l'école Polythechnique, l'école des langues, et quelques manufactures. Il a vu le dernier fils de Méhemet à l'école Polythechnique; le prince a fait devant lui deux ou trois leçons, dont il s'est bien tiré. L'école des langues, remarquable par l'enseignement, contient une classe exclusivement composée d'esclaves blancs, achetés au marché : mameluks. — En général, on s'y préoccupe plus de faire des instruments spéciaux, que d'y former des hommes complets. Ce que nous nommons éducation, dans le sens large du mot, n'existe pas encore; mais quand on reporte la pensée en arrière, quand on s'arrête sur l'ignorance, sur le despotisme, sur les cruautés qui régnaient naguères; quand on pense à ces malheureux qui passaient, il n'y a pas onze ans, deux jours, et quelquefois trois, à mourir sur le pal; on mesure la grandeur des pas, on aime l'homme qui les a faits.

Mon mari retrouve dans les manufactures les pauvres enfants pressés l'autre jour; ils portent tous la marque du gouvernement, tatouée sur la main; ils ont la mine chétive et l'air triste.

Voici comment on s'y est pris pour établir ici la vaccine. M. Bonfort, intendant des domaines d'Ibrahim-Pacha, s'était chargé de cette charitable entreprise. Il a commencé par donner une piastre à chacune des mères qui lui apportaient leurs enfants; le préjugé contre l'opération effacé, il a prié le gouvernement de décréter *la peine des galères* contre les parents dont les fils ou les filles mourraient de la petite vérole. Aussitôt dit, aussitôt fait. M. Bonfort consacrait la journée du Vendredi à vacciner les enfants; il opérait depuis le lever jusqu'au coucher du soleil, et nourrissait les pauvres mères qui avaient attendu tout le jour. Il a vacciné plus de douze mille personnes. — Son domestique opérait ce matin, devant sa maison, une vingtaine d'enfants en larmes.

Nous avons vu le vrai bazar des joailliers, situé près du *Han Halil*; c'est une cour entourée de boutiques, avec deux palmiers au milieu. Les joailliers tirent de leurs cachettes, qui, une masse de perles, qui une bague, qui des pendants d'oreille formés d'une poire unie d'émeraude ou de rubis. Nous ne faisons que passer. Après les diamants de la jeune princesse, ceux des harems me semblaient peu de chose; après les richesses des harems, ceci n'est plus que de la poussière.

Lundi, 13 *mars* 1848. — Le paquebot autrichien, arrivé hier à Alexandrie, apporte la nouvelle, absùrde nous l'espérons, d'une révolution à Paris. Le roi aurait abdiqué, la duchesse d'Orléans serait proclamée régente.

Tout faux que paraît être ce bruit, il nous trouble. Nous partons cette nuit; Antonio restera quelques heures après nous, il nous apportera des nouvelles, et si, ce qu'à Dieu ne plaise, un événement grave avait eu lieu en France, M. Barrot nous expédierait un courrier à Suez. Par malheur, nos lettres nous attendent à Jérusalem. Que Dieu sauve notre pays et nous dirige!

Au milieu de tout cela, les chameaux grognent, les Bédouins crient, Antonio domine le tumulte.

Nous prenons congé de M. et de Mme Barrot dont l'hospitalité bienveillante nous laisse de précieux souvenirs. Nous n'oublierons pas non plus la parfaite obligeance de M. et de Mme Benedetti, la bonté des dames qui ont bien voulu m'accompagner dans les harems. Nous laissons au Caire des amis, des amis français, des amis levantins, et aussi des amis anglais. Nous avions ici un coin de table d'hôte bien composé, assez intime, et qui va chaque jour se dégarnissant. Les visages qui se retrouvaient là tous les soirs, ne se rencontreront peut-être plus sur la terre; puisse la parole de Dieu conduire au rendez-vous éternel, ceux d'entre nos voisins auxquels nous avons osé la remettre!

Plus tard. Nos inquiétudes augmentent; l'événement qui nous semblait impossible ce matin, nous paraît certain ce soir. Ne vivons-nous pas dans un temps où l'impossible se réalise presque toujours, le probable presque jamais? Le mal est latent; qui nous a dit qu'il lui faudrait plus d'une minute pour éclater?

Nous ne savons que faire. Mon mari est sans fonctions en France, à quoi servirait sa présence? Si les choses en étaient au point où la force, où la voix d'un homme ont une signification quelconque, le devoir serait clair. Dans le cas d'une abdication du roi, les chambres seront dissoutes, renouvelées; il faudra retourner.

Si près de Jérusalem, et ne pas la voir! Mais Jérusalem n'est-il pas partout où est le Seigneur? qui d'autre allons-nous chercher à Jérusalem? — Dans notre angoisse, nous prions, nous ouvrons notre Bible. « Je ne craindrai point, je m'assure en Dieu : que me ferait l'homme mortel? je m'appuie en Dieu; l'Éternel est ma force, j'accomplirai, ô Éternel, les vœux que je t'ai faits. » Oh, mon Dieu! que nous accomplissions les vœux que nous t'avons faits, le vœu de t'obéir. Une décision, Seigneur, et la force de nous y soumettre.

Après tout, l'Éternel règne; rien de ce qui se fait, ne se fait sans sa permission; tout ce qui se fait tournera au bien de ses enfants, même les souffrances, même la mort. Nous te remettons, à toi qui règnes, nos patries, nos familles bien aimées, nos propres âmes.

Le soir. — M. Barrot fait demander mon mari à onze heures; il y court avec le pressentiment d'un malheur. Il revient : *La République en France!* Plus de roi, plus de chambres, en trois jours! La République partout accueillie avec enthousiasme, le pays exubérant d'allégresse!

Il m'est impossible d'écrire une parole là-dessus. Nous regardons en haut.

Pas de lettres; nous attendrions vingt jours que nous n'en aurions point. Nous ne pouvons prendre une décision sans savoir ce que font, ce que désirent les nôtres. Nous partons cette nuit pour Jérusalem; nous renonçons à Akabah et à Petra; nous renonçons à l'Asie-Mineure, à Constantinople, au Danube. Nous ne voulons plus qu'une chose : arriver à Jérusalem et y trouver nos lettres.

Nous traversons le désert du Sinaï. Nos chameaux et notre scheik ne peuvent nous conduire par le *Petit-Désert.* Avant que nous eussions rompu l'engagement qui nous lie à lui, fait un accord avec d'autres, deux jours s'écouleraient; de plus, il faudrait faire à Gaza une quarantaine qui n'existe pas à Hébron. — Nous espérons que notre décision est sage.

FIN DU TOME DEUXIÈME.

ERRATA.

Page	ligne	au lieu de	lisez
104	2	deux voyages	cinq voyages
220	21	l'Arla	l'Area
228	21	yougs ladies	young ladies
263	23	bakscheih	bakschick
Id.	21	bakschick	bakschick
352	7	mélchan par.	mélchan per.

TABLE DES MATIÈRES DU DEUXIÈME VOLUME.

	Pages.
BASSE-ÉGYPTE.	1
LE CAIRE.	29
MOYENNE-ÉGYPTE.	53
HAUTE-ÉGYPTE.	98
PREMIÈRE CATARACTE.	164
NUBIE.	173
SECONDE CATARACTE.	197
ABOU SIMBEL.	201
DERR.	211
SEBOUA.	216
GERF HOSSEN.	223
TALMIS.	230
CHALAL.	236
KOM OMBOS.	256
ESNEH.	263
THÈBES.	267
KÈNEH.	291
DENDÉRAH.	296
GIRGEH.	303
OSSIOUT.	320
MONFALOUT.	350
GROTTES DE BENI HASSAN.	353
MINIEH.	370
BENISOUEFF.	376
PYRAMIDES DE GISEH.	396
LE CAIRE.	406

FIN DE LA TABLE DU DEUXIÈME VOLUME.

www.ingramcontent.com/pod-product-compliance
Lightning Source LLC
Chambersburg PA
CBHW071708230426
43670CB00008B/944